Belas Letras

FAMÍLIA • VIAGEM • GASTRONOMIA • **MÚSICA** • CRIATIVIDADE
& OUTRAS LOUCURAS

CYNDI LAUPER

COM JANCEE DUNN

CYNDI LAUPER

MINHA HISTÓRIA

TRADUÇÃO

ALINE NAOMI SASSAKI

Belas Letras

Publicado mediante acordo com a Atria Books,
uma divisão da Simon & Schuster, Inc.

Título original: Cyndi Lauper, a memoir

Este livro é o resultado de um trabalho feito com muito amor, diversão e gente finice pelas seguintes pessoas:

Gustavo Guertler (edição), Fernanda Fedrizzi (coordenação editorial), Germano Weirich (revisão), Samuri Prezzi (revisão), Gisele Oliveira (capa e projeto gráfico), Aline Naomi Sassaki (tradução) e Jo Ann Toy (foto da capa)

Obrigado, amigos.

2019
Todos os direitos desta edição reservados à
Editora Belas Letras Ltda.
Rua Coronel Camisão, 167
CEP 95020-420 – Caxias do Sul – RS
www.belasletras.com.br

Dados Internacionais de Catalogação na Fonte (CIP)
Biblioteca Pública Municipal Dr. Demetrio Niederauer
Caxias do Sul, RS

L376 Lauper, Cyndi
Cyndi, minha história / Cyndi Lauper com Jancee Dunn ; tradutora Aline Naomi Sassaki. - Caxias do Sul, RS : Belas Letras, 2019.
352 p. : il.

ISBN: 978-85-8174-498-8. - ISBN: 978-85-8174-501-5 (capa dura)
Título original: Cyndi Lauper, a memoir

1. Lauper, Cyndi - Biografia. 2. Autobiografia. 3. Músicos de rock - Estados Unidos - Biografia. I. Dunn, Jancee. II. Sassaki, Aline Naomi. III. Título.

19/53 CDU 929Lauper

Catalogação elaborada por Vanessa Pinent, CRB-10/1297

PARA DAVID THORNTON,

MEU MARIDO E MELHOR AMIGO,

QUE SEMPRE ME DISSE PARA

ESCREVER MINHA HISTÓRIA.

OBRIGADA POR ME INSPIRAR E

ME AJUDAR EM CADA

CURVA DIFÍCIL.

OBRIGADA POR EMPRESTAR

SEUS EXCELENTES OLHOS E

OUVIDOS A ESTE LIVRO

E POR QUASE TUDO QUE FIZ

DESDE QUE O CONHECI.

MUITAS PESSOAS ME AJUDARAM AO LONGO DA MINHA CARREIRA, PESSOAS DEMAIS PARA MENCIONAR NESTE LIVRO. MAS ME LEMBRO DE TODAS AS VEZES QUE ESSAS PESSOAS TRABALHARAM INCANSAVELMENTE AO MEU LADO SEM NENHUM ELOGIO. DEMOS MUITAS RISADAS E TIVEMOS BONS MOMENTOS JUNTOS, DOS QUAIS SEMPRE ME LEMBRAREI. QUANDO RECEBI MEU PRIMEIRO DISCO DE OURO, ENVIEI-O PARA AS PESSOAS QUE ME AJUDARAM, COM UMA INSCRIÇÃO QUE DIZIA: "VOCÊ NÃO TERIA CONSEGUIDO FAZER ISSO SEM MIM". GOSTARIA DE FAZER UM AJUSTE AGORA. EU NÃO CONSEGUIRIA TER FEITO NADA SEM A AJUDA DE TODO MUNDO DURANTE TODOS ESSES ANOS.

“CLARO, VOU
FAZER UM HINO!
TALVEZ SEJA ALGO
QUE NOS APROXIME
E NOS ACORDE”

CAPÍTULO 1

SAÍ DE CASA AOS 17 ANOS. LEVEI UM SACO DE PAPEL COM UMA ESCOVA DE DENTES, uma muda de roupa íntima, uma maçã e um exemplar do livro *Grapefruit*, de Yoko Ono. *Grapefruit* se tornou minha janela para ver a vida através da arte. Meu plano era pegar o trem para a estrada de ferro de Long Island e depois um ônibus para Valley Stream. Deixei o jantar no forno para o meu irmão, Butch, cinco anos mais novo do que eu. Fiquei tanto tempo por causa dele, mas as coisas estavam piorando para mim. Essa situação com o meu padrasto era impossível.

Na época, minha mãe trabalhava como garçonete – cinco dias por semana, às vezes seis, catorze horas por dia. Minha mãe sabia o que estava acontecendo, mas lidamos com isso. Tínhamos um esquema. Eu chegava da escola, ia para o meu quarto e trancava a porta. Ela achou que poderíamos viver perto do meu padrasto até ela se arranjar melhor. Minha irmã já havia saído de casa e estava morando em Valley Stream com sua amiga Wha. Ela e eu sempre evitávamos situações com meu padrasto, mas dessa vez era muito assustador para mim. Liguei para minha irmã naquele dia para contar o que havia acontecido mais cedo no banheiro.

O banheiro ficava na parte de trás do apartamento, em um corredor que dava para dois quartos. Compartilhei um deles com minha irmã na maior parte de nossas vidas, e o quarto do meu irmão mais novo ficava ao lado do nosso. O banheiro era retangular, com uma longa banheira antiga com pés. Ela pegava a parede da direita, atrás do vaso sanitário, que ficava ao lado da porta. A parte de cima da banheira era um pouco curva e dava para se sentar na borda, ao lado da pequena pia na parede do fundo. Quando eu era criança, costumava ver meu pai fazer a barba sobre aquela pia antes de sair para o trabalho. E uma vez vi minha mãe se sentar na beira da banheira e cantar a mais bela interpretação de "Sonny Boy", de Al Jolson, para meu irmãozinho, enquanto ele estava sentado em seu colo. Foi um dos momentos mais assustadores e tristes que já presenciei.

Uma vez minha mãe nos mostrou de que forma, se a gente prendesse uma pequena mangueira na torneira da banheira, poderia se limpar quando estivesse no vaso sanitário, como um bidê. Essa pequena tarefa era bastante civilizada e muito francesa. Ela amava tudo francês. Na época, ela dizia que era "chic" [chique], que ela pronunciava "chick" [garota]. Mas, não importa o nome, havia uma desvantagem em relação a essa coisa toda de mangueira de água conectada à torneira da banheira. Porque, não importava qual torneira de água você abrisse na banheira, dava para ouvir o barulho ao longo dos canos na parede da cozinha. Então, quando comecei a experimentar diferentes tipos de pressão de água que poderiam ser usados durante essa tarefa, ela conseguia ouvir os canos entupidos na cozinha. É claro que, quando criança, eu não sabia como algo assim poderia ser tão perturbador para minha mãe, que estava lavando os pratos (e qualquer coisa que tivesse a ver com o meu corpo a faria correr para um grosso livro de anatomia para que ela pudesse explicar sobre cuidar de si mesma e o que você deve e não deve fazer "lá embaixo").

O banheiro era verde-oliva. A metade da parede que seguia até a pia tinha uma saída de aquecimento. Isso sempre vinha a calhar quando eu chegava da neve porque ficava na altura do meu traseiro. A porta do banheiro tinha quatro lâminas de vidro texturizado fosco que pareciam ter pequenos flocos de neve prensados. O vidro permitia a passagem da luz, mas dava alguma privacidade. Havia também uma janelinha sobre a banheira que dava para a viela. Ela tinha cerca de 60 centímetros de largura e 90 centímetros de altura, e tinha o mesmo vidro fosco de floco de neve da porta. Se você estivesse na banheira, poderia abrir a janela e soltar uma baforada de cigarro. Mas eu tinha o cuidado de não deixar minha avó, cuja janela da cozinha estava logo acima, ou a sra. Schnur, a vizinha ao lado, me pegarem. Daquela janela, eu também podia falar com alguém sentado nos degraus da viela. Mas todas essas memórias se dissiparam quando o banheiro se tornou um lugar perigoso.

Era final de tarde. Tomei um banho, pensando que estava sozinha. Havia uma pequena trava de gancho na porta do banheiro, mas agora o vidro fosco tinha uma rachadura com um buraquinho, feito pela aliança de platina da minha mãe no dia em que meu padrasto a empurrou contra a porta do banheiro. Lembro quando ela ganhou o anel e me mostrou. Eu disse: "Não é ouro". E ela disse com orgulho: "A platina é mais preciosa que o ouro e nunca se desgasta". Bem, talvez o anel não se desgastasse, mas o anel a *desgastou*. E o vidro da porta nunca foi consertado. Tinha sido assim por um tempo. Meu padrasto não era bom em consertar coisas. Ele trabalhava e provia. Esse era o acordo, imagino. E, para uma mulher com três filhos, isso já era muito. De qualquer forma, por causa desse buraco, sempre tive o cuidado de usar o banheiro quando outras pessoas não estavam por perto.

Mesmo achando que ninguém estivesse em casa, tranquei a porta com a trava de gancho de qualquer forma e enchi a banheira. Entrei nela e me inclinei para trás. Coloquei as pernas para cima e afundei na água para enxaguar o cabelo. Mas quando saí para respirar ouvi uma risadinha assustadora e vi a sombra em forma de pera do meu padrasto contra o vidro fosco. Vi até seu olho louco olhando através do buraco. Isso era demais. Era pior do que ele bater na cachorra quando ela chorava e nos obrigar a mantê-la em uma guia presa à porta da cozinha. Era pior do que ele ficar atrás da caldeira, de roupão, à noite, com aquela risadinha assustadora quando eu tinha que ir ao porão para pendurar a roupa molhada. Era pior do que ele se tocar, bem perto da janela do nosso quarto, do lado de fora.

Eu conhecia o olhar apático e frio que precisava colocar no rosto para sobreviver. Porém, naquele dia, só precisei ligar para minha irmã e contar a ela o que tinha acontecido. Elen disse para eu cair fora de lá e ir para o apartamento dela, *agora*. E, de repente, tendo um destino, senti que podia ir embora. Então limpei a cozinha pela última vez, preparei um bife do tipo redondo e uma batata assada para o jantar e deixei no forno para o meu irmão mais novo. Eu sabia que estaria livre, mas sentiria muita saudade dele. Estava preocupada, ele só tinha 11 anos, mas não achei que ele se machucaria como eu poderia ter me machucado se ficasse. Então fui embora, mas planejei voltar para buscá-lo um dia.

Minha irmã e eu vivemos a maior parte da vida evitando pedófilos e pessoas loucas. Nossos maiores problemas eram com meu padrasto – o segundo marido da minha mãe – e, para mim, meu avô. Minha família sempre achou que meu avô estava um pouco "desligado" devido a um derrame que ele teve enquanto assistia a uma partida de luta livre ao vivo. Mas quem pode dizer quando ele realmente "se desligou"? Foi irônico como a luta livre voltou à minha vida e desempenhou um papel tão importante na minha carreira.

Quando finalmente fui embora era final de outono. Eu estava observando o céu há meses. Havia uma torre de água que ficava no topo da antiga fábrica de máquinas de costura Singer, na esquina do nosso quarteirão em Ozone Park, no Queens. Observei o sol transformar a cor da pequena torre de marrom-escuro a laranja dourado e depois em uma silhueta contra um céu escuro. Observei os pássaros voarem acima da torre quando o outono chegou. Nunca me cansava disso. Tinha algo que eu achava profundamente bonito naquela paisagem industrial. Isso sempre foi um dos meus escapes. Agora eu passaria pela antiga fábrica Singer e pela abandonada fábrica Borden, mais abaixo, na Avenida Atlantic, pela última vez. Fui pela linha elevada da Avenida Jamaica e peguei o trem para a estrada de ferro de Long Island, e depois o ônibus que me levaria ao novo apartamento da minha irmã, em Valley Stream.

O engraçado é que fiquei fazendo as malas desde os catorze anos para fugir daquele apartamento em Ozone Park. Meu pai, que eu via de vez em quando, era funcionário de expedição da fábrica de relógios Bulova. Eu costumava pensar que, se eu contasse para o meu pai, ele poderia ajudar, mas a hora certa nunca chegou. Meu pai havia se tornado um tanto esquivo e trágico para mim – trágico porque nunca mais pareceu feliz.

Eu me lembrava de como ele era quando eu tinha 5 anos. Parecia quieto, mas não tão triste. Eu o estudava de perto quando criança. Adorava segui-lo. Lembro que ele teve um xilofone por pouco tempo e o manteve no que costumava ser a varanda da frente, mas naquela época era uma extensão aberta do quarto da minha mãe e dele. Eu me lembro de vê-lo tocar algumas vezes e de ficar apaixonada pelo som. Também me lembro de sentar sob seu xilofone quando ele não estava por perto, tentando imaginar como seria esse som dentro do instrumento. No entanto, não demorou muito para que ele trocasse o xilofone por uma guitarra havaiana. Eu o ouvia tocar isso e olhar para as fotos de uma terra de palmeiras e dançarinos de hula que pareciam se movimentar de um lado para o outro nas capas de seus songbooks de guitarra havaiana.

No entanto, o único instrumento mais portátil e que ele parecia ter sempre à mão era a gaita. Ele sempre a tirava do bolso e tocava alguma coisa em horas monótonas e silenciosas, ou se alguém dizia "Ei, Freddy, toca uma música pra gente?", ele colocava as mãos na boca e começava a bater o pé. Algumas das minhas notas favoritas eram as longas e solitárias entre as melodias que para mim soavam como um vaqueiro perto da fogueira. E eu gostava de ficar um tempo perto de uma boa fogueira de faz de conta com ele enquanto ele tocava, igual às fotos das revistas *Life* da minha mãe sobre a nossa TV.

Eu amava fotos, em especial quando eu podia me imaginar nelas. E, para minha sorte, meu pai também adorava tirá-las. Ele tirava fotos da minha irmã e de mim com uma câmera especial quando éramos pequenas. Era um retângulo e tinha uma pequena capa que subia e criava um espaço escuro para a gente ver o enquadramento da foto que ele estava prestes a tirar. Tudo que eu precisava fazer era entrar lá, mas costumava chorar se ele tirasse uma foto minha quando eu não estivesse pronta (sabe, não choro se fizerem isso comigo agora, mas reclamo amargamente porque ainda odeio um ângulo ruim). Mas, naquela época, para mim, meu pai tinha magia.

Eu via meu pai sair para ir ao trabalho todos os dias. Eu o via caminhar até ficar tão pequeno a ponto de não conseguir mais encontrá-lo no horizonte. Pratiquei reconhecê-lo quando ele voltava do horizonte em minha direção a quarteirões de distância também. Eu devia ter 1m35cm. Andava em frente à casa da família de dois membros, mãe e filha, em que vivíamos, com telhas shingle quase da cor das balas Good & Plenty. Verificava se ele estava descendo do trem da linha elevada na Avenida Jamaica, a oito quarteirões de distância. Eu sempre conseguia localizá-lo. Ele era alto e magro e tinha cabelo preto. Eu conseguia vê-lo andando em minha direção, mesmo que, a distância, ele parecesse ter apenas cinco centímetros.

Ele sempre usava um sobretudo cinza-escuro e uma camisa de gola com uma gravata estreita – mas não tão estreita que não desse para enxergar quando ele atravessava a esquina da nossa rua. E no momento em que ele chegava lá eu já estava correndo o mais rápido possível para me jogar na barra de seu sobretudo e dizer o quanto eu estava feliz por ele estar em casa. Porque, quando ele voltava, trazia um mundo intrigante com ele – seja com seus instrumentos musicais, livros sobre arqueologia chinesa ou, como numa tarde de sábado, quando entrou em casa carregando um grande aparelho de TV amarelo de madeira que ampliou ainda mais o mundo para mim.

No entanto, fazia muito tempo desde que havia me sentado em seu colo quando criança e implorado para ele não ir embora. Ele e minha mãe brigavam muito naquela época. Ele disse que era melhor. Eu tinha 10 anos, ele ligava do trabalho e ficava na linha até o dinheiro acabar ou colocava outra moeda, e eu me iludia achando que havia tempo para falar sobre algo que poderia levar mais de cinco minutos. Porém, quando essa moeda caía, ele desligava o telefone. Foi aí que o fato de ele ser esquivo se tornou tão notável. Ele nos encontrava no dia marcado do fim de semana, numa sorveteria ou numa loja de doces perto da estação de trem, porque vinha da cidade. Ele ficava num quarto no Washington Hotel, no centro de Manhattan, e eu o visitava de vez em quando, mas, à medida que eu ficava mais velha, ele vinha nos ver mais. Passávamos duas ou três horas juntos antes que ele embarcasse no trem e voltasse para a cidade de novo. E, como seus telefonemas, geralmente feitos do trabalho, o cenário nunca era algum lugar onde poderíamos conversar sobre alguma coisa séria de verdade.

Eu me lembro de uma vez tentar lhe dizer algo que aconteceu enquanto estávamos sentados juntos no balcão da loja de doces. Naquela época, dava para comprar comida, como batata frita e hambúrguer, um sundae ou uma vaca-preta, e sentar em uma banqueta no balcão. Em geral, dava para conseguir vários sabores de refrigerante também, não só Coca-Cola ou Pepsi. Essa é uma parte de Nova York que quase desapareceu.

Lembro que uma vez, no fim de uma dessas visitas com meu pai, quando estávamos sentados naquela loja de doces ao lado da padaria na Avenida Liberty, próxima à parada da linha A na Rua 104, o cara do balcão lentamente parou de enxugar a taça de sorvete que tinha acabado de lavar e arregalou os olhos quando eu disse algumas frases sobre o que estava acontecendo em casa. De certa forma, não pareceu uma boa hora para falar sobre isso, com esse cara no balcão prestando atenção ao que eu queria que fosse uma conversa particular com meu pai. Então desisti.

De vez em quando, eu não podia deixar de rir quando encerrava um dos breves telefonemas do meu pai e ouvia meu padrasto dizer "Quem era no telefone – Pai nosso que estais em Nova York?", e eu dizia em voz baixa: "*Dominus* Nabisco". Essa era uma brincadeira que minha irmã e eu fazíamos uma com a outra quando éramos crianças. Reencenávamos a missa de domingo. Minha irmã era o padre e eu era a paroquiana fiel. Ela segurava uma bala Necco branca (claro, se tivessem gasto com isso na igreja, acho que muito mais crianças teriam ido à comunhão, mesmo que a confissão fosse um pouco difícil). Então ela dizia piamente "*Dominus vobiscum*", e eu respondia: "*Dominus* Nabisco para todos". E mesmo que meu padrasto não fizesse parte da brincadeira, eu dizia isso a ele de qualquer forma, porque me fazia rir. Meu padrasto era engraçado, mas foi isso que o tornou tão intrigante, porque eu achava que ele era psicótico também.

Eu nunca contava a ninguém sobre minha vida em casa. Eu tinha amigos com pais que pareciam piores que os meus, então não achava tão ruim. Parecia que a vida fazia alguns adultos enlouquecerem. No entanto, houve momentos em que desejei que meu pai nunca tivesse ido embora. Por algum motivo, achava que uma mulher solteira com duas meninas e um menino novo era uma presa fácil. Então, quando minha mãe chegou do trabalho um dia e disse que estava apaixonada, todos ficamos felizes por ela e pensamos que seria melhor assim. Mas, infelizmente, ela se casou com um pedófilo que batia nela e a intimidava. Ele ameaçava bater em seus pais e estuprar suas filhas enquanto ela estava no trabalho. Então ele disse a ela que usaria o poder de sua família para esmagá-la e também sua pequena família no tribunal, caso ela tentasse denunciar suas ameaças. Houve momentos em que meus avós ou talvez a sra. Schnur não aguentavam mais a confusão e ligavam para a polícia. Mas, quando os policiais chegavam, diziam que era só violência doméstica e iam embora. Eu gostaria de recorrer ao meu pai, mas nunca senti que ele era capaz de se defender sozinho, muito menos nos defender. Eu pensava que talvez a vida o tivesse derrotado também. Sobrevivência parecia ser tudo que alguém ao meu redor conseguiria suportar. Eu sobrevivia dormindo o máximo que podia no meu quarto, com a porta trancada, para que meu padrasto não continuasse com suas ameaças. A vida doméstica naquele apartamento era difícil e, embora minha mãe me dissesse para ser uma lutadora e superar, isso parecia uma tarefa monumental.

Por um tempo a apatia se instalou, junto com dores de cabeça sinusais. Fui a um médico para tratá-las. Não achava que poderiam estar relacionadas com estresse, achava que eram causadas por alergias. O médico me receitou fenobarbital. Quando tomei os comprimidos – uau, me senti bem. No entanto, por algum motivo, o médico achou que eu o estava enganando e ficou com raiva de mim, disse que nunca daria outro receituário.

Também havia momentos alegres e preciosos com minha mãe. Ela amava música, arte e teatro. Acho que o amor dela transbordou para mim. Ela adorava e ansiava pela cultura que a vida naquele bairro lhe negava. Ela costumava cantar em casa e às vezes fazia pinturas por números [desenhos com números específicos para cada parte e tintas com números correspondentes]. Quando encontrava uma pintura por números que adorava, ela montava a tela de forma muito animada, como se estivéssemos prestes a experimentar um pouco de cultura apenas por tê-la no pequeno cavalete que vinha junto. Seus artistas favoritos eram os impressionistas: ela adorava Renoir, Monet e os pós-impressionistas Gauguin e van Gogh.

Ela também costumava tocar Debussy, Tchaikovsky e Satchmo em nosso novo aparelho de som da Philips. E ela adorava Leonard Bernstein. Então, quando ela tocou "Peter and the Wolf" para nós, era a versão de Bernstein. Um dia, lembro que nos deitamos na cama dela para ouvir a "A tarde de um fauno", de Debussy. Era tão bonito que comecei a chorar. Perguntei se é isso que a música faz às vezes, e ela disse que sim.

Aprendi a tocar violão com um livro de Mel Bay. Deus abençoe Mel. Eu tocava, cantava e escrevia músicas o tempo todo. Quando eu tinha 9 anos, tinha algumas bonecas Barbie e dois álbuns de Natal: um do grupo Supremes chamado *Meet the Supremes* e o outro era *Meet the Beatles.* Fiquei feliz em conhecer os dois. As Supremes pareciam ter a minha idade, como se fossem minhas amigas, e eu cantava com elas constantemente. Suas músicas eram memoráveis e fáceis de cantar. Acho que foi a primeira chamada-e-resposta que já cantei. Os Beatles, no entanto, eram intrigantes de um jeito diferente, porque eu tinha uma queda por eles. A mídia nos apresentou cada membro individualmente, então fomos encorajados a escolher nosso Beatle favorito, e eu escolhi Paul. Minha irmã e eu nos vestíamos como os Beatles para nossa família e fazíamos apresentações com esfregões.

Minha irmã Elen sempre queria ser Paul, então eu era John. O que quer que minha irmã estivesse fazendo, eu queria estar com ela. Minha mãe me disse que nasci para ser sua amiga, e fazia isso literalmente. Além disso, não me importei em ser John, porque ele era casado com uma pessoa chamada Cynthia. E esse era meu nome de verdade, não apenas Cindy. Uma vez tive um sonho em que estava escovando os dentes com John Lennon e cuspindo na mesma pia que ele (mais tarde, contei isso a Sean Lennon, mas acho que isso o assustou).

Cantando com minha irmã desse jeito e ouvindo a voz de John, aprendi a harmonia e a estrutura das músicas. Quando eu tinha 11 anos, comecei a compor com minha irmã. Quando Elen se formou no ensino fundamental, ela ganhou um violão elétrico Fender e um amplificador, e eu ganhei seu violão quando terminei a sexta série. Nossa primeira música se chamava "Sitting by the Wayside". Acho que se visse meu filho escrevendo isso hoje em dia ficaria preocupada, mas estávamos vivendo na era do protesto.

Antes disso, eu sempre cantava junto com Barbra Streisand da coleção de discos da minha mãe. Também me apresentei muito com os álbuns da Broadway da minha mãe: *My Fair Lady*, *The King and I*, *South Pacific*. Eu era Ezio Pinza e Mary Martin. Também era Richard Harris em *Camelot*. Às vezes, quando eu cantava, agia como meus parentes, porque eles sempre foram muito dramáticos (afinal de contas, eram sicilianos). Mas, na maioria das vezes, eu gostava de mudar minha voz e, quando cantava, podia imaginar o protagonista bem na minha frente. Minha vida interior e minha vida teatral eram tão reais para mim que eu poderia inventar qualquer coisa. Acho que o mais triste em relação a ser apresentada às Supremes e aos Beatles foi que, de repente, havia uma diferença entre a coleção de músicas da minha mãe e a minha.

No ensino médio, escutei Janis Joplin, Jimi Hendrix, Joni Mitchell, Sly e Family Stone, Chambers Brothers, Four Tops e Cream. Motown era soberano e, claro, Beatles, Beatles, Beatles. Quando fiquei mais velha, eles lançaram *The White Album* e coloquei todas as fotos deles nas paredes do meu quarto. Era onde eu sonhava, escrevia poemas, pintava, escrevia músicas ou tocava músicas de outras pessoas no meu violão. Às vezes eu ouvia minha mãe me chamar para limpar meu quarto e tentava ignorá-la. Uma vez devo tê-la feito chegar ao limite porque, por fim, ela entrou e disse: "Eu quero que você e todos os seus amigos (apontando para as fotos nas paredes) limpem este quarto *agora*". Não era fácil para ela.

Eu também gostava de passar algum tempo com minha avó no andar de cima, em seu apartamento. O ambiente era um pouco mais leve lá, especialmente quando o vovô não estava em casa. Ela me contava histórias dramáticas sobre sua vida na Sicília, enquanto preparava sanduíches muito incomuns, feitos com queijo cottage e manteiga de amendoim, que ela espalhava em pães torrados "de baixa caloria". Ela disse que, mesmo que o sanduíche parecesse uma escolha estranha, era muito saudável e não era ruim. Suas histórias pareciam um pouco como as fábulas de Esopo contadas com um forte sotaque italiano.

Certa vez, ela me contou sobre um rapaz que ficava parado e a esperava na frente de sua janela quando ela era jovem só para ter um vislumbre dela. Enquanto contava a história, ela atuava para mim. Ela era muito cativante e, quando olhei pela janela com ela enquanto ela olhava para seu jovem pretendente, pude entender por que o cara se sentia assim em relação a ela. Ela descreveu o comprimento de seu cabelo e girou suavemente ao redor para me mostrar o quanto ele descia por suas costas. Eu quase podia vê-lo se movimentar com ela e sentir como era macio. O cabelo de Nana agora era curto e foi cortado até as orelhas, com um ondulado natural e reflexos cinza.

Ela me contou que o pai dela não permitia esse namoro porque o rapaz usava óculos. O pai dela disse: "E se quando ele ficar mais velho perder a visão? O que você vai fazer?". O jovem apaixonado sabia que minha avó gostava de costurar. Então ele deu a ela um pequeno kit de costura, e aí fica a lição: "Nunca dê nada afiado ou com ponta para alguém que você ama, porque isso vai direto ao coração", ela sempre dizia. E, como as fábulas de Esopo, as histórias da minha avó davam voltas e mais voltas, mas com estranhos finais tristes em vez de felizes para sempre. Sempre me senti mal por ela não ter sido feliz quando era jovem. Suas histórias costumavam me preencher com muitas emoções. Eu dizia coisas para ela como: "Nossa, Nana, se eu estivesse lá com você, não deixaria que eles te machucassem. Eu daria trabalho para eles, eles lamentariam". Mas ela dizia: "Naquela época você fazia o que diziam para você fazer". Percebi que não importava o quanto parecia que eu tinha viajado de volta no tempo com ela quando ela contava essas histórias, eu nunca poderia desfazer o mal feito a ela devido a uma mentalidade ridícula que reprimia as mulheres.

Quando criança, ouvi muitas histórias tristes sobre mulheres. Minha mãe adorava muito a arte e a música, mas não teve permissão para aceitar uma bolsa de estudos em uma escola de ensino médio voltada para música, porque meus avós disseram: "Só putas vão à escola em Manhattan". Essa era outra crença ridícula que me incomodava. No fim, minha mãe nunca se formou. Ela ficou doente, teve problemas ginecológicos e acabou abandonando uma escola de ensino médio no Queens. Então ela foi trabalhar para ajudar a sustentar a família. Eu sabia que ela queria as coisas de outra maneira para mim.

Também tinha outra história que eu ouvia quando era criança que começava com: "Sabe a tia Gracie? Ela era tão bonita quando era jovem, ela poderia ter sido modelo!". Sempre achava que com um começo assim a história era feliz. Mas não. Esta foi outra história triste que continuava assim: tia Gracie tinha um amigo que tirou fotos dela e fez um portfólio para que ela pudesse ir às agências de modelo. Mas meus avós acharam as fotos e as rasgaram. Acho que eles ficaram horrorizados ao ver a filha mais nova posando com uma combinação de short e sorrindo tão bonita para a câmera. Acho que eles também rasgaram parte de seu espírito, porque ela nunca voltou ao fotógrafo para conseguir outras cópias.

Ela ainda tinha um sorriso matador e uma grande alegria, mas isso se misturava com períodos de muito desânimo. Às vezes não dava para saber o que tínhamos feito para que ela se afastasse. E ela não se sentia muito bem em sua própria vida. Pensamos, como foi dito no vernáculo do meu antigo bairro, que a doença "era definida pela infelicidade". Mas tenho que agradecer pelos primos com quem cresci, Susie e Vinny. Que dádiva eles são.

Cerca de trinta e cinco anos depois de ouvir aquela história sobre a tia Gracie quando criança, a vida trouxe essas fotos para mim. Eu estava refazendo "Disco Inferno" com a Soul Solution, em 1999. Estava conversando com Bobby, metade da equipe da Soul Solution, e ele me disse que seu tio tinha fotografado a minha tia quando ela era jovem. Ele me deu as fotos e, quando olhei para elas, pensei: "Quer saber? Minha mãe estava certa. Minha tia era muito bonita. Ela realmente poderia ter modelado". E, na época, ela era alta o suficiente, tinha 1m74cm, além de uma aparência glamorosa, como uma jovem Polly Bergen, e usava um penteado do tipo alcachofra na foto, que era a sensação dos anos 1950 (Natalie Wood usava o mesmo estilo de cabelo em *Juventude Transviada*). Também havia um brilho de travessura em seus olhos, misturado com um pouco de esperança. A tristeza subjacente em seu rosto mais tarde não estava nessas fotos. Deve ter se infiltrado pouco a pouco quando ela aceitou o que meus avós achavam que era seguro para sua vida. "Eu poderia ter sido, eu deveria ter sido, eu teria sido, se não fosse..." é um refrão constante que sempre me assombrou, seja na voz da minha mãe ou nas muitas vozes esquecidas de todo o antigo bairro.

Então, quando me perguntam se eu sabia que "Girls Just Want to Have Fun" seria um sucesso, e eu digo que não queria fazer essa música no começo porque não achei que fosse especialmente bom para as mulheres, talvez entendam melhor a razão. Mas meu produtor, Chertoff, me disse: "Pense no que essa música poderia *significar*". Aí vi o rosto da minha avó, da minha tia e da minha mãe em minha mente e achei que talvez pudesse fazer alguma coisa e dizer algo tão alto que toda garota ouviria – todas as garotas, todas as cores. E eu disse para mim mesma: "Claro, vou fazer um hino! Talvez seja algo que nos aproxime e nos acorde". Seria um movimento bem debaixo do nariz de todos os opressores, e ninguém saberia disso até que não houvesse nada que pudessem fazer para detê-lo. Eu faria isso dar certo a qualquer custo. Faria dar certo por todas as pobres trouxas cujos sonhos e alegrias foram extintos.

ACHEI QUE TALVEZ PUDESSE FAZER ALGUMA COISA E DIZER ALGO TÃO ALTO QUE TODA GAROTA OUVIRIA – TODAS AS GAROTAS, TODAS AS CORES.

“EM MEU ÍNTIMO,
NUNCA SENTI QUE
ME ENCAIXAVA
NESTE MUNDO.”

CAPÍTULO 2

EU QUERIA MUITO IR PARA UMA ESCOLA DE ENSINO MÉDIO VOLTADA PARA ARTES performativas. No entanto, quando minha mãe foi discutir isso com meu orientador da oitava série, ele perguntou se ela queria que eu acabasse servindo mesas como ela. Ele a fez chorar com a ideia de que eu poderia acabar no lugar dela um dia. Aquele canalha – nunca gostei daquele cara. Então, essa suposta autoridade disse à minha mãe que, como nossa família trabalhava na indústria da moda e meu tio fez nome como modelista, a High School of Fashion Industries seria mais adequada para mim. Milagrosamente, passei no teste de admissão.

A melhor coisa de ir à Fashion Industries era a aventura de ir para uma escola de educação profissional em Manhattan no trem A. Passei muito tempo no metrô observando os passageiros de pé. Tive um grande prazer em fazer parte dessa comunidade. Manhattan não era nem remotamente parecida com Ozone Park, no Queens. Como estudante do ensino médio, eu estava vivendo a vida que minha mãe nunca viveu. Eu estava indo para uma escola em Manhattan! Meus avós entenderam tudo errado. Isso não tinha nada a ver com se tornar uma puta. Tinha a ver com ter cultura, educação e querer mais. Eu estava indo para a meca da arte, da música e da moda. Eu estava viajando todos os dias para um lugar onde as pessoas eram mais glamorosas. Talvez eles tivessem medo de que, se minha mãe se tornasse culta, ela não aceitaria estar "segura" nem ser "submissa".

Nunca fui boa em administrar o tempo, então havia muitos momentos frenéticos. Uma vez cortei e costurei um vestido para a escola e corri os seis quarteirões até a Avenida Liberty, como sempre fazia, com sapatos altos e pesados, carregando meu portfólio na mão, meus livros embaixo do braço e uma bolsa no ombro. O vestido tinha as costuras do lado de fora, o que eu achava que estava bom – porém, a ideia de desconstrução ainda não havia se estabelecido. Devo ter sido um sinal.

Como calouros na Fashion Industries, os alunos faziam diferentes tipos de aulas de costura, como a aula de máquinas de costura elétricas ou a aula de máquinas para materiais finos. Fiquei um pouco deprimida na aula de calçados porque tudo que costuramos foi um estojo para faca com pele de bezerro. Também imaginei que a aula conduziria a um emprego em um sapateiro sob uma pilha de sapatos que precisavam ser consertados. Minha professora da aula de máquina de costura para materiais finos se vestia de forma muito antiquada, com uma saia reta na altura do joelho e uma camisa de manga curta com punhos, e sempre enfiava um lenço na manga esquerda. Ela me deu nota setenta e me disse que os nós no final da minha agulha com linha para costura a mão eram como torpedos.

A aula de arte foi o ponto de partida. Eu adorei de verdade, mas desagradei a professora. Ela queria que eu mudasse de lugar, não entendi por que, então eu disse que não mudaria. Aí ela disse que a única forma de eu passar seria levando doze pinturas até o final do semestre. Então pintei e pintei. E adorei isso. Eu ficava acordada a noite toda no meu quarto com a pobre e velha Elen na outra cama de solteiro ao lado da minha, com a cabeça embaixo do travesseiro enquanto eu pintava. Olhando para trás, vejo que fui muito egoísta por deixar a luz acesa. No entanto, minha irmã mais velha era uma boa perdedora. Usei aquarelas e tinta para cartazes, que era bem fácil de manejar sem um cavalete. Pintava no chão. Criei cenários de floresta à noite ou do jardim da minha avó, que era iluminado pela lua bem ao lado da janela do meu quarto.

Então chegou o dia em que entreguei com orgulho as pinturas à minha professora, mas ela estava sendo ameaçada por uma das garotas maiores da turma, que lhe disse que era melhor não fazê-la repetir de ano. A escola não estava exatamente no melhor bairro e sempre havia alguma questão com a qual era difícil de lidar. Como ela estava ocupada, eu disse: "Aqui estão as pinturas". Coloquei-as na frente dela e saí.

Quando recebi meu boletim, ganhei um zero em arte. A professora disse que nunca recebeu nenhuma pintura minha. Eu deveria ter me lembrado de uma das fábulas de Esopo – aquela com a moral que diz algo como "sempre pegue um recibo". Fiquei arrasada em perder todo o trabalho. Houve outros fracassos também, como minhas aulas de inglês e matemática. Passei a maior parte do tempo pintando e quase não fazia mais nada.

Todos me disseram para estudar muito, mas ninguém nunca me ensinou como estudar. Só me disseram que seria melhor aprender ou acabaria como todo mundo ao meu redor, o que foi muito perturbador. Apesar disso, eu nunca sabia por onde começar e sempre era uma tarefa assustadora que eu adiava, até acabar adormecendo. Havia momentos em que eu abria um livro e o deixava aberto ao meu lado, completamente aterrorizada. Eu estava muito ansiosa para estudar e me sentia fadada à reprovação. Então fui reprovada. Imaginei que, se fosse cair, poderia muito bem chegar ao fundo e ficar com o pior. Lembro-me de levar para casa um boletim escolar com notas muito baixas e o zero em arte. Acho que havia uma moral que eu deveria ter aprendido com essa experiência também, mas era difícil demais pensar nisso. Lembro-me do meu padrasto olhando para o boletim e dizendo: "Você foi reprovada em educação física? Isso não é como ser reprovada em almoço?".

No entanto, antes de ser reprovada, fui colocada em algo chamado "aula para gênios sem êxito". Uma professora de inglês lá foi realmente muito inspiradora. Ela trouxe uma música de Janis Ian e a apresentou como um poema em vez de letra. As melhores letras de música são poemas, e essa parte me interessou. O que inspirou minha professora de inglês a achar que valia a pena me ajudar era meu entendimento do romance *O Velho e o Mar*. Acho que ela não queria me jogar de volta na água, uma vez que ela viu como esse livro me chamou a atenção e como entendi as metáforas que ela tanto amava.

Acontece que, no fim das contas, não fui um gênio sem êxito – eu era apenas alguém sem êxito. E foi assim que entrei no anexo da Richmond Hill High School como caloura de novo. Minha irmã, Elen, era veterana nessa escola, sempre fui bem-vinda em sua mesa de almoço e lá não me sentia tão deixada de lado. Quando Elen se formou, fiquei com amigos mais jovens e fiz metade do primeiro ano de novo, mas fiquei muito deprimida. Só tinha reprovação atrás de reprovação. Comecei a sentir como se estivesse em um pesadelo recorrente e que em algum lugar precisava haver uma realidade diferente.

Para mim, os pequenos prazeres, como o pôr do sol ou o nascer do sol, ou quando as árvores floresciam, ou os pássaros cantavam, ou eu via as flores no jardim da minha avó, eram as únicas distrações que eu conseguia encontrar para continuar. Em meu íntimo, nunca senti que me encaixava neste mundo. Sempre tive um pé onde eu estava e um pé em outro lugar. Costumavam dizer que eu era apenas uma sonhadora. Realmente sonhava, mas também costumava escrever muita poesia e desenhar tudo o que podia.

Os poucos amigos que eu tinha depois de ter saído da escola se declararam gays e, quando saíram do armário, pensei: "Oh, sou gay porque eles são gays". Então tentei. Uma das minhas amigas mais próximas disse que estava apaixonada por mim. Bem, não queria perder minha amiga, então dávamos as mãos e nos beijávamos, mas não era como eu estava me sentindo. Até li *O Raposo*, de D. H. Lawrence, mas não importa o quanto eu tentasse, não estava sentindo o que ela sentia. Eu a amava, mas não dessa forma. Eu tinha que dizer a ela a verdade: eu não era lésbica. Tinha que sair do armário como heterossexual.

Como a formatura continuava sempre um ano à frente de mim, e meu tempo extra no ensino médio começou a parecer o cumprimento de um mandato duplo em miséria, saí. Eu estava acabada. Tinha 17 anos. Depois que saí, tive alguns amigos que me ajudaram a esquecer minha situação. Uma delas era uma garota da vizinhança, Susan Monteleone. Ela morava na esquina, do outro lado da rua. Ela até tinha uma irmã mais velha da mesma idade que a minha irmã. E, o melhor de tudo, ela tocava violão como nós e sempre foi uma violonista melhor que eu. (Sou grata só por conseguir tocar. Acho isso reconfortante, embora eu normalmente só toque dulcimer e apenas use o violão para compor. Eu até afino meu violão em quinta, como um dulcimer.)

Susan também chamou atenção para o movimento das mulheres. Fomos juntas a uma manifestação pelos direitos das mulheres na estátua de

Alice no País das Maravilhas no Central Park. Primeiro encontramos algumas mulheres que Susan conhecia em um hotel. Elas pareciam um pouco furiosas e algumas pareciam lésbicas hardcore. Uma vez ouvi que alguns homens mais velhos do meu bairro se referiam ao movimento de mulheres como "um bando de lésbicas furiosas". Na época, achei que o que eles queriam dizer era que uma mulher só precisava transar e então ela voltaria rápido para o antigo esquema dos garotos. Porém, quando escutei essas mulheres falarem, parecia que elas tinham muitas razões para estarem furiosas. Elas estavam falando sobre direitos civis para todas as mulheres, direitos delas e meus também. Isso estava além de todos os estereótipos – isso era revolucionário. Susan estava conversando com uma mulher que ela conhecia e, quando todos começaram a sair para ir ao parque, alguém disse que poderíamos ir com elas na limusine.

Havia muito tumulto e excitação no carro. Susan e eu estávamos praticando o que diríamos e o que queimaríamos ao longo de umas algumas semanas. Susan estava queimando os rolos duros de plástico em que dormiu por anos para deixar seu cabelo bonito. Isso eu entendi. Quanto tempo você consegue aguentar isso antes de jogar as malditas coisas fora? Isso foi emocionante, tão emocionante quanto andar na grande e longa limusine com todos esses diferentes tipos de mulheres, cuja simples conversa era a informação mais inspiradora que eu tinha ouvido em muito tempo.

Entendi tudo o que elas estavam falando naquela limusine e, na maioria das vezes, concordava. Porém, no fundo, eu secretamente ainda amava parte da moda que elas menosprezavam, mesmo concordando que existem elementos da moda que são antimulheres, como os saltos altos que nos tornam lentas. Estar naquele carro aos 15 anos foi tão intenso que eu nunca poderia dizer, no meu vernáculo do Queens de segunda mão, "I still love them shoes, though" [mas eu ainda os amo, sapatos].

Para o meu grande momento em frente à lata de lixo, levei um dos velhos sutiãs da minha mãe, que ela me deu depois que meu sutiã de adolescente ficou pequeno. Ele era pontudo e antiquado. Andei até a lata de lixo de malha metálica, ergui o sutiã velho da minha mãe e disse: "Queimo isso por mim, pela minha mãe e pela minha avó!". Foi um bom momento na minha vida, compensou muito os momentos não tão vitoriosos. E também senti que minha mãe devia ter jogado fora o sutiã de qualquer forma.

Essa era uma nova época. Era a época dos protestos, de pensar livremente e ser livre, embora eu sempre achasse que essa coisa de "amor livre" parecia um mau negócio para as mulheres. Era livre, mas para quem? Digamos que você sentisse que queria todas as liberdades que um homem tinha e quisesse dormir com qualquer pessoa, certo? Você ainda era considerada uma vagabunda. E digamos que, como um homem, você escolhesse não dormir com ninguém? Então você era frígida ou lésbica. Você deveria ser capaz de controlar seu corpo e sua vida – como um homem. Mas o controle de natalidade havia entrado em jogo na década anterior. Na época, mulheres e meninas jovens estavam morrendo nos Estados Unidos devido a abortos ilegais e inseguros.

Susan e eu também formamos uma dupla folk chamada Spring Harvest (que diabo? Eu devia saber que não funcionaria. Não existe colheita na primavera). Ainda assim, foi uma ótima experiência. Nós nos apresentamos duas vezes juntas em um pequeno café no Queens, em uma estrada que ia de Woodhaven Boulevard até a Alexander's Store, no Queens Boulevard. Era um lugar bonitinho, mas não pagavam e tínhamos que fazer nossos amigos irem nos ver. Mais tarde em minha vida profissional, eu conheceria esse esquema como uma situação "pay-to-play". Em vez de a casa pagar você, você paga para eles ao levar seus amigos.

Em nossa primeira apresentação, um comediante fez a abertura para nós, e Elen e Wha foram com o amigo delas, Dominic, que perturbou o pobre rapaz. Infelizmente Dominic era mais engraçado que o comediante, o que era um grande problema. Quando fomos verificar tudo antes de o lugar abrir, o dono me disse: "Olhe, garota, não há microfones aqui. Mas há uma telha acústica no teto. Mire para lá, e todo mundo vai ouvir você". Que eu saiba, as telhas acústicas controlam a reverberação do som e são usadas para fazer o ambiente ter um som melhor. No entanto, esse cara não tinha um teto inteiro de azulejos acústicos como deveria – ele só tinha um azulejo pendurado levemente na diagonal em um teto inclinado de cortiça, do tipo que o pai do meu amigo usava para fazer o acabamento do porão. Mirei na direção daquele azulejo não exatamente de um palco de verdade, mas mais de uma pista de dança de madeira no centro do lugar. Mirei e mirei a noite toda, especialmente nos trechos altos e suaves que cantei de "Thirsty Boots", de Eric Andersen. O cara me fez acreditar que funcionava (ei, foi minha primeira apresentação). Engraçado como agora ainda posso mirar minha voz se precisar.

A dupla era uma distração e um contraste com a escola, a casa e minha irmã indo embora. De repente eu conseguia funcionar e me definir. Senti que talvez houvesse algo em que pudesse ser boa. Mas não deu certo, éramos muito jovens. Tivemos uma reunião com um agente/empresário uma vez. Susan o encontrou. Susan era uma dessas pessoas realmente informadas e de fazer as coisas acontecerem. Ela estava até escrevendo cartas para a mãe de Joan Baez. Acho que começou como uma correspondência de fã e depois aconteceu de ela pedir conselhos. E, para o crédito da mãe de Joan Baez, Susan recebeu respostas. De qualquer forma, tocamos para esse agente/empresário e ele nos informou que precisávamos ter alguns garotos na banda, para que, caso nos casássemos, não nos separássemos. Que diabo era isso?

Enquanto isso acontecia, eu ainda estava batalhando na escola. Sempre me lembrarei do zero que tirei em artes, porque me senti como um zero assistindo ao que parecia uma aula de arte remediada. Lembro-me de ter recebido uma pequena tesoura de ponta redonda, como aquelas usadas no jardim de infância. Me falaram para cortar o papel para fazer cones, que colaríamos com uma cola não tóxica (porque alguns alunos da turma já estavam intoxicados).

Então fui ao chefe do departamento de arte e pedi para não ser mais punida. Em vez disso, de alguma forma, falei do meu jeito sobre fazer o curso dele. Ele gostava do meu trabalho, então pude ir a um programa de arte na Washington Irving High School em Manhattan para um curso de verão, do qual realmente gostei. Mas, depois disso, voltei à Richmond Hill High School, sendo reprovada novamente.

Dessa vez, me colocaram em um programa diferente, para adolescentes que nunca vão para a faculdade, onde ensinam coisas como ser um arquivista, então foi o que fiz. O prédio tinha vista para as docas, e eu costumava olhar para os barcos e me perguntar como era ser rebocador. Em minha mente, eu estava vivendo a vida secreta de Walter Mitty. E, naquela doca que costumava ficar observando, escrevi um desejo em um pedaço de papel, dobrei em forma de barco e o joguei rumo ao mar nas águas do rio East. Desejei que algum dia encontrasse alguém como eu que fosse artista, criasse e entendesse. Alguém que se lembrasse da criança dentro de si. Acho que é como na música de *Branca de Neve*, “Someday My Prince Will Come” [Algum dia meu príncipe virá].

Cerca de quatro anos depois de ter ficado famosa, em 1988, a Richmond Hill High School me pediu para ir lá para um encontro. Como "pessoa famosa", tenho muita correspondência e, às vezes, tenho tempo para abrir e ler. Naquela época, eu estava na roda de hamster (quando eu cantava "Money Changes Everything", sabia exatamente o que isso significava). Uma das minhas amigas mais próximas, que também foi minha primeira publicitária, Katie Valk, estava sentada à mesa da minha cozinha no loft que eu tinha no American Thread Building. Ela trabalhou comigo quando eu estava na banda Blue Angel. Nós nos tornamos muito próximas na noite em que permanecemos juntas quando minha banda se separou. Com paciência, ela me ouviu chorar sobre isso em um bar no West Village e, em seguida, ela disse: "Não seja uma vítima". E ela estava certa. Então segui em frente.

Katie trabalhava para uma firma de relações públicas chamada Solters/Roskin/Friedman e era uma das melhores publicitárias da época. Quando abri a carta de Richmond Hill me pedindo para ir a um encontro, eu disse para Katie: "Ah, claro – eles me expulsaram!". Na época muitos famosos estavam recebendo diplomas honorários de ensino médio. Então Katie começou a rir e disse: "Você deveria ligar para eles e dizer que você só vai se eles anularem sua expulsão e lhe derem um diploma honorário do ensino médio". Então eu disse: "Sim!", mas nunca pensei que fariam isso. Que boba eu, eles fizeram. Então consegui uma roupa para a formatura com ajuda da minha estilista na época, Laura Wills, que disse: "Você deveria ter sapatos com frutas se destacando do seu vestido!". Pensei: "Que piada", e claro que fiz isso.

Minha mãe foi para a formatura e eu a vi com sua câmera Polaroid. Ela estava clicando furiosamente e me chamando da multidão. Ela estava muito orgulhosa por eu estar recebendo esse diploma. Ela tinha uma lágrima na bochecha quando andei pelo corredor e percebi o quão importante era esse diploma do ensino médio. Esse não era apenas o diploma de equivalência geral que consegui para o meu ano fracassado na faculdade. Não – era o diploma de verdade.

Minha mãe até fez uma festa de formatura para mim em um restaurante japonês no Queens. Também recebeu alguns de seus amigos mais próximos. Ela estava muito orgulhosa e disse: "Você finalmente chegou lá".

Como adolescente, eu estava procurando por um eu melhor, ou um caminho melhor. Eu vivia dentro da minha cabeça: falava comigo mesma, sussurrava para mim mesma, cantava para mim mesma e entoava para mim mesma. Havia certas músicas que me ajudavam a sobreviver. Joni Mitchell tinha músicas sobre liberdade e algumas que ofereciam um refúgio que me permitia compartilhar minha solidão com a dela. Havia também uma música dos Beatles, cantada por John Lennon, chamada "Across the Universe", onde eu sentia que vivia de alguma forma. Também comecei a ir muito a Greenwich Village.

Fui pela primeira vez ao Village quando minha irmã, meu irmão e eu éramos pequenos, e minha mãe costumava nos levar de carro. Ela dizia: "Vejam, crianças, esses são os beatniks. Vejam, esses são os hippies". Minha mãe sempre adorou coisas exóticas. Ela não queria que tivéssemos a vida dela. Ela foi muito protegida e não queria que tivéssemos medo do mundo. Ela queria ser boêmia. Ninguém no Queens ia a museus, mas ela ia, e lia sobre arquitetura chinesa, iogues e Shakespeare. Mas ela é siciliana, e lá eles têm uma mentalidade que oprime as mulheres.

Minha mãe era bem legal. Quando eu tinha 11 anos e os Beatles foram para Nova York, minha mãe levou minha irmã, sua amiga Diane e eu para o Belt Parkway, onde o Hilton Hotel fica perto do aeroporto, para que pudéssemos ver os Beatles passarem, e nos deixou lá por um tempo. Ela sabia que não iríamos correr no trânsito. Então esperamos. E esperamos. De repente, vimos carros chegando e *eram eles*. Comecei a gritar, fechei os olhos e, quando percebi que deveria abri-los, tinha perdido a oportunidade. Eu também estava bem vestida – calça pescador de jeans escuro com sapatos pontudos e uma camisa xadrez verde, azul e preta sem mangas, com um colarinho masculino feito sob medida. Nunca conheci um Beatle, mas vi Tony Bennett uma vez quando era criança na Feira Mundial de 1964-1965. Mais tarde, comecei a cantar com ele e disse: "Sabe, eu te encontrei uma vez na Feira Mundial. Você estava descendo a escada rolante e eu estava subindo. Acenei e você acenou de volta. Lembra de mim?". Achei engraçado, mas acho que isso o assustou. Russ Titelman, um produtor que estava trabalhando comigo, disse que eu parecia uma stalker.

• •

Em 1970, saí de casa para ficar no apartamento de porão da minha irmã e da Wha, em Valley Stream, na Rua Ash, número 6. Naquela época todo o mundo estava lendo a trilogia de J. R. R. Tolkien, então costumávamos chamar isso de "hobbitshire". Eu me lembro de usar uma calça jeans verde e uma camiseta amarela e pensei: "Os hobbits usam amarelo, verde e marrom e vivem num buraco no chão. Sou eu!".

Minha irmã e eu tentamos fazer com que meu irmão de 11 anos morasse conosco também, mas minha mãe o levou de volta. Deixá-lo ir me matou. No entanto, na época, eu tinha que lidar com a minha vida e como viveria. E, para o crédito da minha mãe, ela voltou e me levou para comprar roupas para que eu pudesse conseguir um emprego. Devido à bondade da família de Wha, os Pepitones (sim, como o jogador de beisebol), de alguma forma sobrevivemos. O tio de Wha, Lou, mentiu por mim e me indicou um emprego como *office girl* em uma editora chamada Simon & Schuster, na Avenida Park South, 251 – na verdade, a mesma que publicou este livro em inglês.

Porém, para falar a verdade, eu era uma *office girl* do barulho. Tentei o meu melhor, apesar de não saber que diabos eu estava fazendo. Minhas roupas talvez fossem muito sexy. Eu usava um vestido de mohair um pouco apertado, porque era um vestido tipo suéter, botas de couro, cílios postiços e costumava me sentar à mesa desse jeito. Quando almoçava, voltava com uma cerveja. Não parecia bom – sentar na parte da frente com uma cerveja –, então chegaram para mim depois e disseram: "Você precisa se livrar da cerveja". Eu realmente tentei muito, mas me enchi. Um dia eu estava no escritório da minha chefe e peguei o telefone para atender para ela e, quando desliguei, o telefone estava cheio de suor.

Eu estava lá há alguns meses. Isso foi meio difícil para eles. Além disso, eu dormia lendo a correspondência. Fazia o meu melhor para não dormir, mas achava terrivelmente chato. Não havia nenhuma janela na sala de arquivos. Nunca conseguia encontrar o que os telefonistas pediam. Muitos deles gritavam ao telefone. Alguns desligavam. Isso até a máquina de escrever elétrica chegar e eu só conseguir datilografar dezenove palavras por minuto e minha chefe me chamar em seu escritório. Ela era uma linda mulher negra, inteligente, elegante e muito gentil por ter me aguentado tanto tempo. Ela disse que gostava muito de mim, mas eu era a pior *office girl* que ela já tinha visto. E, lamentavelmente, ela teve que me dispensar.

Enquanto eu estava batalhando no meu emprego, minha irmã foi demitida do emprego dela (não sei bem a razão, mas o consenso era porque ela vestia a mesma coisa todos os dias). O pai de Wha era professor de violão e tocava em uma banda de casamento também. Foi difícil criar uma família dessa forma. Então a mãe de Wha dava uma olhada em nós e ajudava quando podia. Às vezes ela levava comida. Wha sabia fazer espaguete e sopa de ervilha, o que era muito bom. Mas a situação com comida e dinheiro não era boa. Então pratiquei não comer e aprender a não ter fome. A única coisa que eu não sabia era que, se você jejuasse, precisava beber muita água, o que eu não fazia.

Era inverno de 1970. Um dia, quando eu voltava do trabalho para casa, uma cachorrinha começou a me seguir. A cachorrinha parecia uma raposa e um beagle. Ela andou ao meu lado e nunca se desviou. Naquele minuto eu já a amava, mas não achava que poderia ter um cachorro. Não tínhamos dinheiro e as coisas pareciam não ter perspectiva na época. Mas a cachorra não desistiu. Ela começou a dormir à nossa porta. E quando Wha a viu, levou-a para dentro.

Wha a chamou de Sparkle, porque ela tinha uma marca em forma de estrela nas costas. Eu estava lendo *O Pequeno Príncipe* na época, e Sparkle parecia aquela raposa para mim. Mas, ao contrário da raposa do livro, ela não era uma raposa e também estava esperando filhotes e era inverno. Ela não seria colocada de volta na neve. Eu estava lendo outros livros além de *O Pequeno Príncipe*. *Sidarta*, *O Hobbit*, o livro de Paul Twichell sobre projeção astral e *Grapefruit*, que me recusei a queimar, mesmo que isso estivesse escrito na contracapa. Eu estava buscando mudar a forma de pensar o mundo. Eu estava tentando me tornar iluminada, acordada. Também tinham lançado um livro sobre groupies. O senso de moda deles era tão novo; uma grande mistura de rua e alta costura, que era tão nova para mim, porque de onde eu vinha a alta moda era Lord & Taylor e Gimbel's.

Na época, a canção de Eric Clapton "Layla" era um sucesso. O álbum *All Things Must Pass*, de George Harrison, havia sido lançado, aquele com a música "What Is Life" e "Wah-Wah" (que, claro, impactou Wha). Escutávamos e dançávamos os álbuns e observávamos as capas. Discutíamos a vida, o amor, o que nosso futuro poderia ser. Elen e Wha tocavam violão. Eu também tocava violão e cantava ou tocava flauta doce. Mas Wha ficava frustrada em nos ouvir. Às vezes ela explicava como mudar as escalas, contando com a mão para encontrar as progressões certas (por exemplo, C, F e

G é 1, 4, 5 na escala de C, mas muda para D, G e A na escala de D e A viraria 5. Entendeu?).

Às vezes ela ficava tão frustrada que nos pedia para calar a boca. Mas isso nunca me chateou, embora chateasse minha irmã, e ela acabava parando de tocar. Nunca liguei para o que as outras pessoas achavam da forma como eu tocava ou cantava. Eu ligava para a forma com que eu me sentia. A vida ganhava uma pausa quando eu sentia o som vibrar através do meu corpo, e não há nada tão reconfortante quanto certas notas que vibram através do seu corpo. Por exemplo, notas altas me fazem sentir como se estivesse voando alto, longe da briga, nunca olhando para baixo ou para trás.

Foi uma época diferente. Havia uma revolução cultural acontecendo. A Era de Aquário estava chegando. Os tempos mudariam radicalmente. O movimento pelos direitos civis havia chegado. Eu costumava ir ao Fillmore, uma casa noturna perto da Union Square. Dava para ir lá e, mesmo se você não entrasse, podia ficar na fila com as pessoas. Era uma cena musical, e elas eram tão legais quanto as pessoas no palco. Uma noite, Elvin Bishop e sua banda estavam fazendo a abertura para Johnny Winter, e o guitarrista convidado especial Rick Derringer abriu para eles. De alguma forma decidi ir. Eu também queria ver os groupies elegantes. Vi alguns deles em um muro na alameda e gritei para eles. Havia uma garota pequena e loira que gritou para mim de volta, dizendo: "Agora, quando eu disser vai, você vai. Entendeu?". Eu disse que sim. Então, quando ela me disse para andar bem atrás do Johnny Winter e do Rick Derringer enquanto eles entravam no prédio, fiz isso. Eu os segui nos bastidores. Aí um cara muito agitado começou a me xingar. Seu nome era Red Dog e ele era o empresário da turnê. Ele me viu e disse: "Onde você estava? Você deveria estar no palco agora". Ele me confundiu com uma backing vocal. Tentei falar, mas estava tendo problema para formar as palavras, e ele simplesmente me empurrou para fora do vestiário. Incrível que mais tarde consegui conhecer e trabalhar com Rick Derringer.

Durante esse tempo, eu cantava folk music e tocava violão folk. Havia os folkies e havia os roqueiros, e você simplesmente não os misturava, porque os roqueiros odiavam os folkies. Mas eu estava começando a perder meu gosto por folk e tinha ficado mais intrigada com o rock and roll, apesar de nunca ter pensado que poderia cantar isso. Lembro-me de ouvir Bonnie Bramlett, da dupla Delaney e Bonnie, e pensar: "Oh, minha voz nunca fará isso, está muito além do que eu posso fazer".

No entanto, naquele dia, quando vi os cantores de backing vocal dos bastidores, percebi que poderia cantar rock também. Eles tinham um som simples em suas vozes e pensei: "Meu Deus, isso é realmente fácil". Foi como se a poeira tivesse se dissipado.

Eu não pensava em cantar como uma carreira naqueles dias. Eu seria uma artista, mas tinha que ter um monte de empregos diferentes para pagar as contas. Quando me mudei para a casa da minha irmã e de Wha em Valley Stream, aprendemos onde poderíamos trabalhar e comer. Por exemplo, dava para ir ao templo hare krishna e, se você fizesse uma limpeza para eles, eles lhe davam comida. Foi quando George Harrison trouxe à tona toda a atividade hare krishna. Quando comecei a ver os hare krishnas pela cidade, eles tinham uma vibe boa. Eu gostava de todos os tipos de coisas espirituais e gostava do canto e da ideia de que um deus poderia ser seu amigo, em vez de todo o enxofre e fogo a que eu estava acostumada ao crescer como católica. Foi uma mudança revigorante dos gritos que eu ouvia do púlpito quando criança. Eu ficava lá tentando entender o que o cara estava falando e pensava: "Uau, veja o que Deus fez com seu filho, Jesus. Agora imagina o que ele vai fazer comigo. Nem tenho nada a ver com isso".

Eu poderia lidar com um tipo de deus como Krishna. Um deus que não odeia mulheres e não as apedreja até a morte. Engraçado, sempre olhei para o céu representado em diferentes livros como minha ideia do inferno. Sempre pensei algo como: "Ok, deixe-me ver se entendi: enquanto eu estiver viva, você vai me torturar e negar meus direitos humanos como indivíduo e, quando eu morrer, esperando por um lugar melhor, eu também vou receber o mesmo tratamento injusto no céu?". Não, obrigada.

Então eu limpava o templo – quero dizer, garantia a comida que serviam; ela estava cheia de açúcar, mas pelo menos eu estava comendo. Acontece que depois de sentir tanta fome e comer todo aquele açúcar, eu basicamente via estrelas. Quando eu estava limpando os banheiros, as fotos se moviam, ou Krishna piscava para mim, e eu ria muito, porque era engraçado. Mas, sempre que eu limpava o templo, sentia como se estivesse limpando meu coração. Então eles me chamaram de lado e perguntaram se eu queria me juntar aos hare krishnas. Eles sentiam que eu era especial, me disseram que o coordenador escolheria um marido para mim, eu me casaria com ele e teria filhos. A melhor parte foi quando eles disseram que, como mulher, eu teria que comer na cozinha com as crianças, enquanto os homens comiam na sala de jantar principal depois que eu os servia. Acabei rindo e disse: "Olha, eu sou italiana e já conheço essa história sobre mulheres como bens. Não quero mais essa merda".

Vi minha mãe lutar a vida inteira, e minha tia e avó. Toda a mentalidade siciliana de manter as mulheres em casa só significava ajuda doméstica gratuita disfarçada de proteção e reverência. Ah, meu c*. Sempre pensei: "Você pode vender isso para outra mula que encontrar na estrada, mas não serei eu". Quando eu estava crescendo, sempre considerei Gloria Steinem uma grande heroína, além de Yoko, então li *A Mulher Eunuco*, de Germaine Greer, e de repente as coisas começaram a ficar mais claras.

John e Yoko sempre falaram em ajudar o mundo. Quando eu estava morando em West Hempstead, vi uma fábrica vazia e pensei que seria um ótimo lugar para reciclagem. Então fui para a prefeitura argumentar. Mesmo que as pessoas argumentassem contra, quando voltei para fazer uma visita anos depois, havia um centro de reciclagem lá. Percebi que nunca dá para saber como você pode afetar a vida, mesmo que não se veja fazendo algo grande. Às vezes pode ser apenas ter uma ideia que faça sentido (mas algumas pessoas disseram que o centro de reciclagem trouxe ratos. Então, talvez não tenha sido uma ótima ideia).

Quando minha irmã, eu e Wha saímos de Valley Stream, encontramos um lugar em West Hempstead, em um novo complexo de apartamentos, bem em frente à parada West Hempstead na estrada de ferro de Long Island. O apartamento era bem bonitinho, exceto pelo fato de eu ter algumas companheiras de quarto das quais era difícil me livrar: baratas. Havia tantas que algumas delas eram albinas. Sabe de quantos milhares de baratas você precisa para ter uma albina? Continuamos pulverizando o lugar toda semana. Elas estavam nos armários da cozinha. Uma vez estavam na cama.

A época não foi tão boa. Os vizinhos mexiam com drogas e todo mundo se tornou namorado e namorada e eu ainda não tinha emprego e tinha dificuldade para comprar comida. Uma vez eu estava com tanta fome que olhei para uma imagem de Krishna e pensei por um minuto que ele estava me dando comida, então minha fome passou. Entendi isso como outro pequeno milagre na minha vida e talvez um pequeno agradecimento por limpar seu templo. De qualquer forma, foi uma bênção.

Continuei tentando conseguir um emprego e me manter nele. Finalmente consegui um emprego como garçonete no IHOP, no Hempstead Boulevard, do outro lado da estação ferroviária, a duas quadras de distância. Minha mãe era garçonete, e ela tentou me treinar, mas eu não era muito boa. Foi difícil trabalhar bem rápido. Recebíamos pequenos cartões com quadradinhos para marcar quando as pessoas faziam os pedidos, acho que para acelerar as coisas. Mas a impressão era tão pequena que eu continuava confundindo frango frito com torta de frango. E, deixe-me contar, não dá para acreditar como as pessoas ficam irritadas quando são servidas com frango frito em vez de torta de frango. Eu costumava pensar: "Os dois são frango, sabe! Além disso, não acho que seja mais saudável comer toda aquela massa na torta!". Por fim, o gerente me puxou de lado e disse: "Olha, garota, talvez o trabalho de garçonete não seja sua praia. Que tal ser *hostess*?". Eu lhe disse que precisava ganhar mais dinheiro que uma *hostess* e ele disse: "Sim, mas seus erros custam mais que o seu salário". Estávamos sentados a uma mesa, ele se abaixou e começou a passar a mão nas minhas pernas. Eu me obriguei a sair de lá.

Então tentei outra coisa. A dois quarteirões do outro lado do apartamento, havia um lugar que enviava malas diretas com amostras de cosméticos e cupons. Era o tipo de lugar que poderia ter enviado aqueles absorventes internos que se transformavam em travesseiros e provocavam uma síndrome de choque tóxico nas pessoas. Eu ficava na minha estação e pegava amostras da esteira e as colocava em uma caixa. Enquanto fazia isso, eu começava a rir, porque é claro que eu não conseguia fazer isso rápido o suficiente. E havia um rapaz em um púlpito – na verdade, havia um púlpito com vista para todas as mulheres em suas estações – que fazia pequenas gincanas. Ele dizia coisas como: "E agora vamos ver quem consegue ser a mais rápida em colocar esses dez itens na caixa!".

Então eu tentava acompanhar o ritmo cada vez mais rápido da esteira conforme os pequenos itens iam se acelerando. Eu pensava: "Ok, cadê a Ethel?". O cara achou que não havia motivo para rir, então ele disse: "Ei, Lauper, tire esse sorriso do rosto". Bem, eu não conseguia, e ainda não consigo agora. Acho que às vezes o único jeito com que consigo lidar com as coisas quando elas são tão ridículas e ruins é rindo.

No entanto, eu estava com muito medo o tempo todo porque coisas ruins aconteceriam. Quando eu era jovem, comparava a vida no mundo a um oceano. Eu não sabia como consertar o que poderia ou não ter sido culpa minha quando criança, mas eu sabia que se você estivesse sangrando, os tubarões viriam. Eu não tinha dinheiro para a condução, então pedia carona para chegar aos lugares. Pedir carona é muito, muito, muito perigoso. Pulei de carros e me envolvi em acidentes com homens dirigindo como idiotas. Nem sei como consegui sair viva, mas de alguma forma consegui.

Por exemplo, uma vez eu tinha uma entrevista de emprego e estava usando meia-calça e um vestido curto que minha mãe tinha feito para ser usado com calças combinando. Mas dava para usar a parte de cima como um minivestido, então fiz isso. E tudo que eu tinha era um sapato de salto alto que costumava usar no meu primeiro emprego na Simon & Schuster. Na época, eu não tinha dinheiro suficiente para comprar roupas íntimas ou sutiãs. E também não tinha dinheiro para chegar aos locais das entrevistas, mas precisava de um emprego, então pedia carona. Um cara parou e me pegou, mas depois não me deixava sair do carro – não até que eu fizesse sexo oral nele e ele em mim. Foi uma experiência ruim e senti que merecia porque devia estar parecendo uma puta.

Quando saí do carro, fui para a entrevista. Eu me senti atordoada e enojada e triste. Tentei responder todas as questões que me fizeram da melhor forma que pude, porque eu realmente precisava de um emprego. E depois, para voltar ao apartamento, que ficava a algumas cidadezinhas de distância, eu me lembrei de como vi os trilhos da ferrovia passando ao longo da rodovia. Então comecei a andar para casa ao lado dos trilhos do trem para não me perder. Deus, foi uma caminhada longa e quente naqueles saltos. Obviamente, não consegui o emprego.

Fiquei tão deprimida depois. Quando crianças, costumávamos ter um ditado: não nos sentíamos como merda, nos sentíamos como o chão em que a merda caía. Eu não sabia como fazer isso parar. Eu estava muito perdida. Eu nem conseguia descobrir por que tinha nascido. Continuei cantando as músicas de John Lennon na minha cabeça, aquelas que possibilitaram levantar e continuar, como "Across the Universe". Cantei para mim mesma o tempo todo, porque ela tinha uma oração e isso me ajudava a libertar minha mente em vez de agonizar sobre a minha vida.

Eu tinha muitos subempregos quando morava em West Hempstead, mas, por fim, comecei a trabalhar na Burt's Shoes no Roosevelt Field Mall. Isso foi estável por um tempo. Achava que fazia um bom trabalho às vezes. Conheci uma jovem alta e bonita que trabalhava lá também. Eu lembro que ela me disse uma vez que a melhor maneira de não engravidar depois do sexo era fazer uma lavagem vaginal, o que na verdade era o oposto do que você deveria fazer. Ela também me ensinou a roubar de uma loja de departamentos, colocando as roupas debaixo das minhas. Ela me explicou que era uma grande loja de departamentos e ninguém se chatearia muito.

Naquela época, eu não conseguia ganhar dinheiro suficiente para comprar um casaco de inverno. Nunca tinha dinheiro suficiente para comprar alguma coisa e comer e pagar aluguel. Chegar até o final do mês era uma luta. Eu também não podia pedir dinheiro à minha mãe, porque ela não tinha muito, e não havia mais ninguém a quem eu pudesse pedir. Então, a primeira coisa que roubei foi um casaco. Foi perto do Natal e estava muito frio. Depois roubei um vestido para Wha e uma saia para Elen. Só pensei "que se dane", mas me senti mal fazendo isso. Eu nunca tinha roubado antes (e eu nunca mais roubei desde então).

Três semanas antes do Natal no shopping, o presépio apareceu. Sempre amei o Natal, e um presépio para mim era como um grande enfeite de Natal. Eu mal podia esperar para andar ao redor dele. E quando vi o bebê Jesus pensei em comprar para ele um grande crisântemo de aniversário. Então, no dia seguinte, durante o intervalo de almoço, fui ao florista no shopping, comprei um grande crisântemo, caminhei até a estátua do bebê e coloquei a flor na frente dele. Passei todos os dias para ver o bebê e se a flor ainda estava lá.

Ficou lá por duas semanas sem água e parecia tão fresca quanto no dia em que a coloquei. Eu não sabia se alguém havia trocado a flor de vez em quando, mas decidi tomar isso como um sinal – encarar como outro pequeno milagre que poderia acontecer bem debaixo do nariz das pessoas. Era como se aquele pequeno grupo no presépio estivesse me dizendo que alguém estava cuidando de mim e que algum dia tudo daria certo. Como minha vida passou por mudanças, nunca esqueci esse pequeno milagre. E toda vez que eu passava por um presépio perto da época de Natal, eu parava e cantava baixinho para o pequeno grupo. Às vezes eu parava na frente das casas das pessoas se elas tivessem um presépio e penso que meus vizinhos achavam que eu era louca. Eu era, um pouco. Acho que acabei levando a música “Little Drummer Boy” longe demais. E acho que isso assustava as pessoas também, então eu não recomendaria. Mas, às vezes, me lembro disso quando estou cantando no palco, e canto para o pequeno presépio novamente na minha cabeça.

Quando não havia grandes coisas acontecendo comigo – especialmente nessa época –, eu apenas tentava encontrar alguma felicidade nas pequenas coisas. Então, se eu estivesse limpando ou arrumando ou fazendo qualquer outra coisa, tentava ficar naquele exato momento e aproveitar as pequenas alegrias de realizar a tarefa. Eu acreditava, naquela época, que tudo estava vivo e tinha uma vibração – até mesmo uma xícara ou uma mesa. E quando eu estava triste e não tinha esperança, pensava: “Bem, você pode ficar com a sua tristeza ou você pode dizer ‘Oh, olhe para isso, não é bonito?’”. Era assim que eu vivia. Nem sempre me lembro de fazer isso agora.

Uma vez vi uma mulher negra na Jamaica – Jamaica, Queens, quero dizer – quando eu ainda morava em casa. Ela estava indo para o trabalho e eu estava só andando, vindo do único lugar onde garotas podiam comprar jeans decentes, uma loja masculina, e não quererendo ir para casa. Eu estava apenas olhando para o céu e pensando como era bonito, e olhei para ela porque ela também estava olhando, e ela sorriu e disse: “Esse é o Senhor”. Achei uma linda colocação. Eu tinha começado a ler sobre diferentes religiões naquela época e isso me mantinha íntegra também. Tentei me ensinar a não querer nada.

Então continuei a não comer muito quando estava na casa da Elen e da Wha. Nunca tínhamos o suficiente para dar uma volta. Mas, como eu disse antes, eu também não estava bebendo água, então tive uma infecção grave nos rins e precisei ir ao hospital. Acabei no Hospital Geral de Hempstead, que eu achava horrível. Eles nunca iam verificar nada, então basicamente eu era uma chata porque nunca fui de sofrer em silêncio. Havia uma velhinha na cama à minha frente que me disse que tinha removido quase tudo dela e que não havia muito mais para tirar. Quando ela me ouviu fazendo piada com a enfermeira, olhou para mim e disse: “Olha, garota, ninguém gosta de espertinhos”. Então tentei ouvi-la, porque eu meio que gostava dela. À noite ela conversava com pessoas mortas e pensei que talvez ela não tivesse muito tempo. Então, por que chateá-la?

Depois eles levaram um padre. Sim, bem, isso me aborreceu. Eu não tinha certeza se ele estava lá para fazer um exorcismo ou o quê, mas fiz o padre me dar a comunhão. Ele disse: "Você tem alguma coisa para confessar?". Olhei para ele e disse: "Não, porque não acho que pequei". Eu sabia que o tinha pego num detalhe técnico; ele teve que me dar a hóstia e isso realmente o irritou. Acho que eu ainda estava brava com o fato de minha irmã e eu termos sido convidadas a deixar a escola católica pela primeira vez, quando eu estava na terceira série e Elen na sexta.

Enquanto morava no apartamento em West Hempstead, conheci um sujeito chamado Phil. Dormi com ele e gostei dele, mas eu estava com medo. Como eu disse, eu tinha medo de tudo. Eu tinha 18 anos – uma criança. Phil tinha 24 e eu sentia que às vezes não havia nada para falar. De qualquer forma, eu estava com muito medo de dizer qualquer coisa. Mas ele deve ter gostado de mim, porque ficava me pedindo para morar com ele.

Eu estava sempre esperando encontrar um companheiro romântico. Eu ficava com as pessoas pensando: "Tudo bem, esse cara?". Sei que é uma forma estranha de pensar. Acho que pensava assim desde que fui dama de honra no casamento da minha madrinha. Eu tinha 4 anos e achava que estava me casando com o pajem. Claro que não funcionou para mim porque ele não gostava de dançar. De qualquer forma, Phil e eu acabamos encontrando um lugar juntos. Era a época do amor livre, e eu acreditava nisso por causa da parte do amor. Achei que poderíamos nos casar um dia como pensadores livres – como John e Yoko. Infelizmente, como no caso do pajem no casamento da minha madrinha, não deu certo.

Nunca fui boa no que Phil queria. Eu li que John e Yoko estavam em uma dieta macrobiótica. Então fiz feijão azuki e arroz integral e camarão com sementes de gergelim e molho de missô, enquanto Phil teria gostado muito de carne e batatas. Phil me queria apenas para cozinhar e limpar, e que eu parasse de gastar tempo desenhando o dia todo e fosse uma esposa, mas sem amarras. Pensei: "Tudo bem, uma vida adulta sem as complicações do casamento". Então eu tocava violão e cantava e ele dizia: "Sabe, você é muito boa, mas nunca vai conseguir. Há tantas pessoas que querem fazer a mesma coisa e alguém precisa fazer o trabalho sujo". Bem, para mim, esse foi o grande gongo para Phil. E, de novo, o que ele disse não me deteve. Realmente nunca me importei com quem achava que eu era boa ou com quem achava que eu era muito ruim. Eu ficava lá e tocava de qualquer forma até

TODA VEZ

CANTAVA,

PARECIA QUE A

O MUNDO

E O MUNDO

OSCILAVA EM UMA LINHA

QUE **EU**

SEMPRE

DIVISÃO ENTRE

EXTERIOR

INTERIOR

MUITO TÊNUE.

que as pessoas me dissessem para parar. Meio que entendo que, se estou cantando a mesma música várias vezes, só para acertar as inflexões, depois de um tempo alguém pode dizer: "Cyn, você pode calar a boca?", mas parece que nunca dei atenção.

E, nesse momento, percebi que o sonho que meus pais tinham para mim não era mais meu. Mesmo que eu não conseguisse descobrir qual sonho era esse, além de apenas sobreviver. Embora eu fosse grata por eles terem se responsabilizado por mim, chegou um ponto em que eu tinha que levar minha própria vida. Eu estava em uma nova fase e percebi que, se eu conhecesse alguém que me visse como igual e com quem eu pudesse viver com felicidade, eu teria que aprender a viver por conta própria e me aceitar, para que outra pessoa pudesse me aceitar também.

Toda vez que eu cantava, sempre parecia que a divisão entre o mundo exterior e o mundo interior oscilava em uma linha muito tênue. Eu estava ciente de como era olhar para a vida de dentro para fora e de fora para dentro. É apenas parte do meu dom e eu tinha me racionalizado, como a maioria das pessoas que consegue fazer isso, e então percebi que precisava recebê-lo de volta. Sempre ouvi vozes. Sou uma cantora e ouço poemas na minha cabeça, é a forma como escrevo. Sempre pensei que era louca até que alguns anos depois meu namorado Richie me disse que às vezes seu dom também pode ser sua maldição. Não que eu pense que seja uma maldição, mas se você não entende como o cérebro funciona e não usa seus pontos fortes, então o que poderia ser um grande dom se torna uma maldição.

Por um lado, andar com um pé dentro e outro fora pode ser chamado de loucura. Mas, por outro lado, pode ser chamado de uma perspectiva muito necessária para criar. Tem sido uma ótima ferramenta para mim, seja para escrever, desenhar, cantar, atuar ou dirigir a arte. Estar em contato com suas entranhas e entender como enxergar de fora lhe dá uma visão mais ampla – que agora as pessoas chamam de "pensar fora da caixa". Como um querido amigo meu, Bob Barrell, disse (você ouvirá mais sobre ele em um minuto), eu me tornaria uma estudante da vida.

Depois do emprego no Roosevelt Field Mall, trabalhei em uma pista de corridas. Eu era "hot walker" ["andadora quente"]. É bem o que o nome diz: você anda com os cavalos quando eles estão quentes. Eu nunca estivera perto de cavalos antes, mas isso não importava. Era um trabalho e amo animais. Eu cantava para os cavalos também, o que meio que os acalmava. Eu cantava canções hare krishna em seus ouvidos e caminhava ombro a ombro com eles. O nascer do sol sobre a pista também era muito bonito. Achei o cenário tão impressionante que poderia tê-lo pintado. A princípio, pensei que o trabalho seria perfeito para mim, mas os períodos de trabalho eram difíceis e os homens mais velhos odiavam as jovens porque elas tiravam seus empregos. Eventualmente, os homens mais velhos assustavam os cavalos quando eu entrava na cavalariça e, na última vez, um cavalo empinou, fiz o número oito no ar no fim da condução. Aquilo foi o suficiente. Não voltei e fui demitida.

Eu ainda estava morando com Phil àquela altura, mas a relação não estava indo muito bem. Pensei que o amava e me senti traída quando percebi que ele não me amava. Porque a única razão pela qual fui morar com ele era ser amada. Quando brigávamos, ele sempre me derrubava, ficava sobre mim e dizia: "Você não consegue ouvir?". Comecei a pensar: "Isso não é uma boa ideia. Preciso sair daqui".

Na época, eu visitava meu amigo e grande professor/mentor Bob Barrell. Eu o conheci quando estava sendo expulsa do ensino médio. Depois de mais um daqueles dias sem esperança encontrei esse improvável aliado, em um lugar improvável – sob a linha elevada em Richmond Hill / Ozone Park, Queens, na Rua 106. Eu estava caminhando para casa e lá, em uma pequena loja, todas as pinturas estavam na janela. Elas eram bonitas e tinham uma profundidade, alma e paixão dedicada a elas. Elas não apenas falaram comigo, mas gritaram para mim: "Acorde!". Eram peças de arte genuína na vasta e desolada paisagem daqueles que estavam ocupados demais lutando para existir para se incomodar com cultura. Ao lado de uma pintura havia uma placa que dizia: ESCOLA DE ARTE, ANDAR DE CIMA. Então subi e encontrei Bob. Ele não só era um artista maravilhoso, como também um professor maravilhoso. Ele me ensinou a pintar e achou que eu tinha talento, e isso me deu uma nova coragem.

Além disso, ele me ensinou sobre história, política e vida. Deu um vislumbre de quem eu poderia ser. Um monte de desajustados ia para as aulas dele às terças e quintas à noite. Vai saber? Eu pensava que estava sozinha. Ele foi um grande filósofo e falou comigo sobre coisas que nunca aprendi na escola – sobre Gandhi e Martin Luther King e desobediência civil e Thoreau. Então eu voltava para visitá-lo e pintávamos e conversávamos.

Bob nomeou o que estava acontecendo ao meu redor. Ele dizia que as massas em dificuldades eram um “produto da miséria”. Ele disse que miséria gera miséria, a não ser que quebremos a corrente. E é daí que vem o título da música “Product of Misery”, que escrevi depois de todos esses anos, do meu álbum *Hat Full of Stars*.

Contei a Bob que Phil costumava acampar com meus outros amigos, mas eu nunca podia ir, porque não tinha nenhum equipamento. Mas Phil não sabia dos dois cheques de desemprego que eu tinha recebido depois de deixar o trabalho de “hot walker” e que havia comprado equipamentos de camping, porque pensei: “Dane-se, eles nunca me levam para acampar, estou indo acampar e vou deixá-lo”. Então consegui ajuda de alguns amigos para me mudar da casa do Phil, para que ele não tentasse me segurar e me chacoalhar ou o que quer que fosse.

Bob me ajudou a descobrir o que fazer. Ele disse que eu poderia ir ao Canadá, a um parque provincial e fazer um estudo sobre árvores. Todo mundo estava pedindo carona naquela época, e eu poderia viver com uma maçã e um dólar por dia. Então, naquela noite, nos ajoelhamos no chão da cozinha de Bob com o mapa aberto e ele me ajudou a traçar para onde eu estava indo no Canadá e como faria isso.

Contei à minha irmã, Elen, sobre a minha viagem, e ela achou que era uma boa ideia. Ela estava passando por um momento difícil também. Então pensei, embora na época eu nunca teria dito isso, que ela amava Wha (Elen é gay, mas se sentia pressionada a agir como hétero e estava morando com um cara chamado Mitch).

Fui para o aeroporto com minha cachorra Sparkle. Eu tinha 18 anos e nunca tinha andado de avião antes. Antes disso, levei Sparkle ao veterinário para ter certeza de que ela poderia fazer a viagem. O veterinário disse que a cachorra estava bem, mas perguntou se eu ficaria bem. Achei que estava bem, então coloquei Sparkle em uma caixa com alguns comprimidos para dormir e disse a ela que eu a veria do outro lado. Eu nunca tinha acampado na vida, mas não me importei. Não deixaria o medo me impedir. Eu tinha uma mochila cheia de equipamentos de camping e comida enlatada para humanos e cães. Tinha também alguns bastões de carvão para desenho e blocos de desenho, um bico de Bunsen, calças jeans e camisetas, uma tenda para filhotes e um saco de dormir amarrado na parte de baixo da mochila. Acho que nunca viajo com o essencial. Mas essas eram as coisas que Bob disse que eu precisaria. Paguei US$ 125 por aquela passagem e um machado – porque eu teria que cortar madeira. Meu assento era na janela e ganhei um sanduíche de atum. Achei delicioso e a aeromoça era muito agradável. Eu estava vivendo em grande estilo!

Quando aterrissei em Toronto, fui buscar a Sparkle. Lá estava ela, latindo e chacoalhando a cabeça. A coitada não deve ter se importado com o passeio. Eu nunca faria isso com um cachorro de novo, agora que sei o quão frio é o lugar onde ela estava no avião. Fui para a alfândega e uma senhora disse: "Alguma coisa para declarar?". Eu tinha um pacote amassado de cigarros Marlboro no meu bolso e disse: "Nada além disso". Fui prontamente enviada para uma verificação alfandegária mais intensa, porque ninguém gosta de espertinhos, como a senhora no hospital me disse.

Lá eles perguntaram sobre a minha viagem. Eu lhes disse que era uma estudante de arte indo ao Algonquin Provincial Park para fazer um estudo de árvores por cerca de duas semanas. Acho que eu era uma figura. Com minha cachorra a tiracolo, vesti a jaqueta de camurça marrom-avermelhada que eu havia roubado da loja de departamentos em Roosevelt Field no ano anterior e um chapéu de camurça marrom-avermelhado que levantei para poder enxergar. Eu usava calça jeans verde, uma camiseta amarela e bota de caminhada amarrada na altura do tornozelo (para que eu não o torcesse enquanto estivesse no parque, como disse o homem que as vendeu para mim).

Eu estava tão animada e amedrontada, tudo junto, que mal conseguia ouvir o que o outro homem da alfândega estava dizendo, porque era difícil esperar para finalmente ir acampar. Pensei em todas as vezes que Phil disse que eu não poderia ir porque não tinha nenhum equipamento de camping, e agora eu estava indo acampar de um jeito espetacular. E estava indo sem ele e seus amigos – estava indo como a artista que sempre senti que era, aquela que tentava viver e pagar as contas em um mundo não artístico. Sempre me esforcei para viver em um mundo cuja língua eu não conseguia falar e não queria conhecer. Naquele mundo, tudo sobre mim estava errado.

Eu estava repetindo na minha cabeça o plano que Bob Barrell traçou naquele mapa que levou ao parque Algonquin, meu destino. Eu tinha que levar "Walden", de Thoreau, e lê-lo. Era parte da minha tarefa, o que ele chamava de "andar no caminho como um estudante da vida". Naquele caminho, não importava se eu era diferente ou estúpida ou perdida, porque eu iria me encontrar seguindo minhas próprias regras. Naquele dia, na fronteira do Canadá, eu estava a caminho de descobrir quem e o que eu era.

Meu plano era que Elen me passaria meu cheque de desemprego enquanto eu estivesse no Canadá, o que me renderia dinheiro suficiente para comer e ficar em albergues da juventude. Mas, naquele momento, tudo que eu tinha no bolso era US$ 25, e os agentes alfandegários disseram que eu precisaria de mais do que isso para entrar no país. Eles sugeriram que eu ligasse para os meus pais e pedisse para que eles adiantassem o dinheiro. Então liguei para o meu pai. Meu pobre pai não entendeu por que eu tinha que fazer as coisas que fazia. Quando liguei, ele disse: "O que você está fazendo no Canadá? E, antes de tudo, por que você está aí?". Ele não podia se dar ao luxo de adiantar o dinheiro, e acho que ele sentiu que eu o deixaria numa situação difícil de qualquer jeito. Eu não deixaria, mas todos na minha família achavam que eu era um problema.

Quando meu pai não pôde me ajudar, fiquei um pouco chateada.

Tentei explicar para os agentes da alfândega, mas depois comecei a chorar um pouco. O engraçado desse grupo de agentes alfandegários foi que, quando eles ouviram como eu tinha planejado a viagem e o que faria, eles estavam torcendo por mim. Eles começaram a tentar descobrir como eu poderia fazer este estudo sobre árvores. Minha lembrança dos canadenses é de como eles foram gentis comigo quando eu não tinha nada e não era ninguém. Nunca esquecerei isso. Eles me permitiram entrar e disseram: "Olha, arranje um spray de insetos porque é junho, a estação das moscas". Outro me disse aonde ir em Toronto para conseguir um albergue da juventude. Então me desejaram sorte e me deixaram ir. Eu estava apaixonada pelo Canadá.

Então peguei carona para o parque. Foi muito empolgante. Quando você está na floresta e não conhece nada, faz tudo de um jeito idiota. Como, por exemplo, escovar os dentes e cuspir na água. Eu não sabia. Alguém que estava passando por mim de canoa me lançou um olhar muito feio. Ok, cuspir na água: não é bom. Quando montei uma fogueira, eu me lembrei de como minha irmã e eu costumávamos assistir ao comercial "Careless Camper" [Acampador Descuidado], da Smokey the Bear, uma campanha de prevenção a incêndios dos Estados Unidos, e reencená-lo embaixo da nossa mesa da cozinha. Nós nos revezávamos sendo Smokey the Bear e o Careless Camper, acendíamos uma fogueira e depois dizíamos: "Só você pode evitar incêndios florestais". Então minha mãe voltava para casa e nos perguntava sobre o novo ponto escuro debaixo da mesa, e eu dizia: "Não sei o que é isso, talvez você devesse usar Comet". Estava feliz porque, antes de partir para o Canadá, Wha me ensinara a fazer uma fogueira adequada.

Eu estava com medo, mas a única coisa que sempre senti foi que não estava sozinha. Eu sentia como se houvesse alguma força protetora comigo. Desenhei, escrevi poemas, encenei coisas, me fiz rir. Em algum momento me abaixei na frente de uma pequena árvore e disse: "Acho que nunca verei um poema tão adorável quanto esta árvore". Coisas estúpidas. Eu podia fazer isso porque eu estava sozinha e isso não importava.

Fiquei lá talvez por duas semanas. Eu queria me encontrar. Como eu disse, senti que nunca encontraria alguém que me entendesse se eu não me entendesse, então eu precisava fazer essa jornada. No fim das contas, é meio perigoso quando você pensa sobre isso. Não havia nenhum lugar em mim ou na pobre e velha Sparkle que não estivesse picado por moscas blackflies. Não sei como vivi (embora tenha levado aquele machado comigo e pudesse ter matado alguém que quisesse fazer algo contra mim). Foi um período interessante. Isso aconteceu ainda no final de toda a coisa hippie. Ainda havia pessoas que eram almas gentis.

Não sei como voltei do acampamento a Toronto, mas, quando cheguei, conheci um cara lá que tinha um ônibus e estava indo para Nova York. Era um ônibus mágico, como um ônibus hippie. Algumas pessoas estavam indo, então pensei em ir também. No caminho até lá, ele parou no rio São Lourenço e todos nós saímos. Tirei minha camisa porque nunca na vida eu tivera o vento batendo em meu peito como um homem. Pensei: "Uau, então ser livre é *assim*". Depois coloquei minha camisa de volta e conheci um pescador no rio São Lourenço. Ele me ensinou a limpar e filetar um peixe. Isso foi útil mais tarde. Então, voltamos para o ônibus mágico com todo mundo e fomos para Nova York.

“FOI ASSIM
QUE MELHOREI:
EU ME PERMITI
DESMORONAR.”

CAPÍTULO 3

EM NOVA YORK, VISITEI MINHA IRMÃ, VI ALGUNS VELHOS AMIGOS E ACABEI voltando para a casa da minha mãe, que havia se divorciado de seu segundo marido. Essa era uma das melhores coisas da minha mãe. Ela sempre dizia: "Mesmo se não der certo, vocês podem voltar, nem que seja a cavalo, vocês ainda são meus filhos". Levei ao pé da letra. Não voltei para casa exatamente a cavalo, mas tenho certeza de que minha roupa impressionou bastante.

Minha mãe não só se divorciou, ela estava se mudando da casa em que ela e eu crescemos. Foi um pouco traumático e libertador ao mesmo tempo. Ela encontrou um lugar na Rua 9 que precisava de alguns reparos. Meu irmão mais novo, Fred (que chamamos de Butch), ainda morava em casa também. Fiquei com um quarto e meu irmão ficava no que teria sido a sala de estar, como geralmente acontece com pessoas sem muitos recursos. Então nossos quartos ficavam bem próximos um do outro. Pois é! Não havia privacidade. Era meio como estar na faculdade. Também vivíamos com Ralph, o "pretendente a terceiro marido um dia" da minha mãe. Como o Ralph trabalhava na construção, sempre havia um projeto a ser finalizado, o que acontece com pessoas que gostam de oportunidades de ficar com lugares que precisam de reparos (minha mãe adorava isso).

Também vi Phil, que decidiu que queria voltar a ficar comigo. Ele disse: "Você deu o recado. Você pode voltar a morar comigo agora". Pensei: "Você está brincando comigo? Você não me amava e, na verdade, a distância, percebi que não o amava, e eu não posso viver o seu tipo de vida". Eu tinha passado por tanta coisa que me senti livre disso e mais forte, embora eu realmente não tivesse um plano além disso. Levei a cachorra para o Village e pedi dinheiro para as pessoas. Sempre pedi dinheiro: "Você pode me dar uma moeda?". Às vezes as pessoas me diziam para vender meu cachorro. Eu não me importava com o que elas diziam. Você precisa entender, não tinha importância para mim, porque coisas horríveis aconteceram comigo antes. Você vai me dar dinheiro? Bom. Você não vai me dar dinheiro e vai me insultar enquanto passa por aqui? Ótimo.

Eu tinha meu violão, então também me apresentava na rua, mas só sabia tocar duas músicas da Joni Mitchell – "Carey" e "This Flight Tonight" –, porque afinei o violão para elas e, uma vez afinado, foi isso. Eu ganhava dois dólares, tudo que eu precisava (embora teria sido ótimo se eu tivesse um repertório maior). Um cara veio até mim uma vez, me deu dois dólares e disse: "Isto é para o seu segundo álbum – lembre-se de mim".

Depois do Phil, conheci um cara chamado Richie, que costumava sair com a amiga da minha irmã. Então ele chegou na minha irmã e depois em mim. Eu disse: "Ei, Richie, não é por nada, mas isso não vai acontecer. Somos amigos". Ele era um ótimo ilustrador, mas uma alma perturbada. Decidimos pegar carona para Massachusetts para encontrar um lugar onde eu pudesse morar. Eu não podia morar em Nova York sozinha porque tinha 18 anos e é preciso ter 21 para assinar o contrato de aluguel, e se meu pai não tinha me dado dinheiro, ele não assinaria um contrato de aluguel comigo. Então, Richie e eu fomos para Massachusetts, montamos acampamento e dormimos na floresta ao longo do caminho. Estávamos perto da fogueira uma vez e ele me disse: "Sabe de uma coisa? Você não deveria soletrar seu nome 'Cindy', você deveria soletrar C-Y-N-D-I". Então eu fiz isso.

Depois continuamos indo para Vermont. Às vezes eu tinha sonhos antes de as coisas acontecerem e, muito tempo antes de chegarmos a Vermont, tive um sonho em que vi Jesus em um campo com minha cachorra Sparkle. Jesus estava abrindo os braços e sorrindo, e a cachorra pulava por toda a grama. Quando chegamos a Vermont, minha cachorra desceu uma colina, havia um campo e ela ficou pulando nele, e a única coisa que faltava era Jesus de braços abertos. Vermont era tão linda. Parecia um show da natureza, ou algo como *Walt Disney Apresenta*. Eu nunca tinha visto nada parecido, então fiquei.

Richie teve que ir embora quando chegamos a Vermont, e fiquei sozinha. Fui a um albergue da juventude em Burlington. Quando os outros jovens do albergue ouviram eu me aproximar, disseram: "Aí vem Nova York". Eles não gostavam do meu sotaque. Conheci algumas pessoas que disseram que me ajudariam e me inscreveram em um programa para me estabelecer em um apartamento. Elas também me colocaram no programa de assistência social e me deram um emprego. Primeiro, fui babá. As pessoas eram muito gentis e tinham dois menininhos. Compraram uma fazenda antiga, mas tinham uma casa moderna e duas vacas de estimação. Havia um quarto para mim no porão, onde Sparkle e eu morávamos.

Tentei ser o que a moça queria, e os dois menininhos estavam bem, mas um dia ela deu uma festa para um dos filhos e vieram doze crianças. O pai deu um trator para o garoto, e as crianças se amontoavam na grande pá dianteira, enquanto o filho as conduzia ao redor. Enquanto isso acontecia, minha cachorra corria de um lado para o outro, e isso estava me deixando nervosa. Eu ficava dizendo ao garoto para ter cuidado com a minha cachorra. Fui até a mãe e disse a ela que as coisas estavam ficando um pouco fora de controle, e ela disse: "Esse é seu trabalho, não é?".

Bem, o menino de 5 anos que dirigia o trator atropelou a cachorra. Não pude acreditar. Eu amava aquela cachorra. Dormíamos juntas. Morávamos juntas. Ela era minha família. O trator passou por cima das costelas dela. O pai e um amigo dele me levaram de carro ao veterinário e conversaram sobre como perderam seus cães. Fiquei pensando: "Legal, podemos ver o que o veterinário diz primeiro, seus bodes velhos idiotas?". Nós a levamos ao veterinário, que disse: "Olha, se ela sobreviver durante a noite, ela viverá". Fiquei realmente abalada. Eles me levaram de volta ao meu porão e naquela noite tive outro sonho em que vi a Mãe Abençoada, só que ela não era nada parecida com o que eu tinha aprendido. Ela tinha um rosto bondoso, sardas e cabelo loiro. Ela estava sorrindo para mim, a cachorra também estava lá e havia um arco-íris no céu, exatamente como tinha sido antes. Era como se ela estivesse sobreposta à cena daquele dia. Foi um grande conforto vê-la no meu sonho. Ao crescer como católica, Maria e Jesus são como seus amigos secretos que você pode chamar em momentos de dificuldade. Na manhã seguinte, quando acordei, recebi a notícia de que a cachorra estava viva, então foi um milagre.

Larguei o emprego – grande surpresa –, peguei a cachorra e fui embora. No fim, consegui outro emprego e um apartamento em Burlington, mas me sentia muito solitária. Na época de Natal, eu me lembro de ficar ouvindo a música "River", de Joni Mitchell, saindo dos bares da Rua Church. Sabe, aquela: *It's coming on Christmas, they're cutting down trees*. Eu estava muito triste e conheci um cara num bar. Ele parecia ser uma alma semelhante e voltou para South Burlington comigo. Começamos a nos ver, e logo ele estava se mudando para o meu apartamento. Meu sentimento era: "Ok, seja o que for" (lembre-se, eram os anos 1970). Nós dois costumávamos pintar, mas suas pinturas eram tão cruas que eram quase infantis. Pensei que era como van Gogh. Ele não estava trabalhando, mas eu tinha acabado de encontrar um emprego, depois de ir ao escritório do programa de assistência social e dizer: "Você pode me dar um emprego, por favor?". Eu realmente não queria estar no programa de assistência social.

Eles ficaram empolgados e me conduziram até um homem no escritório, que me perguntou o que eu gostaria de fazer. Eu disse a ele que queria ser pintora. Ele disse que, se eu morasse em South Burlington por um determinado período de tempo, eu poderia me candidatar a uma bolsa e ir para a escola. Enquanto isso, eu teria que trabalhar. Ele me perguntou que tipo de coisas eu gostava e eu disse animais. Então ele me conseguiu um emprego em um canil/abrigo. Eu costumava gostar mais de trabalhar no abrigo do que no canil porque os cães do abrigo eram muito mais amorosos e doces e apreciavam tudo. Eu amava muito esses animais. A dona do lugar gostava de colocá-los para dormir (tinha essa coisa estranha acontecendo). Sempre que eu via que ela colocaria algum cachorro para dormir, eu o levava para passear. Então ela meio que ficou esperta e os matou no meu dia de folga. Havia um cachorro que eu simplesmente amava. Ele tinha uma perna quebrada, e cuidei dele até ficar bom. Eu dei a ele o nome do ator Herschel Bernardi. Ele era muito engraçado, costumava correr o tempo todo e a dona o pegava. Bem, na última vez que ela pegou o Herschel, ela colocou aquele pobre cachorro para dormir também.

Tentei fazer meu namorado trabalhar no canil, porque eles queriam ajuda. Um dia a dona se aproximou de mim com o marido e eles me fizeram sentar. Ele disse: "Cyn, olha, fiz uma verificação do seu amigo. Você sabe que ele foi dispensado do exército porque teve um colapso mental, certo? Sabe aquelas atitudes infantis dele? Elas têm um porquê".

Fiquei: "Ooohhh". Fazia sentido. Havia momentos em que eu conversava com ele e ele ficava bravo muito rápido por nada. E quando pedi para ele ir embora, ficou um pouco estranho comigo. Ficou muito chateado e gritando enquanto eu o ajudava a fazer as malas. Ele ainda ficou gritando enquanto eu o ajudava a colocar suas coisas no carro, aí me empurrou para a árvore de Natal. Eu me levantei e continuei a ajudá-lo e, quando ele finalmente saiu, tranquei a porta. Como cresci vendo violência, permaneci calma.

Passei por muito perrengue naquele apartamento. Eu não tinha televisão, não tinha aparelho de som, nada. Eu ainda era uma criança e estava sozinha. Muitas vezes eu não aguentava mais, então ficava na cama o tempo todo. Quando eu realmente não conseguia lidar com nada, costumava ter tremores, completos ataques de ansiedade. Quando eles aconteciam, eu me abraçava e tentava me acalmar. Dizia para mim mesma: "Você vai ficar bem – respire fundo". Então, se achasse que precisava me sentir protegida, esvaziava o armário embaixo da pia e engatinhava para lá. Eu ficava lá porque era um lugar fechado e, lentamente, começava a me sentir melhor. Como estava sozinha, eu me permitia fazer coisas que, se fossem feitas na frente de outras pessoas, elas diriam: "Nossa, ela é *louca*".

Às vezes, se estivesse com muito medo, eu ficava dentro de um armário e dizia a mim mesma: "Ok, agora você está em um armário. Bom. Vá em frente, fique em qualquer lugar que quiser do apartamento. É o seu apartamento. Espere até se sentir melhor e saia. Se quiser, fique naquela cadeira, fique onde quiser até se sentir melhor. Se não consegue lidar com isso e quiser ir para a cama, fique na cama. Quando se sentir melhor, levante-se e tente de novo". Foi assim que melhorei: eu me permiti desmoronar.

Num desses dias em que fiquei na cama o dia todo e a noite toda, acordei no meio da noite e vi um anjo dentro da minha cabeça. Ele estava em uma mesa com um livro grande e gordo e me mostrava a cena de um tribunal. Minha mãe estava nele e ela estava chorando. Então um juiz mesquinho me disse que julguei minha mãe de forma muito severa. O anjo tinha uma aparência doce, com asas e cabelo loiro encaracolado. Olhei por cima de sua mesa para ler o livro e, nas páginas, eu me vi deitada no chão com carruagens passando sobre mim.

Com o passar do tempo, fiquei muito doente. Aparentemente, o cara com colapso mental me passou hepatite. Ele vomitava muito, mas eu estava acostumada a limpar vômito porque sempre limpava o vômito dos cachorros. A hepatite estava à solta em Burlington naquele ano. De qualquer forma, fui trabalhar, mas fiquei muito, muito mal um dia quando estava lá e tiveram que chamar uma ambulância. Fui levada em uma maca. Eu estava tão cansada, mas podia sentir Krishna ainda menino dentro do meu corpo me mostrando como descansar e sabia que tudo ficaria bem. Quando cheguei ao hospital, me disseram que eu tinha hepatite. Quando estava deitada na cama do hospital com uma intravenosa no braço, ouvi as enfermeiras conversando e uma delas disse: "Como ela contraiu hepatite?", e a outra enfermeira virou e disse: "Um caso". De repente parecia que eu estava em um filme de Bette Davis – eu tive um *caso*. Liguei para o meu pai e ele estava partindo para sua lua de mel com sua nova esposa. "Coitada", ele me disse. "Por favor, ligue para sua mãe." Não que ninguém pudesse me ajudar, eu estava bem, estava no hospital.

Quando saí, estava fraca demais para trabalhar. Às vezes, se houvesse pessoas interessantes no albergue de que eu poderia gostar, eu as colocava na minha casa por um tempo. Uma vez, teve uma garota chamada Ann Marie que se hospedou comigo e era fugitiva. Ela tinha um namorado mais velho – um pedófilo de verdade, se quer saber. Iriam colocá-la em um centro de correção juvenil para jovens delinquentes, a não ser que alguém a adotasse. Eu queria, mas não podia, porque era muito jovem, só tinha 19 anos. Eu me senti muito mal. Ela nunca me perdoou.

Enquanto tentava melhorar, um casal veio e se hospedou comigo – um cara chamado Tommy e sua namorada – e cuidou de mim. Ela acabou indo embora, ele ficou e se tornou meu namorado depois de um tempo. Ele não ia embora (eu sei, mais uma vez isso). Tommy era muito encantador e podia convencer as pessoas a fazer qualquer coisa. Ele não trabalhava, então passava muito tempo caçando. Uma vez não havia nada para comer no jantar, aí ele saiu com sua arma, atirou em um esquilo e o trouxe para casa.

Lá estava o esquilo, sobre a bancada da cozinha. Tudo em que eu conseguia pensar era naquela vez em que o Ônibus Mágico fez uma parada no caminho para Nova York, vi um cara pescando e ele me ensinou como limpar um peixe. Graças a Deus, eu me lembrei de como fazer isso, porque foi assim que dei conta desse esquilo. Então fiz o que tinha que fazer. Cortei sua cabeça, tirei a pele e pensei: "Hmm, não tem muita carne", mas peguei o que estava lá e cortei tudo. Depois cortei uma cebola, coloquei azeite em uma panela com um pouco de manjericão, um pouco de alho e uma folha de louro, e refoguei o esquilo. Aí despejei uma lata de tomate, um pouco de vinho, um pouco de açúcar e um pouco de sal e deixei cozinhar por um tempo. Tommy pegou um táxi para casa e convidou o taxista para jantar. O taxista adorou e, depois do jantar, disse: "Isso é realmente delicioso. Que tipo de carne é essa?".

Eu disse a ele que era galinha e ele disse: "Não, não é".

Eu disse: "Sim, é".

"Não, não é."

"Sim, é."

"Não, não é, tem um gosto mais forte."

Eu disse: "Tudo bem, é esquilo". Ele não acreditou em mim e ficamos indo e voltando mais algumas vezes. A cabeça do esquilo estava no lixo e a pele também, então eu lhe mostrei a pele e ele ficou muito chateado.

Depois de um tempo, percebi que Tommy nunca trabalharia. Me ocorreu que, embora houvesse algo muito encantador nele, ele era um vagabundo e estava realmente sujo. Ele não gostava de tomar banho de banheira nem de chuveiro. Isso perdeu a graça muito rápido.

Enquanto isso, as pessoas do departamento de assistência social estavam trabalhando para que eu conseguisse ir para o Johnson State College, em Johnson, Vermont. Eles tinham algo chamado programa PROVE, pelo qual era possível conseguir uma bolsa de estudos se você se provasse através do seu trabalho. Eu só queria fazer arte, mas eles queriam que eu fizesse inglês e história. Como mencionei, sempre tive muitos problemas com inglês e não queria fazer isso. Eu não conseguia escrever um artigo ou ler o tanto necessário na faculdade. Não conseguia me concentrar em uma página. Tinha transtorno de déficit de atenção ou algo assim. Até hoje não leio muito. Na época, eu conseguia fazer coisas visualmente e escrever de forma criativa, mas nunca aprendi o básico para escrever um relatório.

Claro, na época, eu não sabia que o que eu poderia ter era transtorno de déficit de atenção. E eu não conseguia descobrir se o meu problema era de uma infância traumática ou se eu era só idiota mesmo. Apenas pensei que talvez meu curto período em uma escola de convento, onde as freiras eram um pouco brutais, pudesse ter contribuído para a minha condição. Aquele adorável colégio interno é o que sempre chamei de Irmãs Sem Misericórdia Nem Caridade, especialmente se as crianças lhes tirassem a paciência. Talvez tenham batido demais na minha cabeça. E, olha, eu me virava muito bem como uma pessoa estúpida, porque conseguia fazer as coisas e articular bem algumas coisas verbalmente. Às vezes eu me levantava na aula, conversava com o professor e fazia perguntas e, quando me sentava, ouvia, na minha cabeça: "Você é mesmo brilhante". Eu pensava: "Eu não sou brilhante; na verdade sou meio idiota". Então eu ouvia: "Não, você não é". Sempre senti que havia uma presença forte de um anjo da guarda perto de mim. Ou era um anjo da guarda ou tive que ser completamente esquizoide para sobreviver.

Enquanto eu morava em Vermont, ainda voltava a Nova York. Pegava carona e levava minha cachorra e meu cavalete. Eu ficava naquela grande rodovia que sai de Vermont e sentia muito medo. Estava frio, e eu temia pela minha vida o tempo todo. Entrei num carro com um rapaz que me levou de volta para sua casa e me deixou descansar antes de me levar para o próximo lugar. Ele foi muito gentil. Tive muita sorte por não ter sido morta ou algo assim. (Mas, bom, eu também tinha a cachorra. É meio difícil matarem você *e* a cachorra, certo? Bem, acho que se você estiver motivado, você consegue.) Quando chegava em Nova York, visitava Bob Barrell e pintávamos, e ele me ensinava sobre pintura. Uma vez ele me disse que um pintor é um grande mentiroso porque pega uma superfície plana e faz com que pareça tridimensional, não algo plano, mas algo com profundidade. É uma coisa bem louca, mas uso algumas das técnicas que ele me ensinou na minha maquiagem, quando pinto o rosto ou quando adiciono cor à minha paleta loira de cabelo.

Então, como eu estava fazendo cursos para essa bolsa de estudos de arte na Johnson State, consegui um emprego como modelo nu em uma das aulas. Posei na aula de aquarela. Eu amava aquarela, mas não consegui entrar na turma, então trabalhei lá para poder assistir às aulas do professor. Infelizmente, os artistas quase nunca veem os modelos como pessoas que podem estar participando de uma aula em que não puderam participar. O melhor de tudo é que, como eu também estava fazendo aulas de história da arte, pude posar como as modelos das pinturas que estudei e depois observar como os alunos traduziam essas poses em caneta, tinta e aquarela. Adorei isso.

A maior parte dos livros de história da arte que li eram muito mal escritos. Tive dificuldade em lê-los, mas amava tanto as pinturas que pulava os textos que não faziam sentido. E eu estava fazendo arte com meu corpo. Eu me torcia para fazer uma linha que descesse pela página ou posava em uma forma que eu gostaria de desenhar. Conseguia ficar assim por muito tempo. Então eu observava os alunos desenharem e pintarem e ouvirem enquanto o professor se aproximava e falava com eles. Acho que nenhum deles percebeu o quanto eu estava observando. Eles provavelmente pensaram que eu era uma exibicionista ou algum tipo de vagabunda.

Nunca tive muita sorte com homens jovens. Ouvia fofocas de homens que eu namorava e chegavam até mim. O primeiro rapaz realmente gentil comigo como namorado foi um africano baixinho da Nigéria. Comecei a sair e dormir com ele, e todos na escola surtaram. Aparentemente ele estava com outra garota branca da escola que era muito meiga e ele se livrou dela por mim, a garota louca e excêntrica. Íamos a festas no dormitório e seu padrão era beber muito e, de alguma forma, brigar com alguém que ele insistia que o havia insultado. Bom, esse cara nunca agiu como um idiota comigo, mas nessas festas ele sempre xingava, ficava bravo e tão bêbado que eu tinha que ajudá-lo a voltar ao dormitório dele ou ao meu. Nunca senti que poderia ajudá-lo do jeito que ele me ajudava. Então esbarrei naquela garota meiga, com enormes olhos tristes, com quem ele terminou muitas vezes. Eu não podia mais machucá-la assim, e talvez essa garota pudesse ajudá-lo melhor do que eu. Então terminei isso.

Tive um professor de carpintaria que me ensinou muito. Numa noite, ele ia me dar uma ajuda extra e me ensinar como usar as máquinas. Como ele achava que eu era idiota, não me deixava usar a máquina grande de cortar. Eu estava fazendo um vaso sanitário de madeira com um rolo de papel higiênico de madeira (era manifesto sobre a arte). Bem. Ele entrou na marcenaria e passou o braço sobre a mesa para limpar tudo – muito dramático, do tipo: "Tudo bem, vamos fazer isso ou não?". Eu estava pensando comigo mesma: "Isso é realmente ótimo".

Sabe, se você fosse uma dessas garotas que dormiam com qualquer um, supostamente era para ser amor livre, mas, como eu disse, não era. Não para as mulheres. Eu costumava ouvir as coisas que eles diziam sobre mim. Se você fosse a um encontro e transasse com alguém, eles contariam para todo mundo se você faz bons boquetes ou o que quer que fosse. Eu costumava pensar: "Eu deveria contar como *você* era? Desatento e rápido na cama?".

No entanto, eu estava feliz por ter uma verdadeira experiência universitária. No começo eu estava em um dormitório e isso foi muito legal, mas continuei tentando levar minha cachorra e não estavam felizes comigo, então eu saí. Acabei ficando em um monte de lugares diferentes. Eu tinha um colega de quarto horrível que andava de moto dentro de casa. Para conseguir ar, eu andava com minha cachorra à noite, mas havia cemitérios por toda parte. Ela correu em um para fazer xixi em uma lápide, corri atrás dela e tentei levá-la para fora. Eu estava apavorada, pensava: "Oh, meu Deus, essa pessoa ficaria tão puta. E, na verdade, as pessoas ficavam". Também morei em um lugar chamado casa do

Programa PROVE, já que fazia parte do Programa PROVE. Havia outras pessoas na casa fazendo a mesma coisa, incluindo pessoas vindas de presídios que estavam tentando se reabilitar – ex-drogados, ex-delinquentes. Eles também abrigavam pessoas que tinham crises nervosas. Alguns desses jovens passavam por períodos difíceis em momentos de estresse. Um garoto surtou e não saía da cadeira, então a família dele acabou carregando a cadeira e colocando-o na parte de trás de um caminhão. Mas as pessoas da casa do PROVE eram jovens bons. As pessoas sempre as julgariam, e sei muito bem como isso é.

Nesse momento, eu ainda estava determinada a ser uma pintora, então pintei em todas as superfícies que consegui encontrar. Uma vez peguei os sapatos que eu tinha usado no Algonquin Provincial Park e cobri a parte de baixo de um dos sapatos com gesso, que serve como uma base de superfície branca, e o pintei. Peguei um dos esboços que fiz na viagem, de um lugar à beira-rio onde a água passava pelas rochas, e pintei em acrílico. Depois, peguei pedras reais e colei-as, para que elas saltassem da pintura. Foi ótimo. Também peguei um pequeno galho de árvore que guardei e passei-o pela ponta do sapato. Apresentei essa peça em uma mostra de arte na escola e ela foi roubada. No entanto, me disseram que apenas as peças realmente boas eram roubadas, então é um bom sinal.

Eu também selecionava músicas para tocar na estação de rádio da escola. Consegui esse trabalho depois que liguei para a estação e reclamei que eles não estavam tocando mulheres o suficiente. O início dos anos 1970 foi uma época em que as pessoas ainda estavam com a mentalidade hippie de querer mudar as coisas e torná-las melhores. O garoto da estação me disse: "Se você não gosta, venha aqui e seja DJ para nós. Você pode tocar todas as mulheres que quiser". Entrei nisso como uma criança beligerante, mas depois vi o quanto era divertido. Adorei lá. Tocava todos os tipos de música e, entre as músicas, colocava algumas coisas de comédia e transitava para harpas eólicas ou algo assim. Sempre me certificava de haver algum tipo de história acontecendo com a música. Era bem viajante. Na verdade, muitas pessoas costumavam viajar com as minhas apresentações.

Trouxe mais mulheres para as ondas do rádio e também fui a primeira "streaker" feminina no campus. Isso precisava ser feito – havia muitos caras fazendo e era hora de uma mulher fazer. Usei botas e um chapéu e corri nua pelo refeitório. Um dos meus amigos estudantes de arte disse: "Cyn, não pude deixar de te reconhecer, porque te desenho o tempo todo".

HAVIA MUITOS CARAS FAZENDO E ERA HORA DE UMA MULHER FAZER.

E é claro que eu também tocava música. Eu tinha alguns amigos que viviam em um dormitório diferente, uma antiga casa de campo reformada. Sparkle e eu corríamos em um espaço para as vacas (contornando os estrumes) entre o meu dormitório e o deles. Eu levava meu violão e todos cantávamos e improvisávamos juntos a noite toda. Eu tocava um violão chamado Athena – aquele que as pessoas me davam dinheiro para tocar quando eu tinha 16 anos. Ele tinha um braço fino e um som agradável. Nós nos sentávamos e tocávamos, qualquer som era bem-vindo. Você podia tocar em copos de vidro se quisesse; não importa o que você usasse, eu amava isso. Uma vez, um professor disse que eu poderia me juntar à banda dele, mas que eu teria que me esforçar escrevendo músicas. Eu me animei muito. Depois do jantar, em Johnson, todos se sentavam e tocavam.

Durante esse tempo, B. B. King veio ao colégio para uma apresentação. Apertei a mão dele, mas lembro que eu estava com tanto medo que não pude olhar em seus olhos. Passei daquele aperto de mão assustado para um disco em que ele tocou dois anos antes. O arco e o milagre de uma existência é o que realmente me surpreende. Isso me faz lembrar: "Não se exclua". Muitas coisas acontecem na vida por uma razão, e tudo que sei é que aquele aperto de mão, em algum nível espiritual, pode ter levado a mensagem "Oi, em vinte ou trinta anos você será uma musicista e eu estarei tocando em seu disco".

Fiquei na faculdade por um ano e dois meses. Dei muito duro, mas mais uma vez eu estava sendo reprovada e simplesmente não aguentava. Minhas notas de arte eram boas, mas reprovei em história grega e também estava sendo reprovada em inglês, além disso, eu estava endividada. Quando decidi sair da faculdade e pegar carona para Nova York, chorei. Parei em uma igreja, como qualquer bom italiano, e orei a Jesus, meu amigo secreto, e de repente o senti em pé ao meu lado sem tristeza. De certa forma, ele estava me dizendo sem palavras que esse fracasso não tinha problema, que eu deveria ir para casa. Nunca vou saber se é apenas a minha imaginação que me faz ouvir e ver coisas, mas fico feliz. Isso me ajuda a passar pela vida.

Quando cheguei em casa da faculdade em 1972, desci pela Avenida Jamaica e as pessoas jogaram pedras em mim por causa das minhas roupas. Lembro que estava usando um casaco verde comprido, que era meio bonitinho; meu "chapéu cheio de estrelas" que criei depois de ler o livro *Grapefruit*, de Yoko Ono; meias que pareciam bengalas doces, brancas e vermelhas e grandes tamancos vermelhos número 37. Eu calçava 36, mas gostava deles, então usava meias grossas – foi assim que ganhei meus joanetes. Então nunca faça isso, ok? Use sapatos do número certo.

Logo voltei ao estúdio de Bob Barrell. Uma noite ele estava dando uma festa, eu estava tocando violão para todos e outra estudante de arte chamada Fran Kissinger sentou-se perto de mim e disse: "Sabe, você tem uma voz profissional – você deveria cantar profissionalmente". Bem, por que não? Comecei a olhar anúncios que procuravam cantores nos jornais, mas o que geralmente queriam eram garotas negras que fizessem backing vocal para caras brancos (o que, quando você para e pensa sobre isso, é algo como "uma banda toda branca e backing vocals negras? Que raio é isso?"). Então ouvi falar de uma empresa que estava procurando cantores. Eu me encontrei com um cara que me disse que eu deveria aprender todas as diferentes músicas que estavam na rádio. Eu me apresentei para ele, tudo pareceu correr bem, mas depois tive problemas.

Ele me convidou para jantar em sua casa e eu achei que fosse um encontro. Então eu fui, e foi muito bom – luz de velas e tudo mais. Eu tinha provavelmente 20 anos na época e fiquei pensando: "Que cara legal, ele está preparando o jantar para mim. Quem faz isso?". Então, claro, ele chegou em mim. Fiquei lisonjeada e fui em frente, então, de repente, ele recebeu um telefonema. Ele desligou, disse que sua esposa estava voltando para casa, me levou para fora e me colocou em um táxi. Esse foi o fim de tudo. Eu era uma garota estúpida.

Depois fui para outro teste, para uma banda cover. Dessa vez Fran foi comigo porque decidi que não faria mais audições sozinha. Cantei a música da banda Gladys Knight and the Pips, "I've Got to Use My Imagination", cometi um erro e cantei mais alto do que deveria. Apenas forcei um pouco e não conseguia acreditar na grande voz que saiu de mim. Era tão alta e tão forte que pensei: "Puta merda, de onde veio isso?". Você precisava ver a cara de todos também. Eles olhavam para mim, surpresos, e eu pensando: "*Vocês* acham que estão surpresos?". Já tive um sonho em que um anjo me disse que eu era um leão adormecido e naquele momento pensei: "Esse deve ser meu rugido". Mas continuei, afinal estava em uma audição. Entrei para a banda (estou deixando de fora o nome da banda, por razões que você verá mais tarde).

Havia um cantor gay que se parecia um pouco com John Travolta e um baixista que se vestia como Bootsy Collins, embora ele fosse um rapaz branco.

Eu era uma backing vocal, mas de vez em quando as garotas do backing vocal cantavam como vocalistas, então sempre que a banda estava perdendo a plateia, me faziam dar um passo a frente e cantar algo como "Lady Marmelade", "I've Got the Music in Me" ou "Tell Me Something Good". Eu cantava como backing vocal com outra garota, Dale, que era incrível. Eu cantava as harmonias altas, então começaram a nos chamar de Tico e Teco.

Com minha nova banda, consegui um novo lugar para morar: o apartamento da Fran. Fizemos um acordo de que eu seria a babá de seus dois filhos. Eu fazia as apreentações à noite com a banda, mas tinha que acordar cedo e cuidar das crianças. E logo isso começou a ficar muito estranho. Fran estava passando por um período muito traumático, porque havia muita turbulência com seu ex, e as crianças estavam um pouco fora de controle. Uma vez dei um tapa no filho dela. O menino fez algo comigo e foi uma reação instantânea. Ele foi para perto da parede e nunca me perdoei. Eu mesma ainda era uma criança, mas nunca, jamais deveria ter batido nele. É errado, porque se você ensinar violência, a violência gera mais violência. Eu nunca conseguia fazer as coisas direito porque não sabia como. Eu não conseguia ser a babá de que ela precisava e não conseguia levar estabilidade para o lugar, então, por fim, fui embora.

Voltei para a casa da minha mãe no Queens e Fran começou a trabalhar em um bar como garçonete para sustentar os filhos. Nesse bar, conheci dois caras com quem pensei que ficaria, porque eu só queria sair para um encontro. Nunca deu certo com eles. Um deles era um veterano do Vietnã, mas eu não era sensível a sua situação e disse a ele que tinha marchado contra a guerra. Ele surtou. Esse encontro terminou de forma abrupta. Claro que foi assim, porque ninguém tratou bem esses caras quando eles voltaram e eu era uma criança estúpida que não entendia isso. Então, mais tarde, quando eu era vocalista da banda, comecei a ver o outro cara, que era amigo do baterista. Mas isso acabou quando ele se tornou um namorado nervoso, que precisava se certificar de que tudo corria bem nas casas noturnas, mesmo que ele não fosse nosso empresário.

A banda conseguiu alguns shows de abertura bons. Abrimos para Wayne County – uma vez quando ela era Wayne e mais tarde quando era Jayne. Você se lembra daquele musical *Hedwig and the Angry Inch*? Isso me lembrou muito Wayne/Jayne, embora o ator John Cameron Mitchell tenha dito que o personagem Hedwig era baseado em uma combinação de duas pessoas. Wayne era selvagem e engraçado. Sempre tive medo dele. Ele disse algumas coisas desagradáveis para mim, mas não me importei. Tocamos no Coventry Club, no Queens Boulevard, onde a banda Kiss fez sua primeira apresentação. Também abrimos para Isis, cuja vocalista era uma mulher lésbica linda. Ela tinha um cabelo loiro-claro no qual jogava glitter. Também usava uma camisa branca brilhante e calças brilhantes. Ela parecia uma rainha do gelo, mas seu violão estava em chamas. Naquela época era legal ver pessoas vivendo estilos de vida alternativos naquelas bandas "glitter" – no entanto, mesmo que um homem gay pudesse fazer rupturas, uma lésbica declarada nunca poderia.

Todos os proprietários de casas noturnas sempre tiveram problema comigo, porque eu não conseguia ficar de pé quando dançava. Eles perguntavam: "Por que ela não pode ficar parada ali e cantar?". Eu costumava cair muito porque usava salto alto ou grandes plataformas. O vocalista se curvava e me ajudava, então ele caía, Dale tentava nos ajudar e depois estávamos todos no chão. Foi assim que aprendi a falar no palco – porque você precisa dizer alguma coisa.

Íamos para os shows em uma van velha e uma vez tivemos um acidente. Acho que estávamos no Southern State Parkway, na direção leste em Long Island, pela saída 60, e estávamos todos espremidos com o equipamento. Não havia cintos de segurança, o pneu furou, a van continuou em movimento, mas a forma hábil com que o motorista estava dirigindo, a forma como conseguiu manobrar, salvou nossas vidas. Eu me lembro de puxar as pessoas que estavam voando pela janela e, no fim, eu também estava voando, mas eu não estava sozinha. Estava voando com um anjo acima de mim e passei por músicos mortos que estavam do lado da estrada só observando – Duane Allman, Berry Oakley. Então o anjo disse: "Esse é um bom lugar para você pousar", e era um arbusto. Aterrissei ali. Acabei com uma cicatriz na perna.

Cantar em casas noturnas e botecos em Long Island não foi fácil para minha voz. Eram lugares como o Glendale Lounge, onde Fat Jack costumava andar entre nossa aparelhagem com uma pizza, porque a cozinha ficava bem atrás de nós. Muitas vezes os guitarristas tinham amplificadores Marshall de 200 watts, muito populares na época, com guitarras Gibson Les Paul Goldtop – que são altas e sustentadas. Então, para ser ouvida, precisei pegar um amplificador de 50 watts para a minha voz e eu só tinha uma caixinha de nada para ouvir o retorno. Mas, depois de um tempo, eu continuava rouca. Eu começava cantando com tudo e terminava com nada, então eu ia dormir e tentava recuperar minha voz.

Quando estávamos fazendo shows, um empresário veio nos ver duas vezes. Ele nos disse: "Eu não vou administrar vocês a menos que coloquem a garota backing vocal que canta bem e cai o tempo todo como vocalista. Deixe o cara da frente que dança bem, mas canta pouco, ser um backing vocal com a outra garota – vamos ver como isso funciona". Então fizemos isso, mas é claro que a banda meio que me odiava por esse motivo. E os donos da casa noturna sempre tinham problema comigo porque diziam que eu parecia um garoto e dançava como um garoto.

Este empresário, Phil, era um pouco maluco. Na minha opinião, ele era um idiota machista e manipulador. Uma vez ele foi a um lugar em que estávamos tocando chamado Three Ships, que tinha um bar enorme com um palco e servia bebidas por cinco centavos de dólar (assim os jovens ficavam engessados e se acidentavam de carro na estrada a caminho de casa). Eu estava cantando covers da Janis Joplin e, depois de um set, ele me puxou de lado. Eu estava com maquiagem, como costumo fazer, e ele me fez tirar tudo e subir ao palco sem nada, disse que Joplin nunca usava maquiagem. Isso não é verdade coisa nenhuma, às vezes ela não usava, às vezes ela usava. Você tem ideia de como era embaraçoso ficar na frente de todas aquelas pessoas, com luzes brilhantes, sem maquiagem?

E havia tensão na banda porque estavam um pouco zangados comigo. Uma noite, alguns de nós estávamos na casa de um dos membros da banda. Ele era um pouco maluco e muito provocador – o tipo de cara que falava sobre sexo e o que ele fazia com a namorada o tempo todo e achava engraçado fazer xixi na própria cerveja. Por alguma razão, ele e a namorada dele tinham uma caixa cheia de dildos na casa dele. Eles me disseram: "Vá em frente – escolha um". Achei engraçado, estávamos todos rindo disso, então peguei um deles, olhei e coloquei de volta na caixa. A irmã da namorada dele também estava lá e estava tudo divertido até que, de repente, a atmosfera da sala mudou. Ele pegou o dildo e duas outras pessoas me agarraram. Corri para longe deles, mas eles me pegaram e tiraram a minha calça. Aí esse cara pegou o vibrador e o usou em mim.

O rapaz gay da banda estava lá e começou a surtar. Ele ficava gritando: "Oh, meu Deus, oh, meu Deus, não machuquem ela!". Eu não podia acreditar no que estava acontecendo. Tentei me soltar com todas as forças e não consegui, porque estava sendo segurada pela namorada dele e pela irmã dela – e ela era uma garota grande. Fiquei atordoada, em estado de choque.

Finalmente me soltei, agarrei o dildo e ia enfiar no rabo dele, e eles falavam: "Vai, vai, vai!", mas eu o derrubei. Eu estava nauseada e incrédula, porque não eram apenas homens – era um homem e duas mulheres. Eu simplesmente não conseguia entender o porquê. Enquanto tudo estava acontecendo, vi alguém sentado na cama olhando para mim e chorando. Pensei: "Sou eu ou um anjo chorando". A namorada do cara entrou no banheiro e entrei também. Eu ainda não estava vestida e perguntei a ela: "Por quê? Por que você fez isso comigo?". Ela me disse que era porque ela amava o cara e queria fazê-lo feliz.

Apenas me vesti e saí. Fiquei meio que em choque por um bom tempo. Eu pensava que, quando você está numa banda, você é da família. Porque você é igual a eles. Sempre senti afinidade com músicos. Sempre ficava feliz em saber que havia pessoas no mundo que se sentiam como eu antes de encontrá-las. Pensava: "Por que diabos estou aqui? Sou um nada. O que posso fazer? Não posso fazer nada. Não consigo nem manter um emprego". Pensei que havia um código de honra entre ladrões.

Depois percebi que talvez fosse porque esse cara tinha começado a banda, então o poder escapou dele e veio para mim. E esse ato foi como um instinto muito animal para dominar. Eu disse a ele que eu diria aos outros o que aconteceu e ele disse: "Vá em frente, diga a eles – eles não vão acreditar". Dito e feito, eu disse aos outros rapazes da banda e eles não acreditaram em mim. Depois disso, se é que dá para acreditar, ainda fiquei com a banda porque me recusei a deixá-los me destruir.

A única razão pela qual nunca falei sobre isso publicamente antes foi por não querer dar poder a esse cara. Mas eis o que Deus fez. Em 1989, depois dos meus dois primeiros álbuns, eu estava comprando presentes de Natal em Nova York. Eu tinha motoristas maravilhosos – caras ótimos de verdade que me levavam para fazer compras. Estava nevando e eu estava na frente da Bloomingdale's. Um cara veio e disse: "Cyn, como você está? Olhe para você: você fez acontecer. Estou tão orgulhoso de você". Era ele. Perguntei como ele estava, e ele disse que estava trabalhando em uma delicatessen ou algo assim. Perguntei: "Como está sua namorada?", e ele disse: "Oh, isso acabou há anos".

No fim da nossa conversa, eu não disse nada sobre o incidente. Não precisei. Sabe quando você começa a ver o quadro completo? Voltei para o meu carro e segui em frente. Pensei: "Quer saber, amigo? A forma como você trata os outros, em algum ponto da vida, seja agora ou mais tarde, vai voltar para você".

Tudo na minha vida tem sido uma lição assim. Todas as coisas malucas.

"PUDE VER COMO EU TINHA O PODER DE CONSEGUIR UMA REAÇÃO DAS PESSOAS."

CAPÍTULO 4

NÃO SAÍ DA BANDA, MAS ELES ME DISPENSARAM DE QUALQUER JEITO. NÃO SEI POR que e não me importo – eu não estava feliz. Não estava mais ouvindo o que eles diziam. Mas no fim foi bom, porque comecei outra banda chamada Flyer. Naquela época, muitas bandas foram me ver e fiz amizade com outros músicos, então, com a Flyer, éramos uma equipe ótima. Tínhamos um guitarrista chamado Jimmy, Richie na guitarra rítmica, Eddie no baixo (que ainda me manda e-mails) e Charlie na bateria. Seríamos roqueiros. Na minha última banda eu estava fazendo covers de Janis Joplin, mas nessa banda o som era mais parecido com o de Rod Stewart.

Acabei me apaixonando por Richie. Ele foi meu primeiro amor de verdade. Ele era engraçado e brilhante, era bacharel em língua inglesa e podia interpretar um protagonista perverso. Ele tinha muito potencial, mas era assombrado. Descobri que a maioria dos músicos é assombrada por algo ou alguma ideia com a qual estão sempre em conflito. Ele tinha pesadelos com o pai, que faleceu quando ele tinha cerca de 12 anos. Em seu sonho, seu pai, que tinha sido alcoólatra a maior parte da vida, estava em sua cozinha, rindo dele.

Richie morava com a mãe não muito longe de mim em Richmond Hill, Queens. Ela não teve uma vida fácil com o pai dele e estava um pouco amarga com a mudança de sua vida (quem não estaria, imagino). Porém, ela também nunca foi muito favorável quanto à escolha de Richie de tocar em uma banda. Ele poderia ter sido professor. Ele costumava falar sobre Shakespeare, e eu lhe disse que costumava assistir Shakespeare desde pequena e fui ao Delacorte Theater, ao ar livre, no Central Park, com a minha mãe. Uma vez, quando estava assistindo a uma apresentação no canal 13, Richie disse: "Cyn, você nem sabe o que eles estão dizendo". Eu disse: "Sim, eu sei. Basicamente, ele disse que aquele cara é um idiota". Ele não entendia que podemos entender Shakespeare sem traduzi-lo da forma como somos ensinados na escola. Existem muitas formas de ver isso.

Ele me ensinou muito sobre o que tornava as apresentações ótimas – por exemplo, se você cantar sempre uma nota alta em cada verso, isso tira seu valor especial (o que eu acho que estava fazendo na época). Em nossas longas viagens de ida e volta para as casas noturnas de Long Island em seu pequeno Volkswagen Karmann Ghia, ouvíamos o álbum *Heros*, de David Bowie. Ouvíamos muito Clapton também. Richie o adorava. Clapton era um deus para qualquer guitarrista na época, mas especialmente para Richie. Ele também adorava os Kinks e Elvis Costello, e eu também, assim como *Miles of Aisles*, de Joni Mitchell. Ela era uma mulher de sucesso que escrevia, produzia, dirigia a arte e fazia suas próprias roupas. Como não amar?

O Karmann Ghia de Richie tinha um buraco de 5 centímetros no piso do meu lado, onde ele me disse que uma vez colocou um aquecedor hibachi para manter o carro aquecido. No inverno, ele usava um cobertor para barrar o vento. O vento da via expressa de Long Island era realmente forte, especialmente quando os caminhões passavam. Tentei colocar meu pé nesse buraco uma vez para bloquear o vento, mas podia ver a estrada de forma tão clara que apenas mantive meus pés longe dele porque fiquei com muito medo de eles caírem de alguma forma (uma vez um cara gritou quando passou: "Por que você não arranja uma bicicleta?"). E nesta pequena carruagem de guerreiro conversávamos sobre sexo, vida ou o último show. Ou falávamos sobre como poderíamos aprender com os deuses do rock em cujos altares nos ajoelhávamos sempre que estávamos no palco cantando uma de suas músicas novamente.

Também conversávamos muito sobre o que fez com que David Bowie e Elvis Costello fossem ótimos poetas. Em especial Elvis Costello. Richie tocava sua música e explicava, com seu bacharelado em inglês, as referências literárias que Elvis usava. E, embora no fundo do coração eu soubesse que nunca escreveria como Elvis Costello nem seria tão boa quanto David Bowie, isso não me impedia de, todas as noites, tentar encontrar algo, alguma nota escapatória ou trechos que me ajudassem a pular da plataforma em meu fantástico mundo interior elástico, onde eu poderia ser Bowie ou Elvis por um instante. Isso foi o suficiente para eu continuar, porque, em meu coração, senti que talvez todos aqueles pequenos grandes momentos poderiam acrescentar um dia. Nunca houve nenhuma dúvida em minha mente de que eu cantaria para viver. Eu continuaria tentando aprender o melhor que pudesse, tanto quanto pudesse, sobre o meu ofício. Eu não me importava com o que as pessoas pensavam de mim porque, ao me apresentar, com esse estado de espírito, eu poderia ser quem eu quisesse e, por estar em um palco, isso seria aceito.

Uma vez, quando a Flyer fez um show, minha mãe foi nos ver. A apresentação foi na igreja da escola onde estudei até a terceira série – onde fui batizada e fiz a primeira comunhão e todo esse absurdo. Naquela época a igreja sediava danças, então tocamos uma dança do ensino médio. Depois minha mãe disse: "Sabe, Cyn, acho que você é muito boa. Você realmente tem algo especial". Sempre soube que podia cantar. Ninguém precisava me dizer. Ninguém precisou me ensinar. Quando eu era pequena, as freiras da minha escola do convento ficavam fora de si e queriam que eu fosse cantora de ópera. Elas costumavam dizer à minha mãe que eu deveria ser treinada para isso. Então minha mãe teve a ideia de me colocar para adoção para as pessoas ricas, para que elas pudessem treinar minha voz (acho que é por isso que nunca gostei muito de pessoas ricas). Eu falava algo do tipo: "Mãe, eu não me importo com isso. Peraí, não vamos ficar malucas". Minha mãe sempre me arrastava para tudo que podia – aulas de balé, aulas de sapateado, onde eu era desengonçada e dançava como um espantalho.

Havia pessoas que se aproximavam de mim e diziam que eu cantava como um rato. Eu não me importava, porque havia outros momentos em que era ótimo, e pude ver como eu tinha o poder de conseguir uma reação das pessoas. Eu ia para a multidão e fazia com que ela enlouquecesse. Eu subia nas costas de alguém e cantava ao mesmo tempo.

Tínhamos que fazer covers, covers e mais covers, como "Born to run" (nesse caso eu realmente soava como um rato porque nunca estava no meu tom). Eu sempre tinha problema porque tirava muitas pessoas dos bares da casa. Elas deveriam estar bebendo e, em vez de fazerem isso, iam para a frente e só assistiam – e isso era um grande erro. Eu deveria dizer coisas como: "Ei, bebidas por vinte e cinco centavos no bar!", mas eu não promovia o álcool, porque quando Richie e eu dirigíamos para casa à noite depois de um show, eu via acidentes de carro.

Obviamente, esse não era o show certo para mim. Eu me senti um fracasso, embora Deborah Harry tenha me dito uma vez que, se eu tivesse ficado, estaria fazendo carreira em navios de cruzeiro até agora (o que é realmente horrível para mim, porque não sei nadar. Quero dizer, vi *O Destino do Poseidon* com Shelley Winters e ela simplesmente não ficou bem na água).

Não conseguimos vencer. Tocamos em uma casa noturna de praia em Hamptons, mas foi no meio do inverno e quatorze pessoas apareceram. Fizemos nosso primeiro show em Nova York, na famosa casa noturna Trude Heller's. Não sei se eles nos pagaram ou não e não me importei, porque foi a primeira vez que as pessoas se sentaram e nos ouviram porque queriam. Muitos lugares em Nova York não pagam, como o Bottom Line (mais tarde, quando me pediram para ajudá-los, falei algo como: "E quando vocês poderiam ter ajudado alguns jovens artistas, mas, em vez disso, vocês não pagavam?"). Mesmo no CBGB, o dono, Hilly Kristal, não era um doce de pessoa. Ele também não pagava ninguém. Bastardo mão de vaca. Todos eles eram mãos de vaca – cumprimentavam com a mão fechada. Eles não eram muito gente boa.

Além de tentar preservar minha voz, comecei a me sentir doente, nauseada até a morte e com dor de estômago. Eu estava vomitando o tempo todo e, por fim, fui a um médico. Eu não podia pagar atendimento médico na época, então eu sempre ia para uma clínica onde um aluno me examinava com o médico atrás dele. Eu não poderia ter ficado mais surpresa quando o médico disse: "Olha, você está grávida". Richie era o pai. Sempre me disseram que eu não podia engravidar porque meu colo do útero era retrovertido.

O médico falou que, se ele me desse remédio para melhorar minha doença, eu não poderia ter o bebê. Ele disse: "Pense no que você quer fazer". E eu me lembro de dizer: "Apenas me dê o remédio". Você precisa entender: na época, eu estava muito doente. Mas, depois, quando comecei a melhorar, eu queria essa criança. De repente, eu queria muito essa criança.

Quando contei a Richie que estava grávida, não lhe falei sobre o remédio, só para ver a reação dele. Ele disse: "Você sabe, podemos fazer um aborto. Eu estarei lá com você". E, mesmo que eu já tivesse tomado o remédio, meu coração partiu porque não houve nem um pensamento para manter o bebê. Mas eu ainda amava Richie. Coitado. Bebia demais, fumava cigarros demais e, no fim, trabalhou numa parte do aeroporto que era muito tóxica, perto dos tanques de combustível, mas pagavam muito dinheiro para se trabalhar lá. Ele ficou doente e mais tarde morreu de algum tipo de câncer.

Então fiz o aborto. Depois sangrei muito e chorei muito, porque eu não conseguia acreditar no que tinha acontecido. A criança tinha quase 12 semanas – isso é muito. E eu a queria, mesmo se, com o remédio que tomei, o bebê pudesse ser deformado. Só queria ter sido mais inteligente na época, mas não era. Minha mãe também não queria que eu tivesse o filho. Ela achou que isso estragaria as chances na minha carreira, porque eu tinha 23 anos. No entanto, outras pessoas tiveram filhos e ainda conseguiram ter uma chance. Não sei. Eu costumava chorar por um longo, longo tempo, em um travesseiro que ficava manchado de lágrimas – como naquela música de Little Anthony and the Imperials dos anos 1950, lembra? *Tears on my pillow, pain in my heart*. Mesmo quando me tornei famosa, sentia necessidade de segurar aquele travesseiro, então eu o colocava dentro de outro travesseiro.

Quando eu estava sangrando muito depois do aborto, decidi ir para outra clínica. Nessas clínicas havia muito sexismo, besteira e arrogância. Enquanto o estudante estava me examinando, eu disse a eles que doía, e o médico falou: "Bem, em primeiro lugar, por que você não manteve as pernas fechadas?". Percebi que, se você não era de uma família rica com um pai ou uma mãe para protegê-la, você estava à mercê da clínica e de um grupo de homens poderosos que estavam no comando. Porém, na faculdade, eu costumava ir para a Maternidade/Paternidade Planejada, e sempre foram gentis e generosos comigo, mesmo que eu não tivesse um pote para fazer xixi, então, quando eu tive dinheiro depois, dei a eles.

Mais tarde, fiquei muito feliz quando meu filho, Declyn, nasceu em 1997. Eu queria outro bebê depois dele, mas era improvável. Chorei de novo quando vi todas as minhas amigas que estavam grávidas ao meu lado esperando bebês de novo enquanto eu voltava para o trabalho. Por um longo tempo, sonhei que havia outra criança, uma menina, no assento de bebê para carro atrás de Declyn, dizendo: "Ei, Declyn". Ouça, você não pode ter arrependimentos, porque tudo acontece do jeito que deveria acontecer.

Depois do aborto, tive que voltar ao trabalho. Como de costume, eu tinha contas para pagar e precisava de um "PA", que é um alto-falante pelo qual o som da banda passa e um sistema de monitoramento em que você pode se ouvir quando canta. Isso tornava as coisas mais fáceis para a minha voz, que eu não poderia perder de novo. Um dos rapazes da banda me disse: "Nem todo mundo tem um tio rico, então muitas pessoas conseguem um emprego como *go-go dancer*. Elas ganham muito dinheiro, e você pode pagar pelo seu PA".

Soou uma boa ideia. Por que não? Eu tinha feito todos os outros tipos de trabalho. Então me tornei uma dançarina de topless. Havia muitos lugares de topless no centro de Manhattan, mas as meninas novas geralmente eram enviadas para fora da cidade, então comecei em um lugar no interior, em Nyack, Nova York. Depois trabalhei em um lugar chamado Gracie's Lounge, na parte industrial do Queens. Era como se fôssemos *pole dancers*, só que sem o *pole*. Meu nome artístico era Cenoura, porque eu tinha cabelos ruivos, e minhas performances eram de dança livre e bem criativas. Em vez de apenas balançar minha cauda de pena, eu fazia de conta que estava com alguém ou dançava. Eu costumava me colocar em algum mundo e contar uma história através da minha dança (e se ela contivesse sexo, as pessoas que assistiam não se importavam).

Algumas das garotas iam até os caras na plateia e pegavam dinheiro deles com os joelhos durante a apresentação, então eu tinha que fazer a mesma coisa. Era estranho porque os homens às vezes insultavam você. Eu me lembro que um homem, que claramente odiava mulheres, dizia coisas horríveis como: "Posso sentir o seu cheiro daqui". Então, é claro, eu pensava: "Eu estou fedendo? Meu Deus". Você tentava se limpar como se não houvesse amanhã.

Mas, quando eu estava no palco, a política era que ninguém poderia incomodar os artistas. Então, depois de dançar, você tinha que colocar uma camisola, ficar no bar e beber. Dançarinas não deveriam beber de verdade – em vez disso, nos diziam para pedir spritzers de vinho branco, e eles faziam isso principalmente com refrigerante. Então você tinha que ficar lá e conversar com os clientes. Alguns dos caras eram verdadeiros personagens. Eram motoristas de caminhão e trabalhadores de fábrica, e, para mim, a filosofia deles sobre as coisas era muito interessante, além de muito engraçada.

A cena toda era uma peça: os clientes, que tinham uma maneira específica de falar e agir; as pessoas que dançavam (que eram boas o bastante, mas eram todas estranhas); o pessoal da segurança; o dono da casa noturna; o barman, que precisava trabalhar no meio de garotas que dançavam em volta dele – todos eles eram personagens, falando sério. Eu amo falar com as pessoas, porque todas elas são livros ambulantes. Às vezes você só as encontra uma vez, mas elas são um capítulo. Então você tenta aproveitá-los. (É por isso que, mesmo quando você estiver no banheiro feminino, você deve sempre falar com a mulher ao seu lado. Quando você estiver no banheiro individual, pode dizer: "Ei! Não tem papel higiênico! Acho que vou deixar pingar até secar!")

Foi intrigante no início, então fiquei. E, claro, eu estava tentando ganhar dinheiro para o meu PA. Às vezes ganhava US$ 200 por dia, e isso era uma quantia alta. Até tinha um movimento que era minha assinatura. Eu fazia uma coisa acrobática, estúpida, em que ficava deitada de costas, então pegava minhas pernas e as colocava sobre meus ombros para que as pessoas pudessem ver minha bunda com o fio dental, depois eu balançava a bunda para frente e para trás, por isso era apenas uma bunda sem cabeça. Era muito engraçado para mim, mas sexy para os clientes. Era muito bobo, muito maluco, mas qualquer acrobacia que você pudesse fazer era uma grande vantagem para o seu show, porque, como eu disse, não tínhamos *poles*. Pense nisso: se você tem um *pole*, pode fazer muitas outras coisas. As coitadas que dançam agora precisam fazer "lap dances" – nós não tínhamos isso. Às vezes, se um cara quisesse algo extra, eu dizia: "Não faço isso, mas conheço alguém que faz".

No entanto, depois de um tempo, fiquei realmente deprimida. Mesmo que eu estivesse fazendo isso pelo PA, pela música, isso estava me machucando. Parte disso parecia um lugar seguro para ser sexy, onde ninguém ia me machucar, e isso era libertador. Porém, as coisas que as pessoas diziam e faziam, como jogar moedas e pedir para você pegá-las (em que mundo de circo vocês vivem, pessoal?), me faziam sentir mal. Eu me lembro de quando dançava na casa noturna em Nyack. Gostavam de mim lá, e o dono me chamou em seu escritório um dia e disse: "Ouça, sei que você canta numa casa noturna, mas deixa eu falar uma coisa, você foi feita para isso. Você não pode tentar e ser algo que você não é. Você é ótima na dança, tem muito talento, só precisa se concentrar no que você faz bem". Tudo que ele disse me fez perceber o exato oposto – que eu era uma cantora.

Então dancei até conseguir o PA, mas não consegui continuar fazendo isso por tempo suficiente para conseguir o sistema de monitoramento. Isso começou a me incomodar. Como meu trabalho no palco era seduzir as pessoas, comecei a olhar para os homens em minha vida cotidiana de uma forma estranha, só para ver se eu conseguia fazer isso fora do palco também. Daí pensei: "Oh, não. Ainda está acontecendo. Isso não é para mim". Uma noite fui ao CBGB com Richie, o rapaz por quem eu estava apaixonada, e com uma das minhas amigas dançarinas. Estávamos indo apenas por ir – não que algo grande estivesse rolando por lá ou algo assim. Sempre tentávamos ver o que conseguíamos, porque era 1975 ou 1976 e uma cena musical estava começando a acontecer em Nova York. Notei que minha amiga começou a esfregar a perna dele. Ela também estava fazendo o lance de sedução com Richie.

Como eu ainda tinha os mesmos monitores de merda, não conseguia ouvir minha voz, mas, de qualquer forma, estava muito entediada com meu jeito de cantar. Pensei: "Ok, você ainda está fazendo covers de Joplin e agora está cantando

Grace Slick. Se você cantar 'White Rabbit' mais uma vez, apenas atire em si mesma", porque é isso que a galera queria no circuito de bares de Long Island.

Mesmo tentando tomar um cuidado especial com a minha voz, eu acabei perdendo-a. Fiquei arrasada e com muito medo porque tive que parar de cantar por dois meses. Não conseguia falar – tinha que escrever tudo. Três médicos me disseram que eu nunca mais cantaria. Enquanto isso, os caras da Flyer haviam contratado uma garota chamada Ellen para ficar no meu lugar. Quando eu a estava assistindo uma vez, notei que ela conseguia manter sua extensão vocal quando cantava. Quando eu fazia shows, sempre começava com uma extensão e acabava com nada no final, porque usava tudo. Perguntei a ela como ela conseguia cantar tão bem em sua extensão, e ela disse que havia estudado com uma treinadora vocal chamada Katie Agresta. Decidi ir até Katie e levei uma fita de covers de Joplin que eu tinha feito. Toquei a fita para ela e nunca vou esquecer o que ela me disse: "Tudo bem, mas onde está o *seu* canto?". O que ela quis dizer e a forma como entendi a pergunta dela eram duas coisas diferentes. Katie achou que eu tinha levado uma fita de Janis Joplin, e não uma fita minha imitando Janis. No entanto, o que achei que ela estava perguntando era o que eu desejava – cantar minhas próprias músicas, na minha própria voz, no meu próprio estilo, músicas que eu mesma havia feito. Eu não estava usando minha voz a meu favor, mas antes que eu pudesse trabalhar nisso, tive que recuperar minha voz.

Ela me mandou para um médico que olhou minha garganta e disse que uma das minhas cordas vocais tinha entrado em colapso. Não aguentava mais. Ele me disse que eu não deveria estar cantando rock and roll e, por causa da minha constituição, eu deveria tentar country e western. Ele disse que as pessoas têm cordas vocais diferentes. Tenho uma constituição física pequena e sou branca, então tenho cordas vocais completamente diferentes do que, digamos, um homem grande ou uma mulher negra. Na verdade, sou uma soprano lírica, que é diferente do que normalmente canto, mas tenho uma grande extensão de três oitavas e meia, ou, num dia extraordinário, quatro. Então, apesar do que ele disse, eu queria usar minha voz desse jeito. Porque, quando eu cantava, havia algo em mim que era maior que eu e, de alguma forma, tive que aprender a usar o que estava dentro sem destruir o lado de fora. Eu só tinha que encontrar um jeito de consertar e manter e pensei que Katie poderia ajudar.

Então comecei a estudar com Katie. Ela mudou minha vida e estou com ela até hoje. Na verdade, eu a vi na terça-feira passada. Ela me ensinou terapia vocal.

TRÊS MÉDICOS ME DISSERAM QUE EU NUNCA MAIS CANTARIA.

Um homem chamado Dr. Dwyer foi seu professor e ele desenvolveu essa técnica com base em coisas operísticas e terapêuticas que usou para ajudar cantores de ópera e da Broadway. Katie me ensinou sobre exercícios vocais e aquecimentos, e como a dieta afeta a voz, e os danos que o álcool e as drogas podem causar.

De qualquer forma, fiquei longe das drogas, mas, uma vez em um show, alguém me disse: "Você canta bem – quer um pouco de cocaína? Isso vai fazer você cantar ainda melhor". Claro, eu faria qualquer coisa para cantar melhor. Então experimentei e cantei bem por uns dois segundos, até que, de repente, não consegui mais cantar. Cocaína entorpece sua garganta, então você não sente o que está fazendo, isso explode suas cordas vocais e: fim. Eu me assustei. Não conseguia cantar e tudo que eu ficava pensando era: "Eu achava que essa pessoa *gostava* da forma como eu cantava".

Sempre fui desconfiada em relação à cocaína. Quando eu tinha 14 anos, meus amigos e eu costumávamos ir a um parque na Rua 106 com a Avenida Atlantic. Os traficantes costumavam passar e distribuir cocaína, como amostras grátis, e nos dizer que não era viciante. Na época as pessoas não sabiam o que era.

Depois de descansar minha voz e, com ajuda de Katie, conseguir voltar, cantei em um show no Trude Heller's. Eu adorava esse lugar porque era uma boate (agora se foi) onde as pessoas não ficavam chegando umas nas outras, mas sentavam e ouviam música. De repente, elas realmente *ouviam* as coisas que eu estava fazendo. Por exemplo, "Magic Man", a música da Heart – sabe as duas partes de guitarra que eles tocam nessa música? Cantei uma das partes de guitarra. Eu queria cantar como um instrumento. E as pessoas notaram e realmente gostaram de mim. Então, quando tive um gostinho disso, disse a mim mesma que queria continuar tocando em Manhattan e parar de cantar covers.

Tentei escrever com os caras da Flyer, mas eles eram uns tontos – toda vez que eu conseguia uma melodia, eles mudavam o acorde, de novo e de novo, e nunca chegávamos a lugar nenhum. Então, quando cantei no Trude's uma noite, minha amiga Rose levou um compositor chamado John Turi, que também tocava saxofone e teclado. Nós nos demos bem e começamos a escrever juntos, e por fim acabei saindo da Flyer. John e eu formamos a banda Blue Angel, em homenagem ao filme de Marlene Dietrich. Passamos por várias versões diferentes da banda, com muitos guitarristas diferentes, e passamos também por vários tipos de sons antes de nos estabelecermos no rockabilly. John e eu escrevemos uma música chamada "Flyer" – que ficou com a Flyer. Na época, fui influenciada pela banda Queen e por Freddie Mercury. Mais tarde, mudei radical e totalmente em relação a essa influência e, quando tive a oportunidade de conhecê-los no auge da minha carreira, não o fiz. Mas eu era uma criança idiota. Sabe quando acha que algo é legal e depois não é mais? Na verdade, na época, eu tinha 30 anos – não era criança. Tudo estava atrasado para mim. É uma pena quando você não percebe o valor do que está na sua frente.

Na Blue Angel, gravamos fitas demo caras e ruins para enviar para gravadoras e tocamos em casas noturnas como Great Gildersleeves, que era (fisicamente e meio que simbolicamente) bem no quarteirão de baixo do CBGB. Gildersleeves nunca foi "o" lugar, nunca foi a "cena". Em vez disso, era sempre o lugar do rock brega que tinha as bandas mais certinhas. E as coisas não correram tão bem com o nosso empresário depois de um tempo. Ele tinha investido dinheiro nessas demos horríveis e, depois de um tempo, queria o dinheiro de volta – não o culpo, mas não havia jeito de recuperar o dinheiro porque simplesmente não conseguimos nenhuma oportunidade.

Então, numa noite, em um show, ele ficou muito chateado, pegou o dinheiro que ganhamos e foi embora. Precisávamos de um novo empresário. Uma noite, quando estávamos tocando no Trax, uma casa noturna em Upper West Side, um cara chamado Steve veio ver o show. Ele era empresário da Allman Brothers e tinha ouvido nossas demos. Não que ele estivesse impressionado – ele achava que eram ruins –, mas de alguma forma ele fora persuadido a nos ver. Então John marcou uma reunião para eu conhecer um novo empresário no escritório dele, no centro da cidade (nem sei por que John não foi, mas ele não foi). Foi uma das reuniões mais estranhas que eu já tive. Eu deveria entrar às 17h e, quando entrei, todo mundo estava saindo. Isso foi um pouco assustador. Fui lá, me sentei e, enquanto eu falava, ele começou a coçar o canto da testa, perto do couro cabeludo. Então, quando sangrou, ele pegou a mão, limpou o sangue com o dedo e depois o colocou no mata-borrão em sua mesa. Pega, pega. Esfrega, esfrega. Seca, seca. Ele estava totalmente à vontade, falando. Depois que ele fez um padrão, pegou uma caneta e começou a *desenhar em torno do sangue no mata-borrão*. Eu não sabia quem era mais maluco: ele ou eu por estar lá. Fiquei pensando: "Ok, isso não está certo e vou ser morta". Conversamos por um tempo e então eu dei o fora de lá muito rápido. Falei com John sobre isso e disse: "Escute, não podemos fazer isso". Ele disse: "Ah, Cyn, vamos lá. Você não vai se casar com o cara. Ele vai gerenciar você, isso é tudo, e nós vamos chegar ao próximo ponto. Precisamos dessa ajuda". Eu lhe disse que achava que ele estava errado, mas faria isso. Então ele se tornou nosso empresário e montou uma vitrine para a Blue Angel para todos os caras da indústria irem ver.

Acabamos conseguindo um contrato de gravação com a Polydor, uma grande gravadora, em 1980, o que foi muito empolgante. Havia muito entusiasmo em torno de toda a onda rockabilly, e isso estava realmente acontecendo. Nossa foto apareceu na revista *Billboard*, e o mundo parecia aberto para nós.

Apesar de a Blue Angel ter um contrato, já tínhamos passado por muitas versões da banda. Mesmo assim, estávamos convencidos de que essa última versão realmente aconteceria para nós. A essa altura, eu estava compondo com John Turi havia quatro anos e tentava chegar a uma fórmula que seria o som e o estilo da nova banda. Estávamos expandindo o pop rockabilly para um som pop rockabilly mais New Wave e ficávamos horas ouvindo Wanda Jackson, Elvis Presley, Elvis Costello, Police e Specials. John tocava para mim esses grandes cantores dos anos 1950 e 1960 que eu nem sabia que existiam, mas que soavam como eu.

Quando começamos a Blue Angel, eu estava morando em Woodhaven, no Queens, com meu irmão mais novo, Butch, não muito longe do apartamento da minha mãe na Rua 90. Toda noite que eu não estava trabalhando em uma casa noturna ou ensaiando com a banda, eu voltava para o apartamento. Finalmente ele estava morando comigo como eu queria fazer quando saí de casa. Mas, àquela altura, ele já não tinha mais 11 anos e era difícil morar junto quando já estávamos com vinte e poucos anos. Fiz minha parte de coisas idiotas, e ele também. Só que essa era a primeira chance dele de ser um adulto – e era a minha terceira. Eu já havia tentado morar em Long Island, Vermont, City Line, entre o Queens e o Brooklyn, e acabei voltando para a casa para minha mãe.

No entanto, depois saí do apartamento com Butch em Woodhaven e fomos para um pequeno estúdio em Manhattan, na Rua 77. Arrumei o lugar com todos os móveis e cortinas antigos da minha família e tudo que eu pudesse comprar barato (mas que tivesse uma aparência bonitinha) da McCrory's, onde eu trabalhava. Foi um dos trabalhos diurnos que peguei. Geralmente eles não duravam porque eu trabalhava muito com a banda, mas consegui esse trabalho através de um amigo. Ele me disse que era meu primeiro fã e vinha me visitar há anos. Era gerente assistente da McCrory's, uma loja do tipo Fiveworth, com produtos de cinco e dez centavos, do outro lado da rua da Alexander's em Rego Park, no Queens. Ele me apresentou a uma mulher chamada Doris, que administrava um espaço concedido de joias na frente da loja. No Natal ela personalizava meias de Natal com cola e glitter e também vendia camisetas e você podia comprar a figura que quisesse. Ela passava a figura a ferro para fixar. Minha figura favorita era um desenho animado de um tipo de soldado de aparência encardida que tinha um balão saindo de sua boca que dizia: "Ainda que eu ande pelo vale da morte, não temerei mal algum, porque eu sou o pior filho da puta do vale". Isso me fez rir. Doris me fazia rir, e a todos ao seu redor também. Gostei muito dela imediatamente. Ela era pequena e tinha cabelos ruivos brilhantes, a mesma cor que eu costumava procurar nas prateleiras das farmácias no início dos anos 1970 (e ela também não se importava que o meu fosse roxo e loiro). Ela tinha um grande sorriso e me lembrava das mulheres italianas que eu costumava ver na Avenida 101 no Queens saindo do salão de beleza. Ela e sua mãe (também uma falsa ruiva, embora a cor não fosse tão vívida quanto o cabelo de Doris) conheciam Barbra Streisand quando ela morava no Brooklyn. A mãe dela a visitava e me contava que a amiga dela, Barbra, morava no andar acima do seu – Barbra, que era igual a todo mundo.

Doris era uma mulher que sabia fazer muitas coisas diferentes. Às vezes, se eu tivesse um show, ela me deixava faltar ao trabalho. Eu estava um pouco atrasada para o trabalho – meus amigos sempre me chamavam de "a atrasada Cyndi Lauper" – então eu sempre estava correndo no último minuto. Mas Doris gostava de artistas. Na McCrory's, meu trabalho era gravar joias baratas. Eu costumava praticar minha caligrafia em um prato para torta com uma caneta de gravura. As criancinhas ficavam animadas com o presente de Natal para a avó e levavam coraçõezinhos prateados ou folheados a ouro com pedrinhas de strass brilhantes. Elas me pediam para escrever: "Querida vovó, Feliz Natal e Feliz Ano-Novo, com amor, Tommy, Judy, Larry e Susan". Então diziam: "Ah, e você pode colocar a data também?".

Mas eu estava indo bem, e Doris, que era muito engraçada, gostava de mim. Ela me levou até a frente da loja em uma véspera de Natal, me fez fazer meias de Natal e me disse para começar a anunciar. Tive que dizer o mais alto que pude (o que foi bem alto): "Compre meias de Natal! Meias de Natal personalizadas!". E o preço baixava no final do dia. Porém, eu me lembro de entrar no espírito com aquela cola e glitter.

Ela me pediu para furar as orelhas das pessoas também. Imaginei que poderia fazer isso porque, quando eu era criança, ajudei minha mãe a mobiliar a cozinha. Minha mãe sabia costurar e podia fazer qualquer coisa (lembre-se, todos nós viemos da indústria de vestuário). Então nós, crianças, a ajudávamos com o vinil e o couro artificial Naugahyde. Nós o esticávamos sobre a cadeira e grampeávamos.

Então, furar orelhas era apenas mais um grampo para mim, certo? Mas quando perfurei a orelha com os brincos e eles passaram pela carne foi totalmente diferente de perfurar uma cadeira. Esqueci que eu era realmente sensível – nem consegui cortar o sapo na aula de biologia – e meio que surtei.

Doris estava em algum outro lugar da loja e não havia botão de pânico. Eu estava tentando falar com uma senhora, mas não conseguia falar polonês como ela, e estava me sentindo meio nauseada e tentando chamar Doris de lado: "Doris. *Doris*". Eu não podia deixar a senhora com a pistola de perfuração na orelha e ela era uma mulher grande, então ela começou a rir. Isso a fez balançar para frente e para trás, e a pistola de perfuração começou a balançar também, o que me fez sentir *muito* enjoada, então continuei chamando Doris.

A loja não tinha um sistema de comunicação. Em vez disso, tinha a Big Mary, que se sentava na parte de trás da loja, no escritório atrás de uma porta de correr, e abria e chamava a gritos quem quer que fosse na loja. Então Mary entendeu o que estava acontecendo, abriu a porta e gritou: "Doris, acho que a Cyndi precisa de você!". Doris veio correndo pelo corredor, fez tudo ficar bem com a senhora e terminou a outra orelha, e eu nunca mais perfurei outra orelha na vida.

Doris trabalhava em dois locais: Queens e Greenpoint, Brooklyn. Comecei no Queens, mas mais tarde eles também precisaram que eu cobrisse a loja no Brooklyn de vez em quando. No entanto, foi no Queens que conheci duas mulheres mais velhas: Minnie e Margaret, a mais velha, de aparência mais doce e que tinha a boca mais suja. Elas eram conhecidas como "regressantes". Nova York estava tendo uma crise fiscal na época, e as pessoas tiveram suas pensões cortadas, então muitas delas, com mais de 65 anos, de repente precisaram voltar a trabalhar. Meu chefe Steve, que havia me contratado, se divertiu muito com essas mulheres. E todos nós, porque elas eram histéricas.

Elas diziam coisas apenas para chocar você. Margaret trabalhava no balcão de alimentos. Ela parecia uma tia doce, mas depois chamava você de "chupa rola". Quanto à Minnie, quando eu ia falar com ela, ela começava a conversar de um jeito bem normal – até que eu continuasse a questioná-la sobre algo que ela não queria falar. Então ela dizia algo como: "Olha, você parece uma garota legal, mas vá se foder". Naquela noite de Natal, quando eu estava vendendo meias de Natal, perguntei o que ela faria à noite. Ela disse que esperaria pelo Papai Noel em um tapete de pele de urso, nua, sem nada além de um laço, um pouco de leite e biscoitos ao seu lado também. Ela disse que esperaria que o Papai Noel subisse em sua calha.

Minnie era uma mulher mais velha – tinha cerca de 70 anos. Não que o Papai Noel seja um cara jovem nem nada, mas Minnie era corpulenta, com quadris (muito) largos. Ela usava preto todos os dias. Pensando nisso agora, ela era meio punk e nem sabia disso. Seu cabelo era tingido de castanho-escuro e ela usava meias que ficavam acima do joelho. Ela sempre usava os melhores sapatos ortopédicos plataforma, que se pareciam com os que a Pearl Harbor (da banda Pearl Harbor and the Explosions) usava. Mais tarde, quando escrevi meu álbum de Natal, eu tinha uma música chamada "Minnie and Santa". Era a Minnie.

Havia uma mulher que lembrava uma aparição sempre que entrava na loja. No primeiro dia em que a conheci, a situação foi desagradável. Eu estava vendo a chuva cair e saltar da cobertura do ponto de ônibus perto da esquina para a calçada. O balcão da Doris estava bem na frente da loja e, quando não havia clientes, eu podia olhar para fora das grandes janelas da frente. Bem, aí entrou essa mulher alta, de cabelo platinado preso em um coque francês atrás e cacheado na frente. E um lenço com estampa floral rosa e vermelha emoldurando o rosto e aqueles cachos altos na frente. Ela usava uma capa de chuva azul-cobalto brilhante e também o batom rosa e brilhante mais lindo. Era muito anos 1960 e eu disse a ela: "Uau, você está ótima". E ela me respondeu: "Sempre uso minhas cores mais brilhantes nos dias mais escuros". Meus olhos ficaram felizes em vê-la contra aquele dia cinzento. Por muito tempo, o que ela disse ficou comigo. Anos mais tarde, tinha isso em mente quando fiquei em frente ao velho museu de cera em Coney Island e tirei a fotografia para a capa do álbum *She's So Unusual*. Pensei naquela mulher quando estava dançando descalça, num beco manchado de mijo, vestida de vermelho, contra uma porta amarela brilhante e paredes de tijolos azuis brilhantes que eu sabia que iriam contrastar contra o vermelho. Pensei: "No lugar mais escuro, jogue a luz mais brilhante".

A melhor parte de trabalhar com essas mulheres foi o quão divertido elas tornavam o trabalho. Essas mulheres que eram gentis com você o dia todo e, no fim do dia, se tornavam despudoradas e grosseiras. Elas conheciam Steve, e eu as amava por toda a maldade delas. Sempre sentimos que elas eram almas afins e eu pensava que eu era extraordinariamente sortuda por ter esse trabalho e conhecer essas pessoas, e porque as pessoas que administravam aquela pequena loja de departamentos tinham gentileza e espaço suficientes em seus corações para contratar essas figuras. Havia muita personalidade e humor naquela loja. Agora não é mais a mesma. Tudo ficou tão corporativo que a humanidade fugiu dessas lojas.

Então eu passava meus dias trabalhando na loja de departamentos e minhas noites fazendo shows ou gravando e depois voltava para o meu apartamento no Queens. Eu pegava o ônibus Woodhaven Boulevard, depois fazia baldeação no London Lennie's, um restaurante que minha mãe amava. Ela achava o camarão de lá incrível. Simplesmente amei o nome "London Lennie's".

Ir a qualquer um dos meus apartamentos era um desafio, porque eu sempre tinha toneladas de malas com toda essa tralha para os meus shows. Eu levava uma panela pesada de aço inoxidável com um fogão portátil para que pudesse aquecer minha garganta com vapor, porque estava muito preocupada em perder a voz, algumas pastilhas Vick e um massageador vibratório para o meu pescoço, para ter certeza de que ele não ficaria rígido, e vitaminas e sabe lá Deus o que mais.

Quando me mudei para a cidade, minha irmã, Elen, foi comigo. Nas caixas de correio, ela viu o nome de um amigo que fora seu vizinho. Ela havia perdido contato com ele e, incrivelmente, lá estava ele, bem no andar de baixo do meu apartamento. Então ela bateu na porta dele e disse: "Minha irmã está se mudando para o andar de cima – você pode ficar de olho nela por mim?". Seu nome era Carl Eagleston, e foi assim que eu o conheci, e também seu namorado, Gregory, que se tornou um amigo muito próximo e mais tarde inspirou minha música "Boy Blue". Ele era chamado de Blue porque seus olhos eram muito azuis. Eu nunca o chamei assim, mas sua prima Diana, uma mulher transgênero, e outra mulher que o tirou das ruas quando o viu dormindo no parque o chamavam assim.

Era 1980 e Elen acabara de se mudar da cidade de Nova York para Newport News, na Virgínia. Ela estava trabalhando como montadora de tubulações num estaleiro lá. El sempre quis aprender a fazer as coisas e passou a vida como uma exploradora, tentando diferentes empregos e estilos de vida. Acho que eu também. El e eu queríamos mudar o mundo para melhor, queríamos ser tudo o que podíamos ser (quem ia saber que o exército seguiria essa linha?).

El é um ano e pouco mais velha que eu. Quando éramos pequenas, as pessoas perguntavam à minha mãe se éramos gêmeas (principalmente porque ela nos vestia de forma parecida) e minha mãe respondia: "Quase". Nem consigo entender que diabos isso significa, porque você é ou você não é. Algumas pessoas nos chamavam de gêmeas irlandesas [fazendo piada em relação à fertilidade dos irlandeses no século XIX, quando irmãos tinham idades próximas], o que é bem confuso, já que éramos italianas e alemãs/suíças. Seja lá o que for, minha mãe sempre disse que nasci para ser amiga de Elen e disse à minha irmã para sempre cuidar de mim. Quando éramos pequenas, eu levava tudo muito literalmente, e como Elen tinha que cuidar de mim, me tornei sombra dela. Por mais que ela tentasse afastar sua irmãzinha birrenta e exigente, que sentia necessidade de estar com ela a cada segundo, ela ainda cuidava de mim. Basicamente, pensei que precisava ter uma consideração especial por ela porque nasci para ser sua amiga. É uma longa história. Talvez seja isso que minha mãe quis dizer quando disse que éramos "quase gêmeas". Eu provavelmente teria me espremido nesse mundo *com* ela se pudesse. Então aqui estava ela, mais uma vez cuidando de sua irmãzinha, que estava se mudando para a cidade grande pela primeira vez. E como El não poderia estar lá comigo o tempo todo, ela achou que Carl poderia dar uma olhada em mim.

Antes de conhecer Carl e Gregory, tive um sonho com duas velhinhas que viviam em um castelo cor-de-rosa reluzente. Quando os conheci, vi que eles tinham pintado o apartamento deles de rosa – como algodão-doce, rosa Pepto-Bismol, e colocaram espelhos estilhaçados na pintura. Foi a coisa mais incrível que já vi, e percebi que esses rapazes eram as duas velhinhas. Carl cozinhava e eu descia e comia com eles. Eu não tinha dinheiro, mas levava alguma coisa, e eles diziam: "Ah, não precisa trazer nada".

Eu costumava usar muumuus, vestidos havaianos, com chinelos de dedo o tempo todo, e amarrava meu cabelo em um turbante. Carl olhava para mim e dizia: "Sra. Feeney!". Ele achava que eu parecia uma sra. Feeney, então inventou o nome e me tornei essa pessoa.

Eles costumavam tocar muitos discos antigos e me mostrar como dançar o foxtrote. Tinham um apartamento e construíram uma "loft bed", um tipo de beliche, mas sem a cama de baixo, e removeram a maioria dos móveis para que houvesse mais espaço para dançar. Colocavam travesseiros no chão e sentávamos de pernas cruzadas para jantar. Todo dia era um piquenique. Sempre mudavam a pintura no loft. Por exemplo, num ano era um terraço com jardim, então tudo era amarelo e verde vivos. Uma vez Carl veio ao meu apartamento, olhou para as paredes brancas e disse: "Cyn. Sra. Feeney. Olhe para este lugar. Você não é uma garota de parede branca. Vamos até a loja de tintas e descobrir do que você gosta, o que você é". Então fomos até a loja e pintei uma parede do meu apartamento de ferrugem e as outras paredes de marrom-claro, e eu as cobri com uns vinte espelhos antigos e ele construiu uma "loft bed" para mim. Meu apartamento também tinha um chão inclinado, então sempre que você derrubava alguma coisa, ela rolaria para um lado. Então eles diziam: "A sra. Feeney está rolando de novo".

Depois que me mudei para a cidade, fui à loja Trash and Vaudeville e comprei roupas de que gostava. Estávamos tocando em casas noturnas de

Manhattan, e eu não queria mais me vestir como alguém do Queens. Comprei uma blusa vintage preta e branca translúcida bem bonitinha com um colete preto e calça drapeada com estrelas que tinha um visual meio Ali Babá, mas não tão severo. E eu ia para a Screaming Mimi's, uma loja de roupas vintage onde mais tarde trabalhei, e experimentava roupas vintage, girando e rodopiando para ver como poderia me apresentar com elas e como elas ficariam no palco. Eu costumava sair e procurar as roupas, mas agora estou tão ocupada que tenho uma estilista que faz compras para mim. Considero o que ela traz para ver o que fala comigo. Ela e eu trabalhamos juntas desde 2004. Ela é uma estilista incrível. Sempre digo a ela: "Elegante, mas não conservadora – sempre". E ela entende. Temos mentalidades diferentes. Para ela é uma questão de estilo, mas para mim tem a ver com a apresentação e como as roupas vão se movimentar quando estiver dançando no palco.

E é claro que sempre gostei de experimentar coisas novas com meu cabelo. Por exemplo, quando eu estava na Blue Angel, meu cabelo era castanho e loiro na frente, e eu o trançava, fazia diferentes rabos de cavalo e outras coisas. Fazia isso sozinha. A parte da frente do meu cabelo era loira só por causa do Ed da Flyer. Ele costumava me provocar e dizer que eu tinha bigode, então eu o tirei com pinça. Bem, ele voltou mais escuro, então comprei um produto de branqueamento da Jolene. Eu o coloquei no meu bigode e, enquanto estava agindo, eu estava me olhando no espelho. Havia sobrado um pouco de Jolene, então coloquei na minha franja, por isso a frente era loira e a parte de trás era castanha. O que era um bom visual, eu achava.

Houve um momento emocionante para todos nós. Uma estação de rádio promoveu o concurso "Ganhe um encontro com Cyndi da Blue Angel" de Dia dos Namorados. Então Carl, eu e outro amigo, John, que já faleceu, e todos os meus amigos coloridos do andar de baixo do meu prédio me ajudaram a desenhar um grande coração que dizia "Feliz Dia dos Namorados", colocaram babados em volta e cortaram dois buracos para passar os braços. Quando saí, eu tinha um "coração em mim", entendeu? Isso foi emocionante, porque foi o início de toda a arte performática que costumávamos fazer.

Fizemos alguns shows em Porto Rico, porque não havia muitas pessoas famosas dos Estados Unidos tocando em Porto Rico – na época, não havia voos diretos, então não era conveniente. Além disso, o país não era visto como um grande mercado. Porém, como eu não *tinha* mercado, não importava. Enquanto planejávamos a viagem, achei que, como nenhum famoso ia a Porto

Rico, por que não nos vestirmos como famosos, agirmos como famosos e acenar para todos? Foi o que fizemos.

Eu me lembro que, na minha "chegada", eu usava calça capri como a da capa do álbum da Blue Angel e meias estilo "bobby socks" com corações. Eu gostava de misturar padrões, como uma estampa e diferentes tipos de xadrez e, por algum motivo, isso costumava incomodar muita gente. Sempre achei que xadrez e estampa de leopardo combinavam, mas, só mais tarde, nos anos 1990, essa combinação se tornou aceitável quando Vivienne Westwood fez isso. Não que eu esteja dizendo que fiz isso primeiro – apenas fiz o que eu gostava. A Blue Angel uma vez recebeu uma crítica e a pessoa escreveu: "Eu não posso nem ouvi-la cantar por causa de suas roupas". Não me importei. Eu me vestia como queria no palco, porque também havia pessoas que diziam: "Meu Deus, que voz". Às vezes, quando eu estava no palco, tirava meus sapatos e dançava descalça porque conseguia dançar melhor (não sei se foi uma boa ideia, porque agora meus pés estão me matando).

Quando a Blue Angel abriu para Peter Frampton, comprei um maiô cor-de-rosa pequeno, estilo anos 1950, e um vestido verde com botões para usar no palco. Eu não podia sair do palco e trocar o figurino – precisava fazer isso lá mesmo. Então tirei o vestido durante o show e dancei de maiô. Ei, Debbie Harry fez isso em sua banda Blondie, e por falar em estilo: ela usava maiô com paletó, o que era muito sexy e ótimo. Ela usava um saco de lixo no palco e fazia parecer bom! Então improvisei também. Saía com óculos de sol e os tirava, ou um boné, e então tirava o boné e meu cabelo colorido ia se espalhando. Então eu basicamente tirava as coisas quando me apresentava, o que me fazia sentir mais livre emocionalmente também. Eu era jovem e magra e, quando você tem 27 anos, pode usar qualquer coisa e ficar bem.

Depois tivemos uma reunião durante o jantar com o chefe da Alemanha (a gravadora era uma empresa alemã), eles gostaram do nosso cover de "I'm Gonna Be Strong" e nos disseram que haveria um grande impulso para isso. O que foi bom, mas eles também me disseram que iam me transformar na próxima Streisand. Eu disse: "Ah, não. Vocês não podem fazer isso. Sou uma roqueira, por que vocês não transformam outra pessoa na próxima Streisand?". Claro, como eu disse isso para o chefe da Polydor, todo mundo engasgou com a comida. Eles continuaram querendo fazer de mim uma cantora de baladas, porque eu conseguia cantar uma balada. Eu disse a eles: "Eu não consigo tomar tantos medicamentos para ficar parada por tanto tempo, ok? Posso fazer um agito melhor que a maioria e não vou deixar vocês prenderem meu cérebro e espírito".

No entanto, o que realmente colocou um prego em nosso caixão foi a forma como nosso empresário organizou a gravação do álbum. Digamos que tivéssemos US$ 100 mil para fazer isso – bem, ele fez um acordo para ficar com qualquer dinheiro que não fosse usado, de modo que, se custasse, digamos, US$ 75 mil, ele ficaria com US$ 25 mil. Não é uma boa ideia, porque, no fim, não havia backing vocals, não havia músicos extras, nada. Só nós. O álbum poderia ter sido melhor do que foi se tivéssemos tido alguma ajuda. Porém, esse foi meu primeiro álbum. Eu não sabia. E a banda estava feliz.

O plano era nos introduzir primeiro na Europa, o que as gravadoras geralmente faziam na época. Então fomos para a Alemanha, onde uma mulher maravilhosa foi designada para nós. Ela geralmente andava atrás de mim e dizia *"Schnell"* (que significava "rápido"), com uma palavra gentil atrelada a ela, porque eu sempre tinha muitas coisas para carregar, como minha panela de vapor. Ela me ajudava da melhor forma que podia.

As coisas eram boas na Europa, mas quando voltamos para os Estados Unidos a *Billboard* decidiu que bandas como a nossa eram retrô e não as cobririam. Isso resultou em outra rodada de reuniões com a Polydor, que ficava me dizendo: "Você precisa deixar a banda". Eu disse a eles que não. Produtores estavam querendo colocar um coro atrás de mim, mas apenas continuei dizendo não, não, não. Sentia que deveria ficar com a banda. Em outra reunião, um rapaz fez um gráfico de pizza e me disse como eu ganharia dinheiro se vendesse todas as minhas letras para ele. Sempre se ouviu de compositores mais velhos a maneira como eles conseguiram uma pequena parte dos lucros no começo e era isso. Eu tinha sido estuprada na minha primeira banda e abusada de todas as formas, e esse cara vinha me dizer como eu ganharia dinheiro se ele comprasse tudo que eu criasse. Eu sabia que ele era um canalha, se tivesse me enganado e tomado todas as minhas letras, eu não estaria ganhando dinheiro nenhum até hoje caso usassem uma das minhas músicas em um filme ou algo assim. Essa é a sua aposentadoria, John Turi costumava me dizer, quando você se torna um *outsider* – o que, para a maioria das pessoas, é inevitável.

No entanto, eu disse algumas coisas realmente desagradáveis. Usei a palavra "N"[1] em uma reunião, porque cresci ouvindo aquela música de John

[1] Forma polida para "nigger", termo extremamente ofensivo para se referir a pessoas negras (N.T.)

Lennon, "Woman Is the Nigger of the World", e, nessa banda, eu sempre ouvia: "Você tem que ouvir o que o produtor está dizendo". E também: "Cante o que disserem para cantar", ou que a gravadora tinha "preenchido a cota" de mulheres. Então, nessa única reunião, eu disse: "Escuta, estou ouvindo o que você está dizendo, mas está vendo essa *nigger* aqui? Não vou fazer isso, encontre outras pessoas". Porque sempre senti que as mulheres são a palavra "N" (especialmente no mundo da música) e, honestamente, se você olha para o mundo inteiro hoje, não mudou muito. Mas a palavra "N" vem com uma longa história de abuso e escravidão e horror, e não fui sensível a isso. Eu ainda estava na onda John Lennon e, como mencionei, estava sempre em outro planeta. E eu não tinha os recursos, não sabia lutar contra ninguém. Eles acharam que eu era racista, mas o que eu estava dizendo era que as mulheres estavam no nível hieráquico mais baixo. Você pode cuspir no fundo do barril e, no fundo, estão as mulheres e crianças. Mas essa sou eu – estou sempre dizendo as coisas erradas para as pessoas certas.

Outra vez tive um gostinho disso com Roy, nosso produtor musical. Havia uma música que não tinha saído tão boa, então queríamos conversar com ele sobre isso. Ele se virou para mim e disse: "Tenho uma ideia. Por que você não remixa sua versão, eu remixo a minha e vamos ver o que a gravadora acha – o que você acha disso?". Olhei para ele e disse: "Acho isso uma merda, se você quer mesmo saber". Então as pessoas que assinaram contrato conosco na Polydor saíram e contrataram um novo presidente. Eu me lembro de uma reunião em seu escritório. Sua assistente entrou e anunciou que estava com o novo single da banda The Jam e o colocou no toca-discos para todos ouvirem. Só que parecia que estava num ritmo muito lento. E todo mundo estava balançando a cabeça e ouvindo como se estivesse gostando. Olhei para o presidente da gravadora e para a assistente, que não ousava abrir a boca. Eu me levantei e fui até o toca-discos, vi que a velocidade estava em 33, e a gravação era 45. Fiquei pensando: "Certo, agora estou no mundo perfeito". Então mudei para 45 e, de repente, surge a Jam. Os olhos do presidente se iluminaram e ele disse: "Ohhh". Claro, talvez a coisa certa a fazer fosse não mexer em nada, mas eu estava curiosa para ouvir como era o verdadeiro single da Jam.

As reuniões não eram meu ponto forte, porque nunca fui boa em fazer o que a gravadora queria. De qualquer forma, não precisava ser um gênio para ver que a Blue Angel estava de saída.

“EU QUERIA
ME ASSEGURAR
DE QUE MEU
PRIMEIRO SUCESSO
TIVESSE UM RITMO
ACELERADO.”

CAPÍTULO 5

EU CONTINUAVA RESISTINDO AOS CARAS DA GRAVADORA QUE ME DIZIAM PARA cantar baladas porque, quanto mais eu trabalhava na indústria da música, mais percebia que seu primeiro sucesso era o que identificava você ao longo de sua carreira. E eu queria me assegurar de que o meu tivesse um ritmo acelerado para que eu não fosse rotulada. Também batalhei porque notei que todos que deixaram de resistir falharam. Todos os artistas legais, todos os grandes – Clash, Elvis Costello, os Pretenders – não tinham gravadora para inventá-los. Os artistas que a gravadora inventou tinham uma vida superficial. Porque se a gravadora realmente soubesse como fazer música, estaria fazendo música e não vendendo música, certo? O que vi foi: "Ei, venha ouvir o novo single 45 do Jam em 33". E ainda vou deixar esses caras me dizerem o que fazer?

No entanto, a Blue Angel estava indo ladeira abaixo. Nosso single "I'm Gonna Be Strong" chegou à posição 37 – na Holanda. Ninguém aceitava mais nossas demos. Estava ficando cada vez pior e, mais uma vez, o dinheiro não estava entrando, e todos começamos a morrer de fome. Lembro que minha amiga Jutta – ela é alemã – costumava me dizer que havia dois tipos de pessoas no mundo: aquela que fica pensando em seus problemas e aquela que fica pensando em como resolvê-los.

Tento ser o segundo tipo de pessoa, mas naquela época eu estava muito para baixo. Fui ao estúdio de Katie Agresta e disse a ela que não conseguia saber como faria isso funcionar. Ela começou a me dar comida, porque pensou que eu não conseguiria cantar do jeito certo se estivesse com fome o tempo todo. É por isso que eu a amo. Ela acreditou em mim. Uma vez estávamos trabalhando juntas, eu estava me sentindo desanimada com a coisa toda – isso foi antes da Blue Angel – e disse a ela que um dia desses veriam meu nome e se lembrariam de mim. Nós duas ficamos paradas. Sentimos um calafrio e não era gripe.

Porém, infelizmente, fiquei muito doente – de novo. E perdi minha voz – de novo. Eu estava muito deprimida, tinha um cisto invertido na minha corda vocal, que o médico disse que era por cantar de forma incorreta, mas na verdade não era. Finalmente encontrei um médico, um santo chamado dr. Eberly, que operou minha garganta. E Katie me ajudou a voltar. Foi difícil e demorou muito tempo, mas, quando pude cantar novamente, tomei muito cuidado quando tocávamos ao vivo.

Eu também sabia que queria rescindir nosso contrato de gravação e fugir do nosso empresário que, por muitas razões, não estava trabalhando para nós. Fui até ele e disse: "Escuta, gostaríamos de romper completamente com você ou continuar, conseguir mais um contrato de gravação e, em seguida, pagar você". Ele disse: "Não. Vocês não vão a lugar nenhum sem mim". E isso virou uma briga.

E eu sempre precisava de dinheiro. Eu estava falando sobre isso com o contador da Blue Angel e ele disse: "Por que você não consegue um emprego em uma loja de roupas de que você gosta? Você vai à Screaming Mimi's o tempo todo – pergunte se eles querem contratar você". Então fiz isso e fui contratada como vendedora. Acabei ficando por dois anos, porque eu adorava muito aquilo. Era como uma loja de brinquedos gigante para mim, como você pode imaginar. Eu vivia comprando roupas, e me fizeram parar com isso, porque o que eu comprava custava mais do que as roupas que eu vendia. Eles não conseguiam colocar as coisas à venda porque estavam reservadas para mim. As pessoas chegavam e eu as ajudava a estar na moda, o que era muito divertido. Uma vez Lene Lovich, que eu adorava, entrou e estava olhando os sapatos. Apenas a rodeei, mas não falei nada para ela; não queria incomodá-la enquanto ela estava dando uma olhada nas coisas.

Pelo menos eu conseguia pagar as contas, mas ainda estávamos tentando sair do contrato. Meu advogado disse: "Cyndi, agora toda a indústria está dizendo que, quando você se cansar de levar o carrinho de puxar, vão falar com você". Ele queria dizer a banda. Então, é claro, a banda me odiava.

Isso foi no final de 1981, e eu me lembro que, mais ou menos na época do Natal, meu baixista, Jim Gregory, deu uma festinha. Havia outros cantores e bandas por ali, e eu estava com minha amiga Debbie. Ela era cantora de estúdio e tinha trabalhado com John Turi e Jim Gregory, e também fez backing vocal com Billy Hocker, um cara com um tipo de voz machucada que cantava white soul. Ele me influenciou de verdade – me disse que eu deveria ouvir Otis Redding e abrir meus ouvidos e minha voz. Enfim, eu estava com Debbie e vi um rapaz de calça boca de sino amarela de veludo cotelê. Tenha em mente que, naquela época, todos usavam jeans pretos justos – era um uniforme. Era como você diferenciava as pessoas legais das pessoas não tão legais. Ele estava vestido como... ai, ai, ai. Com aquela calça amarela, tênis branco, suéter surrado, casaco de lã, barba e cabelos compridos como Jesus Cristo. Eu olhava para ele e pensava: "Meu Deus, que bagunça". O que ele estava fazendo era uma coisa anos 1970, e naquele momento eu não via nenhum mérito nisso.

Era Dave Wolff.

Estávamos todos bebendo, e Dave Wolff estava flertando com uma das garotas da banda punk do Sic F*cks. Ela o deixou para ir ao banheiro, então, de repente, ele olhou para *mim* e pensei: "Ah, *não*". Mas ele se sentou ao meu lado, e eu disse: "É sério isso? Agora está flertando comigo? Você não chegou a lugar nenhum com ela, pareço seu bilhete premiado?". Mas tudo o que ele disse foi tão engraçado e maluco que comecei a rir porque ele era uma figura.

Começamos a conversar e descobri que ele era de Connecticut. Então, havia dois obstáculos ali: calças boca de sino e Connecticut. No entanto, ele não era "WASP-y" (branco, anglo-saxão e protestante), como eu pensei que fosse no começo – ele era judeu – e, quando começamos a falar sobre pigmeus do rock que vivem no subsolo e aparecem para o suco de wampanini, pensei: "Esse cara é bem engraçado". Teve muitos trabalhos diferentes, como eu. Tinha sido exterminador e mensageiro. E, como muitas pessoas naquela festa, ele estava em uma banda. Descobri mais tarde que ele era empresário de turnê de Vicki Sue Robinson, mas também tinha um contrato de gravação. Ele fez um disco de rap com a banda Captain Cameleon e fez rock com a Human Fly. Ele passou a fazer um acordo com um acrobata franco-canadense chamado Human Fly, que ficava em pé em aviões enquanto eles decolavam, e continuava de pé enquanto eles voavam e pousavam. Então, de alguma forma, Dave, que podia conversar com qualquer um sobre qualquer coisa e adorava misturar rock and roll com outros tipos de performance, fez um acordo com ele. Dave se vestia como ele e o representava como Human Fly, fazia de conta que Fly se apresentava em uma banda de rock – mesmo que o verdadeiro Fly não tivesse uma banda. Você está conseguindo me acompanhar até agora?

Enfim, Dave estava numa banda de rock vestido de Human Fly, com uma roupa vermelha justa e uma capa, de máscara e botas, e tinha um sotaque franco-canadense. Mas ele também era Dave Wolff, o empresário do Human Fly, então, se houvesse um pessoal da imprensa, ele seria Dave e diria: "Vou mandar o Human Fly para você". Então ele se vestia rápido como Human Fly e saía e falava com um sotaque franco-canadense com a fantasia completa, uma das coisas mais hilárias que já vi.

Naquela noite, ele continuou me fazendo rir, me contando todas essas histórias e, apesar das calças boca de sino, ele era bonitinho e sexy. E eu estava muito solteira naquele momento. Um tempo atrás eu estava namorando um cara bissexual, e meu amigo Gregory se sentou comigo e disse: "Ouça, Cyn, você não pode ganhar com um cara bissexual, porque você nunca vai poder satisfazê-lo. Você sempre estará do lado errado. Por que você quer esse tipo de relacionamento? Além disso, você paga o café dele também, não é?", o que eu fazia mesmo. Ele era um artista faminto como eu e era o tipo de cara que – como a maioria dos caras que eu conhecia, especialmente se fossem artistas – encontrava uma garota e se encostava nela. Havia algo diferente em Dave. Ele estava tentando me ajudar.

Então, Dave e eu continuamos conversando, o fim da noite chegou e percebi que não tinha passagem de ônibus para chegar em casa. Eu disse a ele: "Escuta, você tem carro. Você pode me levar de volta para o meu apartamento?". Grande erro.

Lembra como os caras costumavam vir ao meu apartamento e parecia que nunca mais iriam embora? Que eu dizia a mim mesma que poderia transar com eles para que me deixassem em paz e eu pudesse trancar a porta? Foi isso que começou a acontecer com Dave: senti que ele nunca iria embora. Fiquei pensando: "Aqui vamos nós de novo. Quero você fora daqui. Isso aconteceu comigo a minha vida toda, então quero só dormir com você, e você vai embora".

Mas o engraçado é que ele ficou, continuou dizendo: "Sabe, eu realmente gosto de você".

Ele era muito doce e começamos a namorar. Ele andava comigo e eu conversava com ele sobre coisas que eu via. Sempre tive uma imaginação bem exagerada, que poderia matar você. Por exemplo, se eu visse um chiclete na rua quando estivesse andando, isso me deixaria com nojo porque imaginaria como seria lambê-lo do chão. Talvez eu tenha sido um cachorro em alguma vida passada. Não faço ideia. No entanto, ele sempre entendeu que minha imaginação talvez fosse um pouco diferente da imaginação de todo mundo. Ele também era um pouco perdido. Cuidávamos um do outro.

Quando ficamos mais próximos, eu ainda estava procurando um empresário, e Dave me falava das coisas que eu deveria pedir. Eu me encontrava com todas essas pessoas, mas o mais estranho é que, quando chegava em casa, continuava sonhando com os cenários com meu novo empresário, e nenhum deles dava certo. Nesse meio-tempo, com o dinheiro apertado, como de costume, precisei me tornar faxineira de novo (eu já tinha sido faxineira em Vermont). Eu ganhava US$ 20 por um trabalho, o que era muito para um dia. Comecei com meu amigo Dan e me lembro de estar em algum lugar com ele quando uma garota disse: "Olha, a Cinderela". Fiquei muito constrangida.

Eu me lembro de que, quando estava em Vermont, respondi anúncios para faxineira no jornal e liguei para um cara que me disse: "Bom, uma parte do seu trabalho será dar banho na minha esposa e depois vesti-la". Eu disse: "Ela é inválida?". Ele respondeu: "Não. E eu vou assistir". Eu disse a ele que não tinha interesse e desliguei.

Trabalhei como faxineira para outra mulher em Vermont, da qual nunca vou me esquecer enquanto viver: a sra. Butterfly. Ela tinha quase 90 anos, morava em uma grande casa vitoriana e alugava os quartos. Ela precisava de uma faxineira, então tive que ficar e almoçar com ela. Ela disse que as pessoas que faziam a faxina precisavam almoçar também. Era a coisa mais fofa, e acho que ela sabia que eu estava sempre com fome. Ela falava muito, tinha muitas fotos de pessoas mortas às quais ela tinha sobrevivido e me contava histórias sobre uma e outra. Ela também tinha imagens de Jesus, e me lembro de ter falado com ele e dito: "Jesus, você precisa ajudá-la. Ela não pode simplesmente ficar lá e conversar com pessoas mortas". Isso não era bom, ela só estava esperando para morrer. Mesmo que você seja velho, tem que haver outras coisas. É por isso que, quando mais tarde me casei, falei para minha avó de 91 anos, que começou a ficar deprimida: "Que tal se você for minha dama de honra?". Nada como um vestido novo e uma festa! Ela tinha um belo vestido de lã com strass e estava muito bonita.

De volta a Nova York, contei à minha amiga Lisa sobre o incidente da Cinderela. E ela perguntou: "Por que você está limpando casas? Você não precisa fazer isso. Posso conseguir um emprego como hostess em um piano bar japonês e você pode ganhar muito dinheiro com gorjetas. E ninguém sabe que esses lugares existem!". Havia um monte desses piano bars nos anos 1980 na área central da cidade, perto de todos os prédios comerciais. Eles eram como discotecas, e o trabalho era dançar com os empresários japoneses, servir bebidas e acender cigarros e ser festeira. Lisa me contou sobre um ótimo lugar familiar chamado Mama's, mas infelizmente não tinha vaga. Eles me recomendaram outra casa noturna que era mais uma boate. Comecei a trabalhar lá e costumava voltar para casa com dores de cabeça e pescoço terríveis. Eu me lembro de estar dançando com uma garota a música de Olivia Newton-John, "Physical", e um dos clientes me lançou um olhar malicioso. Dei a entender: "Ei, não faço isso". Meio que senti como se estivesse caindo, como nas apresentações de *go-go dance* que fiz. Era tão contra quem eu era. Simplesmente não consegui fazer isso e fui embora.

Aí Lisa conseguiu que o Mama's me contratasse. As garotas que trabalhavam lá não precisavam sair com clientes, nunca. Você não precisava "ficar fisicamente" com ninguém. Uma mulher chamada Mama-San, uma grande mecenas das artes, administrava o lugar e adorava ter alguém com notoriedade lá, e aconteceu de eu estar numa edição da revista *Life* que tinha Elizabeth Taylor na capa. A revista me apresentou em uma seção de "Garotas

Roqueiras", que também tinha bandas como as Go-Go e as Pretenders. Eu usava minha calça cigarrete vermelha, sapato de salto alto vermelho com meias soquete do tipo "bobby" e uma pequena camisa sem mangas com a inscrição JOHNNY ANGEL. Eu estava num salão de beleza, com rolos de espuma laranja e rosa no meu cabelo e lendo *O Eu Desconhecido*, de Carl Jung. Mama-San adorava isso.

Ela adorava cantar, e foi um ótimo lugar para eu aprender como lidar com os empresários em um nível mais pessoal. Eles eram legais. Tinham suas garrafas e só queriam tomar uma bebida. Eu realmente adorava isso lá. Depois, os *chefs* de sushi iam para o bar. Em geral, esses *chefs* também me davam gorjetas de US$ 20, o que era um ótimo negócio. E Peter, o guitarrista, me ensinava japonês foneticamente.

Meu grande número era "Wasureaniwa", traduzido como "Nunca vou esquecer você". Eu era acompanhada por Peter e uma pianista, e depois de cada frase ela terminava com um pequeno "da da da" no piano. O guitarrista me disse que eu soava como Brenda Lee. Fiquei fascinada com essas pessoas, eu as amei, e tenho lembranças muito reconfortantes do lugar, de pessoas que foram muito gentis. Tentei de verdade ser uma boa anfitriã e fazer as pessoas rirem.

Nessa época, eu também estava indo a um terapeuta porque estava tentando não ficar com raiva. Quando as pessoas diziam algo para mim, eu lhes dizia o que pensava e elas viam isso como raiva, e não como o fato de eu não ter filtro. Desde então, adquiri um pouco de filtro – não um grande, mas um pequeno. Então comecei a ir à terapia porque era um lugar onde eu podia ficar com raiva e reclamar e não ter ninguém me dizendo: "Oh, Deus, você está sempre reclamando" e isso me ajudou a ter limites. Crescemos como crianças meio rudes, sentindo que o que tínhamos a dizer era muito importante porque minha mãe sempre nos deixava dizer o que queríamos. Mas às vezes você precisa pensar antes de falar e isso não era meu forte.

Depois que conheci Dave Wolff na festa de Natal, ele veio me ver no show de Ano-Novo que a Blue Angel estava fazendo. Foi na virada de 1981 para 1982, e não foi um dos shows mais prestigiosos do Ano-Novo. Estávamos tocando em um barzinho em Passaic, em Nova Jersey, chamado Hitsville, mas eu o chamava de Shitsville, porque era assim que eu o via. Nosso baixista na época era Slim Jim Gregory, que dirigiu nosso carro alugado barato de Manhattan, da Rua 76, para a ponte George Washington Estava chovendo e não conseguíamos encontrar o maldito lugar. Eu me lembro dessa noite de forma muito clara, porque definia muito aquela época. Estávamos em uma briga com a nossa antiga administração e parecia que não estávamos indo a lugar nenhum – literal e figurativamente.

Tocávamos em uma sala dos fundos que nos disseram ser um camarim. Em geral, era desorganizado e sujo e tinha pichações em todas as paredes. Havia um texto em grafitti que, depois de tudo que passamos, era bem profundo para mim, e não importava quantas vezes eu tentasse não olhar, ele gritava para mim da parede. As palavras estavam escritas a caneta hidrográfica em uma parede branca e suja: "Não temos contrato? Somos demo". Como as palavras da banda Devo: "Não somos homens? Somos Devo". E isso era a minha vida: fazer demos que não iam a lugar nenhum.

Continuamos tentando, mas parecia que não estava rolando. Dave nunca tinha me visto tocar, e eu estava muito preocupada com isso, porque todos os namorados que tive ficavam bem até me verem apresentando, então se assustavam.

Quando os homens veem mulheres cantando de forma tão poderosa assim, isso pode assustá-los. Quando um homem canta, as meninas desmaiam, mas se uma mulher canta, é como "ai, ai, ai". Talvez perguntem: "Como serei homem o suficiente?", vai saber. Então eu estava muito preocupada, porque realmente gostava dele e fiquei pensando: "Bem, aqui vai mais uma merda para a lista". Eu já tinha percebido que, embora os cantores sempre tivessem pessoas carinhosas esperando por eles, eu sempre ficava com as pessoas baixo-astral, aquelas que precisavam de ajuda. Eu não me importava com isso, mas nunca seria como era para os homens. Apenas imaginei: "Então vamos lá – adeus, Dave Wolff".

Eu tinha pintado meu cabelo com tinta spray azul e estava no palco cantando "Blue Christmas". E como eu estava chateada, bebi. E bebi. Não sou de beber, porque tenho um rim bom e um rim que não funciona tão bem. Preciso ter cuidado, fico alta rápido. Eu me lembro de uma garota na plateia dizendo: "Ela está bêbada". Pensei: "Sim, estou bêbada, certo! Estou chegando aos 30, queria ter sido uma competidora, mas em vez disso estou aqui em Shitsville com você na véspera de ano-novo e lendo na sala de trás como ainda sou demo, d-e-m-o". Claro que eu não diria isso, porque ela ficaria terrivelmente magoada depois de querer passar o ano-novo comigo. Mas, acredite, pensei isso.

Fiz o show, saí do palco e fiquei perto do bar. Dave tinha um olhar engraçado, então pensei: "Ok, vamos lá. Ele vai dizer quão boa eu era, mas as coisas vão ficar estranhas a partir de agora". Mas ele não disse nada. Em vez disso, depois que a van nos deixou em minha casa, ele me ajudou a carregar todas as minhas coisas pelos cinco lances de escada até meu apartamento. Então, enquanto ele me ajudava a carregar toda essa merda para cima, eu fiquei esperando que ele reclamasse. Em vez disso, ele disse: "Como eu te amo? Deixe-me contar os passos", em referência ao poema de Elizabeth Barret Browning. Comecei a rir e pensei: "Meu Deus – esse cara é um sarro".

O negócio com os rapazes é o seguinte: depois de verem você no palco, muitos deles precisam levar você de volta para casa, para a cama e meio que possuir você, sabe o que quero dizer? Mas sempre tive que voltar e tirar a maquiagem, cuidar da minha garganta com vapor, fazer exercícios vocais e, quando isso acabava, eles em geral ficavam: "Que diabos?". Devoção a um ofício não é o que as pessoas comparam ao rock and roll e, como perdi a voz muito cedo, estava obcecada em não perdê-la novamente. Quando perdi a voz, não pensei: "Como vou ganhar a vida?", pensei: "Como vou viver? Como consigo respirar ainda?". Não era uma opção. Há um filme chamado *Os Sapatinhos Vermelhos* e, nele, Vicky, a bailarina, queria dançar. Quando encontrou Boris, o diretor do balé Lermontov, ele perguntou a ela: "Por que você quer dançar?", e ela disse: "Por que você quer viver?". Ele diz algo como: "Bem, não sei exatamente por que, mas... preciso". Pensei: "Sim, é por isso que eu canto". Por que você come? Por que você respira? É por isso que eu canto.

Então, depois do show, eu estava desempacotando as coisas, tinha que cuidar do meu cabelo, estava cansada e limpando a banheira. Enquanto fazia isso, Dave começou a pentear meu cabelo. Foi um gesto tão doce que pensei: "Meu Deus, esse cara, ele entende". Logo depois disso, ele começou a se mudar para minha casa. Ele quebrou meu despertador, um relógio da Betty Boop que eu amava, então trouxe um relógio da casa da mãe dele cujo alarme era tão alto que eu precisava colocá-lo no banheiro e fechar a porta e você ainda conseguia ouvi-lo. Um dia ele saiu, comprou uma televisão para nós (eu não tinha uma) e a carregou cinco lances de escada acima – e ganhou uma hérnia. Mas eu gostava dele – gostava de verdade.

QUANDO **PERDI**

A **VOZ**,

NÃO PENSEI:

"COMO VOU **GANHAR**

A **VIDA?"**,

PENSEI: **"COMO VOU**

VIVER?"

Enquanto isso, eu ainda precisava de um empresário. Eu me encontrei com um monte de gente, incluindo Tommy Mottola. A questão com o Tommy é que ele fazia você sentir que ele tomaria conta de você, e é um sentimento muito sedutor, porque você sente que tudo vai ficar bem, que ele vai fazer dar certo. Eu conhecia Tommy havia algum tempo, mas só sabia que ele trabalhava na área. Em seu escritório havia muitos troféus de caça. Tinha até um escorpião imobilizado em plástico. Depois de tê-lo encontrado, sonhei naquela noite que ele também tinha a alma de um cantor na gaveta. Ele colecionava coisas e eu não queria fazer parte de sua coleção.

Tive dois sonhos semelhantes depois que me encontrei com outras pessoas, e eles eram sempre muito sombrios. Continuei contando a Dave sobre meus sonhos e, por fim, ele me disse: "Bem, sou empresário. Estou apenas começando, mas vou cuidar de você se você quiser". Olhei para o cenário completo e pensei comigo mesma: "Bom, ele é malandro, engraçado e, mesmo quando você não quer fazer alguma coisa, vai rir tanto e acabar fazendo e, se ele podia me convencer a fazer as coisas, ele poderia convencer qualquer um a fazer as coisas". Ele era assim, tinha esse tipo de charme engraçado de menino. Então eu disse a ele: "Vou jogar meu chapéu no picadeiro. Vou cantar e você vai recolher o dinheiro, mas você nunca pode deixar a empresa se tornar mais importante do que nós". Esse foi o nosso acordo. Ele me administraria como um ato solo.

Na época, minha reputação como cantora era ótima, e as resenhas sobre mim também eram muito incríveis. A primeira coisa que Dave me disse foi: "Tem alguém que quero te apresentar". Eu disse a ele que não poderia ir porque eu tinha um emprego – ainda trabalhava no Mama's. Ele disse: "Saia do seu trabalho, você vai conseguir um contrato de gravação". Era Lennie Petze, diretor da Portrait Records na Epic. Ele havia assinado contrato com a banda Boston. Dave havia se encontrado com ele antes para falar sobre outras coisas e Lennie lhe dissera: "Quando você tiver algo real, me procure".

Sendo assim, fomos a Connecticut para encontrar Lennie e sua família para jantar. Foi perto dos feriados de fim de ano e estava nevando. Gostei de Lennie e de sua esposa logo de cara. Lennie era tão legal que eu não conseguia saber se ele era assim de verdade, mas ele era. Eles jogaram cartas, e fiz uma leitura com elas. Eu estava virando as cartas, perguntei sobre Lennie, ele surgiu como o Rei de Copas, fiz isso de novo e, mais uma vez, ele veio como Rei de Copas.

Então fiz um show em Yonkers, Nova York, em uma casa noturna que tinha sido um banco antigo, e Lennie foi me ver. Eu estava usando um tipo de suéter branco dos anos 1950 com uma saia estilo cocktail, meia arrastão e sapato lingback, e estava selvagem: era noite, eu não me importava, então agarrei minha virilha, joguei as pernas para cima e rolei (quando fiquei famosa e comecei a ver crianças pequenas chegando ao show, parei com isso).

Lennie não tinha certeza sobre o rockabilly que eu estava fazendo, mas gostou da minha performance. De repente, Dave estava fazendo coisas. Ele me apresentou a outro amigo dele chamado Gibby Silverman, um sujeito rico e muito legal que concordou em nos dar suporte por um tempo até que pudéssemos pagá-lo de volta. Isso me deixou nervosa, porque quando você gosta de uma pessoa, a última coisa que você quer fazer é pegar o dinheiro dela, mas concordamos com isso.

Eu me lembro que Dave e eu ainda não estávamos comendo muito bem, porque não tínhamos dinheiro. Nós dois vivíamos com US$ 200 por semana em Manhattan, o que era meio apertado. Às vezes, o plano era não comermos por um dia ou não comermos até a noite. Enquanto isso, eu estava passando por problemas legais com o ex-empresário da Blue Angel, que não nos deixava ir. Ele nos levou ao tribunal e nos processou para nos impedir de continuar sem ele. Ele queria tudo – todas as músicas, todas as demos – e a certeza de que eu continuaria sendo garçonete, e não cantora. Eu estava tentando quitar a dívida com ele e ele não ficaria com isso. Uma das coisas boas dessa época era um dos meus advogados, Elliot Hoffman. Ele era a cara de Nova York. Usava terno e tinha um bigode handlebar, me pegava e levava para o tribunal na parte de trás da sua pequena motocicleta.

O que entendi sobre a lei: o que era certo não tinha nada a ver com ela – o que era a lei tinha a ver com ela. Eram duas coisas diferentes. Eu disse ao empresário no tribunal: "Por que você quer todas as músicas? Elas nem são boas. Para que você as quer – chantagem?". Todo mundo começou a rir, e o juiz disse: "Ordem!". Mas eu tinha que dizer a ele: "Por que você está fazendo isso? Por que não aceita um acordo? Você poderia ganhar algum dinheiro e eu poderia seguir em frente". Quero dizer, que pé no saco.

E, veja bem: ele conheceu minha família. Ele viu de onde vim. De que planeta distante alguém pode ser, onde no rabo dele, para pensar que, num impasse, não vou lutar até o amargo fim, como se fosse o amargo resto de sua vida de merda, bastardo? Ele sabia dos diferentes empregos que eu tinha. Ele entendeu que eu havia perdido a voz, disseram a ele que eu nunca mais cantaria e ele voltou. Ele entendeu a ferocidade com que eu cantava. Sempre vou cantar e ponto. Vou cantar até morrer.

Dave Wolff me disse apenas: “Mantenha o foco. Estamos lutando”. Fiz o que eles disseram e tentei ficar de boca fechada, então, no fim, o juiz olhou para mim e olhou para todos. Ele pegou o martelo, bateu na mesa e disse: “Deixe o canário cantar”. Foi exatamente o que ele disse. Ganhamos o caso.

Por fim, consegui seguir em frente, embora tenha tido que declarar falência após o processo. No entanto, tive mais reuniões com Lennie e finalmente assinei com ele. Era novembro de 1982. Eu achava que a Epic Records era uma boa ideia porque via o que ela oferecia e o que estava faltando. Eles não tinham uma grande estrela feminina.

Depois disso, Lennie disse: “Conheço um cara com quem você deveria se encontrar”, e me apresentou a Rick Chertoff, um produtor da Columbia Records que havia trabalhado com grupos como The Kinks e The Band. Ele procurava um cantor que pudesse cantar as músicas que ele estava colecionando. Eu disse que queria escrever, mas Dave disse: “Cante primeiro, depois você pode escrever”.

Então me sentei com Rick, que estava trabalhando com outra banda chamada Hooters. Ele tocou algumas das músicas deles para mim, e achei que, mesmo havendo dois vocalistas na Hooters, eles não tinham voz. Quando ouvi as coisas de reggae que eles estavam fazendo, tive uma ideia do que eu poderia acrescentar a eles.

Na primavera de 1983, entrei no estúdio para gravar *She's So Unusual.*

“VOCÊ PODE
PASSAR DIAS EM
UM TRECHINHO DE
UMA MÚSICA.”

CAPÍTULO 6

COMEÇAMOS A TRABALHAR NO ÁLBUM *SHE'S SO UNUSUAL* EM UM ESTÚDIO EM Manayunk, um bairro no noroeste da Filadélfia. Rob Hyman e Eric Bazilian, os rapazes da Hooters que estavam trabalhando no meu álbum, eram da Filadélfia, então fomos para lá. Estava um frio congelante, mesmo sendo março. Manayunk fica ao pé das Montanhas Pocono, mas antes era um lugar industrial muito pobre constituído de muitos imigrantes europeus. Então nós a chamávamos de Poconos Poloneses. Gravamos na Record Plant, na cidade de Nova York, que era um lugar bem famoso. John Lennon havia gravado nesse estúdio e as coisas dele estavam em todo canto. Também vi seu rosto em todos os lugares – assim como eu o vi quando era criança, enquanto estudava sua voz de forma bem atenta.

O Kiss estava usando o estúdio naquele momento, e eles vinham muito até nós e perguntavam o que estávamos fazendo. Paul Stanley chegava com várias mulheres e eu sempre pensava comigo mesma: "Eu amo vocês, caras, mas vocês podem deixar a coisa toda de deus do rock fora daqui?".

Tive essa visão muito forte de como eu queria misturar a música. Ouvi isso quando me sentei no escritório de Rick e ele tocou o disco dos Hooters. Eu queria combinar o som do reggae com o som de rua barato – o som de punk, Clash, Police – e uma caixa, novidade na época. Ela tinha saído da rua e estava sendo colocada em gravações de dança (mais tarde se tornou realmente popular). Eu não sabia o nome desse instrumento, então Bill Wittman, outro produtor, me fez sair e comprar alguns álbuns para tocar para ele o som que eu estava descrevendo. Toquei Red Rockers (lembra de sua música "China"?) e a música "The Safety Dance", da Men Without Hats. Bill olhou para mim e disse: "Isso é uma caixa".

Então eu queria fundir um som eletrônico dançante com o reggae, que estava sendo feito por pessoas como Grace Jones, mas com a caixa, que *não* é o que eles faziam. Tínhamos uma pequena banda – que começou maior, mas Rick e eu continuávamos eliminando as pessoas. Rick é um cara muito inteligente e sabia exatamente quem era bom e quem não era. Quando eu disse: "Ouça, aquele baterista, ele fica me criticando e está sempre ao telefone. Precisamos dele porque...?". Nos livramos dele. Também não precisávamos de um baixista. Precisávamos de cinco pessoas: Rob, Eric, Rick (o outro produtor), Bill e eu. É isso, e uma bateria eletrônica – obrigada, fim. Então eu poderia me concentrar em preparar as músicas e fazer arranjos. Foi o que eu fiz.

Foi uma espécie de época mágica. Comíamos *Philly cheesesteaks*, sanduíches com pedaços de bife e queijo, em um lugar chamado Rosie's. Ficávamos muito delirantes de trabalhar o dia todo, então entretínhamos todo mundo no Rosie's. Eu fazia Ethel Merman cantando músicas dos Beatles. Eu costumava fazer uma personificação muito boa da Ethel. Rob dizia: "Cyn, faça a Ethel. Vai! Faça 'She Came in Through the Bathroom Window'". Sempre achei que coisas assim eram engraçadas – como Johnny Mathis cantando "Stairway to Heaven". Sempre imaginei: "Por que não misturar tudo?".

No entanto, também foi difícil, porque Rick nunca havia trabalhado com alguém como eu. Ele continuou trazendo músicas e sugerindo compositores, e precisei descobrir como faria as músicas soarem coesas. Precisava haver uma conexão, e não apenas um monte de músicas aleatórias. Muitas vezes, quando os produtores são colocados com os cantores, os álbuns soam como uma miscelânea que não faz o menor sentido.

A primeira música que me chamou a atenção foi "All Through the Night", que Jules Shear escreveu. Parecia uma música dos Beatles, só que a letra era diferente. Foi muito incrível. Então colocamos no álbum. Quando gravamos "All Through the Night", não conseguíamos acertar o primeiro verso. Algo aconteceu com a fita e causou um estrago magnético. Dave Wolff gostou de um verso de outra parte da música e continuou tentando colocá-la no começo. Então continuei cantando o primeiro verso de "All Through the Night" literalmente durante toda a noite. Continuei fazendo isso, tentando acertar, me afastando, voltando, tentando, tentando, tentando. Isso continuou até eu achar que enlouqueceria, então, ao amanhecer, cantei o primeiro verso e foi isso. Você pode passar dias em um trechinho de uma música.

Depois Rick tocou uma música do Prince para mim, "When You Were Mine", de que também gostei, então nós a acrescentamos ao álbum. Ouvi dizer que ele gostou da minha versão. Mais tarde, eu o vi quando nós dois estávamos no American Music Awards, mas não falei com ele. Você vai achar loucura, mas eu sentia que ele era tão famoso que eu não queria me aproximar dele. No entanto, consegui conhecê-lo melhor nos últimos dez anos. Ele foi um grande artista e sempre foi muito gentil comigo.[2] Acho que ele é filho de Deus. Eis a razão: em 2007, enquanto escrevia o CD *Bring Ya to the Brink*, vi a extraordinária apresentação do Prince no Super Bowl, ao vivo, na TV. Ele estava cantando "Purple Rain" e estava chovendo – muito forte também. Do nada, ele precisava lutar contra o mau tempo. O piso estava escorregadio e ele escorregou. O grande pano de fundo branco atrás dele, que deveria se mover suavemente com o vento, estava se transformando em uma vela e ainda continuava a chover forte. De repente, vi como ele aceitou e trabalhou com a chuva e o vento. Pensei: "Esse é o filho de Deus, bem na nossa frente, ao vivo". Foi uma das performances mais inspiradoras que já vi. Então, em "Same ol Story", os versos *"People slipping in the rain, I watch them get up again / It makes me feel like I can too"* [Pessoas escorregando na chuva, eu as vejo levantar de novo / Isso me faz sentir que também consigo] são sobre ele.

Rick também tocou para mim uma música do Desmond Child chamada "Do Me Right", e na época fiquei pensando: "'Do Me Right'? De que bairro você veio? De onde venho, nunca poderia cantar uma música chamada 'Do Me Right'. Em minhas primeiras bandas, os caras costumavam fazer piada com as garotas católicas, dizendo que elas iam para a cama e diziam: 'Do me'. E eu disse: 'Bem, não vou ser uma delas'". Pobre Rick, deve ter sido como falar com um alienígena. Ele parecia um pouco surpreso com isso.

Acho que os rapazes passaram por um período muito difícil comigo no começo. Não posso acreditar que, depois de me ouvirem cantar, eles achassem que eu era uma flor delicada. Mas Dave Wolff continuava tendo que vir e apagar incêndios porque eu falava o que pensava. Primeiro estávamos fazendo esses grandes arranjos juntos, e eles me deixavam dirigir, porque estava funcionando,

[2] Prince faleceu em 21/05/2016, após a publicação deste livro em inglês.

acho. Mas aí eles entravam no estúdio, me deixavam de fora e gravavam alguns estilos de guitarra mais antigos do que eu queria usar. E eu era muito direta sobre isso. Pedi a Eric para tocar com um toque de Clash na faixa "Money Changes Everything" e funcionou. Então, pouco a pouco, assumi o controle do meu álbum.

Dave dizia: "Você está com tanta raiva; você precisa trabalhar a sua raiva". Eu dizia a ele o tempo todo: "Sim, mas meu nome é bem grande na frente do álbum e os nomes dos produtores são bem pequenos atrás. Uma vez que o álbum estiver pronto, eles vão trabalhar em outra coisa, mas eu tenho que vendê-lo. Se isso vai ser uma coisa minha, e se esta é a única vez que consigo abrir a boca e cantar, quero que seja ótimo e seja a minha maldita visão". Eu tinha trabalhado muito para chegar onde eu estava naquele momento. Tive que ir à falência. Perdi minha voz duas vezes e voltei. E quando lutei por algo foi porque sabia que estava certa. E em nove de dez vezes, eu estava.

Dito isso, ainda era um estilo para o qual todos nós havíamos contribuído. Eu apenas os direcionava um pouco aqui e ali e cantava com esse estilo o tempo todo para me certificar de que estava certo. Embora eu não conseguisse articulá-lo, tinha tudo a ver com conexão. De modo genuíno, eles tentavam me ajudar a conseguir o som que eu queria. Então, abençoe-os por isso.

Rick tinha uma música que para ele era como o Santo Graal, e talvez fosse. Havia um cara chamado Robert Hazard, que cantou "Escalator of Life" e tinha um tipo de som bem bacana, à la David Bowie. Ele havia escrito "Girls Just Want to Have Fun" alguns anos antes, mas era muito mais rápida e também do ponto de vista de um homem, o que a tornava algo totalmente diferente. Ele tinha um verso em que uma mulher entra em seu quarto à noite porque quer se divertir e ele está dizendo ao pai dele: "Somos os afortunados". Eu disse para Rick: "Então, agora que estou cantando, eu deveria fazer uma lobotomia, jogar minhas pernas para cima e basicamente dizer que garotas querem apenas fazer sexo?". Ele continuou dizendo: "Pense no que isso pode significar". Então pensei sobre o que a versão de uma mulher poderia dizer. Talvez eu devesse tentar encontrar uma nova alma na música. Comecei a pensar: "Ok, não sou um homem. Como me sinto?". Se eu pudesse encontrar o ponto de virada para poder usar minha voz de uma forma única e no tom de uma mulher, isso poderia mudar tudo. A palavra "hino" continuou surgindo. Então trabalhei no arranjo de um jeito mais radical. Peguei o que Rob gostava de ouvir, reggae, e pedi para ele tocar esse ritmo, mas com os acordes de "Girls". Pedi a Eric para tocar um riff de guitarra de uma velha canção da Motown (mestres dos ganchos musicais com ritmo) e me lembrei de uma velha música da dupla Shirley e Lee que John Turi havia tocado para mim há muito tempo, "Feel So Good", que estava no tom de uma garota. E pela última vez dei uma chance a essa música. Eu tinha a máquina de ritmos em sua batida moderna mais simples. Eu disse: "Apenas toque a sua parte, me ignore e vamos ouvir isso desse jeito". De repente, ouvimos a música de uma forma completamente diferente, que funcionou, manteve as partes comerciais e tinha aquela sensação de hino.

Então Rick trouxe Ellie Greenwich, uma das compositoras/produtoras do Brill Building, para escrever comigo e cantar como backing vocal em "Girls". Ela escreveu e produziu todas essas músicas clássicas maravilhosas, como "Be My Baby" e "Leader of the Pack", e eu a adorava. Ela escrevia com o marido Jeff Barry nos anos 1960 e, mesmo estando no estúdio fazendo essas músicas com o marido, só o nome dele aparecia nos discos como produtor. Isso era comum no passado. Foi assim que comecei a aprender que você precisa ter crédito pelo seu trabalho.

Depois, quando Rick trouxe Ellie, ela ouviu "Girls" e sabia exatamente o que fazer. Ela começou a cantar: *"Girls / They want / Want to have fun"*. Então ela disse: "Cyn, vamos lá, cante comigo com seu sotaque! Vamos lá, use o seu notável sotaque do Queens!". Pensei algo como: "Sim, certo – hahaha". No entanto, cantei no corredor do estúdio com ela e, preciso dizer, ela estava certa.

Aí Rick me disse: "E se você fizesse aquele som de um pequeno soluço na palavra 'fun'?". Usei muito esse som, que era um pouco parecido com Buddy Holly, na Blue Angel. Então eu disse que tudo bem. Aquele álbum todo era uma combinação de uma abordagem do blues de Bob Marley ao reggae, um tanto de Elvis Costello, um pouco de Elvis Presley, Buddy Holly, Frankie Lymon, Ronnie Spector e, é claro, Shirley e Lee. E coloquei tudo em Fá, como um trompete. A foto de John Lennon estava no estúdio também. E, como em todas as boas fotos eventualmente os olhos se movem, então ele meio que estava lá em espírito.

É engraçado porque mais tarde me tornei amiga de Yoko. Na primeira noite em que toquei no Madison Square Garden como atração principal, em 1986, Yoko Ono entrou nos bastidores com Sean Lennon, de 11 anos. Já imaginou? Fiquei muito surpresa. Depois disso, fui encontrá-la em seu apartamento e conversei com ela à mesa, onde havia uma grande fotografia de John e um belo retrato de seu filho, Sean. Depois de um tempo, como faço com qualquer bom retrato, eu estava falando com a foto também, e pensava: "Ok, qual é o problema com você?", me levantei para ir à outra sala meio que para desanuviar a mente e havia uma múmia – era uma múmia de verdade, não como a do catálogo da *SkyMall*. Quando perguntei sobre a múmia, Yoko explicou que ela estava num depósito comprando antiguidades e ouviu alguém chamando-a do porão. Ela desceu e, nesse lugar empoeirado, havia um sarcófago com... quem quer que seja... mumificado. Yoko me disse que se sentia muito triste por essa pessoa, essa múmia, estar naquele porão velho e empoeirado, então ela a comprou e colocou nesse belo quarto. Eu me lembro de pensar: "Uau, isso faz sentido e é gentil da parte dela". Mais tarde eu estava em uma festa de confraternização na casa de Yoko com Marion, minha amiga e treinadora durante anos, e nós duas estávamos amamentando na época, então fomos para o quarto com a múmia para amamentar longe da bagunça. Um rapaz, amigo dela, passou e disse: "Oh, que lindo, as mamães e a múmia". Pensei: "Isso é surreal".

Minha vida é tão engraçada às vezes. Todo mundo tem esses momentos, mas se você não presta atenção, você os perde. Estávamos tão cansadas, amamentando os bebês e tentando voltar ao trabalho. Sempre digo ao meu filho para prestar atenção ou ele vai perder algo espetacular. Às vezes você pode simplesmente estar em seu quintal e uma pequena libélula chegar e pousar justo em você e ficar ali. Ou pousar em uma flor ao seu lado. Quem é essa? Uma fada? Nunca sei, mas sempre parece mágica.

Bem, onde eu estava? Certo – "Girls Just Want to Have Fun". Fiquei pensando sobre como os sons na música representavam diferentes partes da minha vida. Como o som de órgão que você ouve que, na verdade, era de um comercial antigo de um lugar para corrida de *dragsters* chamado Raceway Park, sobre o qual eu costumava ouvir quando criança (a maioria das pessoas que cresceu na área de Nova York na mesma época que eu vai se lembrar desses comerciais). E adorava dançar Motown enquanto fazia as camas quando minha mãe trabalhava.

É assim que trabalho. Um pequeno pedaço de vida aqui, um pequeno pedaço de uma música diferente lá, sim salabim, misturo tudo e pronto. Meu estilo musical sempre foi uma colagem de tudo. Como quando Rick tocava "Money Changes Everything" ao estilo de uma música de Bob Dylan e eu dizia: "Podemos começar de um jeito diferente? Faça de conta que você está tocando 'London Calling'". Então eu começava a cantar. A abordagem dos produtores era mais tradicional, porque é assim que sempre era feito, só que eu não queria fazer o que sempre era feito. Sendo assim, eles não me queriam no estúdio quando estavam usando guitarras. Então falei diretamente com Lennie Petze e ele ficou do meu lado. Se você ouvir "Money", vai ouvir as influências do Clash.

No entanto, todo mundo estava me vendo cantar, o que eu acho que é a pior coisa a fazer, porque todos *assistiam* à performance em vez de *ouvir*. Cantei várias vezes. Como eu disse, eu estava cantando no tom de um trompete, então, depois de várias vezes, quando eu tinha certeza de que eles tinham conseguido, eu dizia: "Ok, acho que vocês já conseguiram isso", e parava. Nesse tom, teria sido fácil perder a voz. Às vezes Rick dizia para usar minha "voz de cabeça", mas as mulheres não têm uma "voz de cabeça" – só os homens. Agora, um pouco de biologia para você: mulheres cantam alto e fino ou cantam baixo ou cantam de forma intermediária e suave ou forte. Eu me vi tentando fechar os olhos e esquecer quem eu era e tentando encontrar o espírito da história, mas lá estavam eles, me observando.

Então tentei criar outro mundo, onde pudesse ser menos autoconsciente, porque a primeira coisa que faço sempre que faço algo realmente criativo é perder aquele terceiro olho. Porque você só precisa perder tudo e jogar tudo lá. Você tem que abrir uma veia, e não pode fazer isso se tiver todos esses cientistas lá, observando você e dizendo "faça isso" ou "faça aquilo". Então comecei a procurar formas de ter liberdade de expressão sem ninguém ficar pairando sobre mim. Quando trabalho com novos rapazes agora, ainda é assim.

Também tive que lutar para escrever uma música com Rob. Eles não achavam que eu era uma boa compositora, mas gostavam do jeito que eu arranjava. Eles tinham uma música da Hooters chamada "Fighting on the Same Side", que era uma boa música, mas achei que deveríamos pegar esse novo estilo e escrever com ele. Apenas fiquei fazendo peguntas e mais perguntas. Comecei a pensar: "Se estamos lutando do mesmo lado, por que você não quer escrever comigo?". Por fim, Dave Wolff me colocou em contato com Steve Lunt, um compositor que ele conhecia de uma banda inglesa chamada City Boy. Na primeira vez em que fui encontrá-lo, ele tinha tomado alguns drinques e estava um pouco alto. Ele estava ocupado escrevendo e disse: "Cyn, eu tenho uma ideia – vai ser ótimo. Vamos escrever uma música sobre masturbação feminina. Nenhuma outra garota fez isso antes". Eu disse: "Ok, estou dentro". Para ter um pouco de inspiração, eu disse: "Vamos encontrar uma dessas revistas masculinas para garotas", sem perceber que as revistas masculinas são para garotos.

Meu pensamento para escrever "She Bop" foi: eu me lembro de quando era criança, muito se falava sobre a música "Get Off of My Cloud", dos Stones. O boato era que "nuvem", na verdade, significava "minha garota" ou "minha puta". Eu me lembro de pensar: "Oooh! Sério?". Quando a gente é criança, gasta tempo pensando sobre as coisas mais ridículas. Quero dizer, quantas vezes fiquei a noite toda no parque com meus amigos, discutindo se Paul estava morto? "Vamos tocar o álbum de trás para frente! John não está dizendo: 'Enterrei Paul'?". Então pensei: "Ei, por que não passar adiante esse legado? As crianças ouvem 'She bop, he bop-a-we-bop' e acham que é sobre dançar. Então, quando os filhos crescem, eles ouvem: 'They say I'd better stop, or I'll go blind', e percebem sobre o que é a música e dão risada". Isso acrescenta uma dimensão diferente a uma música e aprofunda sua relação com ela. Eu queria que a música não fosse evidente. Steve fazia parte do grupo, então nos certificamos de que a música não se referisse a mãos ou tocar em nada, porque, se acontecesse, não estaríamos escrevendo uma música multinível. De qualquer forma, a parte velada é sempre tradição no R&B. Demos muita risada escrevendo isso. Nós nos sentamos lado a lado com as letras em toda a página, que é como eu escrevo às vezes, com uma melodia básica. Porém, não sabíamos como a música começaria. Então eu disse: "Não seria engraçado se o som fosse como o do Big Bopper, como John Lennon fez em *Rock'n'Roll*, seu álbum de rockabilly?". A questão sobre o começo do riff inicial de "She Bop" é que era rockabilly, mas ainda se mantinha fiel ao som eletrônico pop moderno que estávamos fazendo com a caixa. E, por favor, Big Bopper? Isso foi engraçado também.

Muitas vezes, eu não sabia que uma música aconteceria de uma certa forma até que eu tentasse. Porque tudo é sempre como um quebra-cabeça, você começa desse jeito e, então, de repente, o quebra-cabeça começa a se formar – às vezes é bom e às vezes é ruim. Às vezes você e seus parceiros de escrita dão tapas nas costas uns dos outros: "Somos gênios! Funcionou!". É como quando o óleo jorra através da torre de perfuração e você pensa: *"Está vivo!"*. Aí, no dia seguinte ou na semana seguinte, depois de estarem um pouco abatidos pelos poderes superiores, vocês estão lá, olhando uns para os outros, dizendo: "Em que diabos estávamos pensando?". Mas é assim que sempre acontece.

Gravei "She Bop" em uma sala na parte de trás do estúdio. Era a sala do grande armazém retangular onde o Kiss ensaiava. Comecei a cantar lá porque me irritava o fato de Rick assistir às minhas apresentações de forma tão atenta. Consegui convencer Bill a passar os fios para o microfone e outras coisas para a sala, para que eu tivesse total privacidade.

Era lá que cantava "She Bop". Eu poderia até tirar a roupa e cantar e ninguém ia saber. Então, é claro, foi o que fiz e também me fiz cócegas. É por isso que você me ouve rindo, porque foi bem ridículo. Eu estava cantando seminua. Ouvi dizer que Yoko tirou a roupa para cantar "Walking on Thin Ice", o que acho legal.

No entanto, a maioria das pessoas não entendeu sobre o que era "She Bop" até muito tempo depois, quando fui ao programa de rádio da dra. Ruth. Eu estava brincando com ela, fazendo de conta que estava no consultório de uma psiquiatra, mas tudo que eu disse foi exagerado depois pela imprensa. De repente, "She Bop" estava na "Filthy Fifteen", do Parents' Music Resource Center, uma lista de músicas que deveriam ser banidas, como "Let Me Put My Love into You" do AC/DC. Fiquei muito brava, porque me assegurei de nunca ter mencionado que eu estava me tocando, para que crianças pequenas nunca soubessem. Então fui descoberta por causa da minha boca grande. Agora toda criança sabia do que se tratava e não era para ser assim. Oh, *c'est la vie*. Isso é francês, significa "não importa".

Sempre tentei, de forma árdua, fazer música que não se tornasse datada. Então tive uma conversa com Clark e ele me disse que eu estava fazendo música descartável. Isso é o que música pop era – descartável. Eu disse: "Não, eu não trabalhei toda a minha vida para fazer música descartável". Depois de "She Bop", eu queria escrever outra música, e Dave Wolff dizia: "Espere, espere – ela virá". Isso não aconteceu, e eu tive que lutar com unhas e dentes e, por fim, quando o álbum estava quase pronto, comecei a escrever com Eric. Foi difícil, porque na época ele parecia um pouco disperso. Quando finalmente conseguimos um som depois de trabalhar nele por horas – ou dias – ele a mudava. Seu processo me fazia esquecer as melodias que eu estava cantando depois de um tempo.

Rob tinha um temperamento diferente e com ele era mais fácil lembrar melodias. Havia uma doçura nele. Senti que podia mostrar poesia a ele. Nós dois estávamos passando por coisas parecidas em nossos relacionamentos: ele estava saindo de um relacionamento longo e difícil, e Dave e eu estávamos tendo muitos problemas. Então Rob e eu começamos a escrever juntos. Às vezes, em nossas conversas, ele dizia algo que me impressionava e eu anotava. Por exemplo, ele se referiu a uma "mala de memórias". Pensei que era um verso maravilhoso, então usei em "Time After Time". Outros versos vieram da minha vida. *"Lying in my bed I hear the clock tick"* ["Deitada na minha cama ouço o tique-taque do relógio"] – isso veio do já mencionado relógio com barulho muito alto que Dave e eu tínhamos em nosso apartamento. A parte que diz *"the second hand unwinds"* ["os segundos andam para trás"] era sobre o relógio de pulso de Rick. Por alguma razão, o ponteiro dos segundos estava andando para trás em vez de andar para a frente. Ele vivia dizendo: "Olhe para isso, o ponteiro dos segundos está andando para trás". Eu só olhava para ele e pensava: "Meu Deus, o ponteiro está andando para trás?" e escrevi. Tento o tempo todo pegar coisas de conversas. Sempre procuro palavras que deem o que pensar e que deem para cantar bem.

Quando começamos a compor a música, eu precisava de um título provisório qualquer. Eu estava procurando na revista *TV Guide* e vi alguns títulos de filmes. Tinha um filme estrelado por Malcolm Mcdowell e Mary Steenburgen chamado *Time After Time*, e eu disse: "Bom, isso me parece um bom título provisório por enquanto; vai mudar". Mencionei que sou uma grande fã de Mary Steenburgen? Ela é muito engraçada e uma ótima atriz. De qualquer forma, quando começamos a escrevê-la, foi como se o título se colocasse na música. Fiquei pensando que o título seria descartado, mas, não importa o quanto eu tentasse eliminar aquele título, não conseguia fazer isso sem que a música desmoronasse.

Quando Rick ouviu a música, ele começou a protegê-la bem. Se ele achasse que as pessoas poderiam ouvir a música do lado de fora, ele desligava tudo porque tinha medo de que alguém nos copiasse. Logo no começo ele sentiu que era algo realmente extraordinário. A gravadora adorou essa música também, e continuei dizendo: "Por que você me fez fazer todas essas outras coisas? Eu poderia ter escrito mais músicas desde o começo".

Gravamos o álbum em dois meses e nos tornamos uma pequena família. Lennie Petze gosta de viver e de comer. É uma pessoa alegre, então vinha e nos levava até a churrascaria japonesa Benihana, que chamávamos de Beni Ha Ha. Uma vez, durante o 4 de julho, ele levou fogos de artifício e nós os soltamos no estúdio. Lennie sempre foi muito verdadeiro e bom rapaz, muito carinhoso. Éramos como crianças. E eu achava que Rick era bem fantástico, me diverti muito com ele, mas ele não estava acostumado com a vocalista sendo tão sem papas na língua, acho. Ele é um grande produtor e aprendi muito com ele. Fizemos um álbum que tem durado muito tempo.

Não sabíamos que nome dar ao álbum. Havia uma música que estávamos fazendo, só de brincadeira, chamada "He's So Unusual", gravada por Helen Kane, uma cantora dos anos 1920 que serviu de inspiração para Betty Boop. Costumávamos rir porque minha amiga Rose vinha e falava de seu namorado Joe. Era Joe, Joe, Joe o tempo todo (agora ele é marido dela há algum tempo). Meu vizinho de baixo, Carl, e eu costumávamos rir porque a letra de "He's So Unusual" parecia Rose falando de Joe ("He's handsome as can b-e--e-e" ["Ele é tão lindo quanto possível"]).

Eu sempre encontrava músicas malucas como essa e as colocava no meio de outras músicas nas quais estávamos trabalhando para Rick dar risada. E, claro, mantivemos *She's So Unusual* como título.

Tudo para esse álbum veio da minha vida – até a capa do disco. Fui inspirada por uma foto que eu tinha visto em um livro de fotos da América do Sul que meu amigo Ken Walls tinha. Ele trabalhou nos três vídeos da Blue Angel, eu o namorei por um tempo e continuamos amigos. Ele sempre me mostrou livros de arte e fotografia, e uma vez encontrei uma fotografia de uma garota em pé ao sol do meio-dia. Ela tinha uma saia colorida e um buquê de flores e o sol projetava uma sombra que estava certinha. Eu disse que deveria haver um guarda-sol comigo na foto da capa, e foi ideia do diretor de arte ir a Coney Island. Fomos lá (depois de nos perdermos) e começamos a caminhar. Encontrei uma rua que tinha uma cor muito boa, como na América do Sul, e o lugar era na frente de um velho museu de cera. Havia sol do meio-dia e foi isso: encontramos a locação.

Aí fui à Screaming Mimi's, onde eu tinha trabalhado, para escolher meu look. Na loja, eu tinha visto uma foto maravilhosa de Jane Russell, uma linda atriz de *Os homens preferem as loiras*. Na foto, ela usava uma blusa que deixava os ombros descobertos, espadrilles, populares na época, e uma saia longa verde que parecia a saia vermelha que tinha chegado na loja. Sua roupa tinha toda uma presença sul-americana. Eu já tinha usado um maiô sob um grande vestido quando abri um show para Peter Frampton em Porto Rico, então sabia que poderia funcionar para a parte de cima. Laura Wills, dona da loja e um gênio, ajudou a montar o visual. Eu costumava ver como os estilistas entravam e pediam para Laura montar algo para eles, e eles ficavam com o crédito. Eu dizia a ela: "Quando eu conseguir meu álbum, você terá crédito como estilista". (Claro, o que eu fiz? Escrevi o nome dela errado na primeira rodada de créditos. Sou esse tipo de idiota.)

Para a sessão de fotos da capa, ninguém fez minha maquiagem – eu mesma a fiz. Laura fez o styling, e conseguimos Annie Leibovitz para fazer os cliques. Encontrei as fotos Polaroid recentemente e são loucas de se ver agora, em especial a foto que Annie me deu depois de descobrirmos a contracapa juntas. Eu tinha feito a arte dos meus sapatos para a sessão de fotos. Fiquei sonhando com meus pés no ar e o Parachute Jump ao fundo desde que fomos a Coney Island pela primeira vez. Se você é de Coney Island ou Nova York, você reconhece essa cena imediatamente. Para mim, é a Torre Eiffel do Brooklyn. Eu não tinha tempo para pintar, então encontrei um livro com gravuras de van Gogh, meu pintor favorito. Eu o estudei na escola também. Gravitei para a cor e traços gerais de seu trabalho. Também sou fascinada por solas de sapatos, porque, quando você olha para elas, enxerga como as pessoas caminham por suas vidas.

Então cortei a pintura *Noite Estrelada* seguindo o contorno dos meus sapatos, para ter pedaços de van Gogh, ter arte, nas minhas solas. Quando fui para a escola de arte, li as cartas de Vinnie para seu irmão, Theo. Eu meio que gostaria de ter podido escrever a Vincent e dizer a ele que usei seu trabalho para fazer arte viva de *Noite Estrelada* em uma fotografia quase cem anos depois de sua morte e esperava que estivesse tudo bem para ele.

Para a capa, eu queria flores como a da garota da foto da América do Sul, e queria uma corrente no tornozelo e no quadril, para enfatizar que a mulher é a escrava do mundo. A escravidão não é apenas preta e branca. Como eu disse, para as mulheres sicilianas, a escravidão era uma piração, uma forma de mantê-las dentro de casa, como escravas domésticas e tendo filhos de um homem. Então essa corrente foi muito simbólica para mim.

Coloquei as flores, os sapatos e o guarda-chuva no chão. E levei as fitas inacabadas do estúdio para que eu pudesse tocar a música e dançar enquanto Annie tirava as fotos. Eu queria que o som da música e o visual se unissem, e essa era a única forma de Annie entender o que ela estava fotografando.

Annie continuou: "Cyndi, puxe o vestido para cima". Apenas senti algo como: "Não, não quero fazer isso. Quero fazer algo forte da arte da dança". Então fiz as duas coisas e, quando chegou a hora de escolher a imagem, a gravadora estava realmente disputando por uma foto minha segurando o vestido para cima com a roupa de baixo aparecendo. Saí por aí e perguntei às pessoas: "De que foto você gosta mais?". As pessoas com menos de 30 anos gostavam da foto mais forte, e as pessoas com mais de 30 gostavam da mais passiva. Então, quando apresentei as fotos para Lennie, eu disse a ele que as pessoas com menos de 30 gostavam da forte e disse que deveríamos usar essa. Ele usou. Lennie me permitiu ter alguma liberdade de expressão e da mente, e sempre serei grata a ele por isso.

Vou contar outra coisa: também fiz fotos nuas com Annie. Sempre fui modelo viva. Eu pensava que íamos fazer uma arte grandiosa, e uma parte dela era, mas eu era uma estrela pop e não dava para ter esse tipo de foto por perto (eu as tinha em uma gaveta; quando meu filho nasceu, um dos meus assistentes removeu todas as minhas fotos, mas eu as encontrei).

Quando o álbum foi concluído, a gravadora queria que o primeiro single fosse "Time After Time". Mas continuei dizendo a eles: "Me ouçam – lançar uma balada primeiro define você de uma determinada forma. Você fica conhecido como cantor de baladas e pode matar sua carreira". Dave Wolff lutou por mim e continuou dizendo que "Girls Just Want to Have Fun" poderia ser um hino e, por fim, todo mundo se animou e concordou que esse seria o primeiro single.

O álbum foi lançado em outubro de 1983. Eu estava prestes a ficar famosa, e isso não era o que eu imaginava.

EU ESTAVA PRESTES A FICAR FAMOSA, E ISSO NÃO ERA O QUE EU IMAGINAVA.

“EU REALMENTE VIA O MEU TRABALHO COMO UMA ESPÉCIE DE MOVIMENTO SOCIAL.”

CAPÍTULO 7

QUANDO CHEGOU A HORA DE ESCOLHER UM DIRETOR PARA O CLIPE DE "GIRLS JUST Want to Have Fun", eu tinha Edd Griles em mente. Gostei de como ele dirigiu o clipe "I Had a Love" da Blue Angel. Esse vídeo ganhou um prêmio no Festival Internacional de Cinema e Televisão de Nova York. E eu gostava dele porque era elegante, tinha senso de humor (isso era muito importante) e era visual. Por exemplo, quando filmamos o clipe "I Had a Love", tive a ideia de meu namorado estar no vídeo e eu assistindo TV; então eu desligava a TV e minha saia passaria pela tela, levando você para outra cena. Coisas visuais como essas sempre passavam pela minha cabeça e às vezes era meio difícil fazer com que outras pessoas fizessem parte disso, mas eu e Edd estávamos em sincronia.

Ele estava aberto para fazer o clipe e, quando entrou no projeto, começamos a ter reuniões. Ele tinha o conceito de ter muitas garotas no clipe, como um musical de Busby Berkeley, que achei que seria ótimo (não tive tempo de escrever um tratamento porque na época estava fazendo bastante promoção para o álbum).

O que Edd fez e que foi tão especial foi ter a mente aberta para ver que o clipe inteiro era uma criação coletiva. As pessoas públicas geralmente veem as coisas como: "O crédito é todo meu ou o crédito é todo deles". Isso não é verdade. O crédito não é só meu nem só deles: é nosso. O clipe foi feito com uma combinação de contribuições de todas as pessoas criativas do set – cenógrafo, estilistas, Edd, meus amigos, eu e Captain Lou Albano, o lutador que interpretou meu pai. Todos se sentiram livres para contribuir. Conheci Captain Lou quando estava na Blue Angel. Estávamos num voo voltando de Porto Rico. Originalmente queriam que o lutador Gorgeous George estivesse no vídeo, mas eu disse: "Não, Captain Lou é o cara". Mantive contato com ele e tinha seu número, então Dave ligou para ele, que concordou de imediato. Quando eu estava na Blue Angel, tive uma ideia para um comercial de rádio engraçado com a voz de Tom Carvel, fundador de uma rede de sorveterias chamada Carvel's. No entanto, não o conseguimos, então usamos Arnold Stang para o comercial de rádio e Captain Lou para o vídeo. O resto se tornou história do rock and roll. Lou era amável e meio que um personagem do rock and roll também. A banda NRBQ também o adorava. Ele era muito engraçado e fez toda a promoção de forma divertida. Ele era como um kahuna grande e maluco com suas camisas havaianas e sobrancelhas grossas. Ele era muito acima da média.

Edd não era apenas um diretor maravilhoso, mas também um ótimo professor. Ele me ensinou muito. Eu tinha ideias muito fortes sobre como o aspecto do clipe deveria ser e, principalmente, estava tentando ter certeza de que ele se movimentava com a música. E você não filma uma cena de dança sem mostrar os pés! Eu via isso o tempo todo. Fiz tantas perguntas durante nossas reuniões: "Como vai ser o apartamento? Qual vai ser a aparência da garota? Como é o quarto dela? Porque é preciso ter um certo visual".

A estética que eu procurava era novamente a da Screaming Mimi's. E é claro que Laura, a proprietária, estava arrumando minhas roupas para a filmagem. Essa loja me inspirou totalmente. Eu fazia compras por toda a cidade e sempre voltava para a Screaming Mimi's porque ela tinha uma abordagem divertida da moda. Tinha humor, selvageria, sensualidade e também uma vibe de filme antigo. E sempre tive a sensação de ter nascido em um filme antigo. Para mim, todo o visual da Screaming Mimi's não era só um estilo – era um movimento. E não era apenas o pessoal de lá. Havia um monte de gente na cidade que via a moda e a vida doméstica daquele jeito – uma reminiscência dos anos 1950, ainda uma coisa de Jackson Pollock, e algo moderno e de ponta em que você mistura elementos que nunca teriam sido misturados naquela época. Quando fizemos esse clipe, o estilo que apresentamos era atual, mas ainda underground. Esse visual era muito atraente em Nova York e na Inglaterra, mas não era grande na América Central.

Comecei a trabalhar com o diretor de arte – que estava fazendo os móveis e outras coisas. Eu queria que a cozinha ficasse bem anos 1950. Não podíamos comprar papel de parede – era uma filmagem de baixo orçamento – então levei uma toalha de mesa da Screaming Mimi's, que tinha um padrão de que eu gostava, e o diretor de arte pintou as paredes daquele jeito. Também encontrei móveis para o quarto e os pintei com tinta brilhante. Eu gostaria de poder encontrar esses móveis agora. Acho que está no guarda-móveis.

Eu realmente via o meu trabalho como uma espécie de movimento social, e não só quando se tratava dos aspectos visuais. Quando pedi para minha mãe participar do vídeo, eu disse: "Mãe, pense no que isso pode significar se você estiver envolvida – você e eu faremos com que ser amiga da sua mãe seja algo popular". Eu disse a ela que não conseguiríamos pagar um monte de figurantes, e ela disse: "É claro que vou te ajudar, Cyndi. O que você quer que eu faça? Não sou atriz de verdade". Eu disse: "Ma, vamos nos divertir juntas, isso é tudo". Então Laura a vestiu, arrumaram o cabelo dela para cima, colocaram um pouco de maquiagem nela. No set, ela se sentou na mesa da cozinha e não sabia o que fazer. Edd disse: "Talvez, quando você estiver na mesa quebrando ovos, você devesse pegar o ovo e batê-lo no peito, como se estivesse fazendo um mea culpa". Então, depois que eu entro e canto: *"We're not the fortunate ones"* ["Não somos os afortunados"], ela pega o ovo e quebra no peito como Edd disse e percebe que é isso. É tudo que ela precisava fazer.

Minha mãe ficou bastante assustada com Captain Lou. Quando estava conversando com ela durante as filmagens, ele a confrontava de verdade, e você podia vê-la meio que encostada na parede, mas era muito engraçado. Minha mãe é uma boa perdedora. Quando tinha 80 anos, ela chegou a trabalhar no reality show *The Celebrity Apprentice*. Havia algo nela no vídeo que era muito vulnerável. Ela não era atriz, mas tinha essa presença encantadora que era bastante afetuosa. Sei que é minha mãe, mas ela parecia ter saído de um filme italiano ou a mulher do filme francês *Meu tio*, de 1950.

Filmamos no verão em um lugar chamado Mother's, um estúdio no East Village. Mais uma vez não tínhamos um grande orçamento, então todos abrimos nossos guarda-roupas, compartilhamos todas as nossas roupas e conseguimos que um monte de amigos e familiares meus estivessem no clipe. Estão todos lá, exceto minha irmã, Elen, que estava em Los Angeles, e meu primo

Vinny. A generosidade de todos fez com que o clipe ficasse pronto. Estávamos todos juntos nisso. Meus vídeos ficavam quase como filmes caseiros de amigos e familiares meus. Lembro que conseguimos que todos os esteticistas do Vidal Sassoon estivessem lá também. Não o próprio Vidal, mas todos os outros foram, incluindo um rapaz realmente talentoso chamado Justin Ware, que fez meu cabelo para as filmagens. Eu conhecia todo mundo no Vidal Sassoon porque fui modelo de cabelo lá por muito tempo. Em 1975 ou 1976, era o "point" e eles faziam demonstrações no meu cabelo. Todo mundo estava fazendo todos os tipos de coisas loucas e criativas naquela época e tinha o cabelo absolutamente incrível. Você entrava e via alguém com o cabelo tingido como um gato malhado e dizia: "Cara, isso é muito incrível – como eles fizeram isso?". Os penteados eram peças de arte. Como você pode imaginar, houve muita experimentação no meu cabelo. Nos anos 1970, eu tinha um tipo de corte ao estilo Suzi Quatro. Meu cabelo era castanho, coloriram de ruivo atrás e loiro na frente. Adorei.

Eles ansiavam por pessoas do rock and roll como eu, que queriam cortes de cabelo experimentais. Discutiriam isso com você e diriam: "Que tal tingi-lo de preto só nas pontas?". E você diria: "Sim, sim, isso é bom". Uma vez eu disse a Justin para cortar meu cabelo curto de um lado e deixar gradualmente longo do outro, porque havia uma foto de Mamie Van Doren na parede da Screaming Mimi's, com o cabelo preso de um lado. Pensei: "Por que prender quando você pode simplesmente cortá-lo?".

Então tivemos as esteticistas de Vidal Sassoon, algumas secretárias da Epic, as garotas da loja de Laura, Myra, do lugar japonês onde trabalhei, e uma garota negra que contratamos que tinha um look maravilhoso com seus dreads. Era muito importante para mim que todas as garotas estivessem representadas – garotas hispânicas, garotas afro-americanas. Falei para o Edd que precisávamos ter pessoas multirraciais também. Naquela época, as pessoas que apareciam em clipes eram todas brancas ou todas negras. Pensei: "Quer saber? É isso que está faltando. Vamos lá". Ainda não havia tanta integração como deveria haver, mas sinto que muitas garotas que viram o clipe viram a si mesmas, e isso foi o mais importante. Desde que chegasse a elas, eu não me importava mais.

Tantas pessoas apareceram para essa filmagem! Foi extraordinário. Meu irmão, Butch, interpretou o entregador de pizza. Joe Zynsczak, meu empresário junto com Dave, foi o garçom no quarto. Eu tinha uma amiga chamada claro que é Quasimodo levando Esmeralda para a torre nesse momento, o que é muito engraçado. E, pela forma como o vídeo foi editado, parecia que Quasimodo estava acenando com o braço no ritmo e cantando a música também, o que era ainda mais engraçado.

Havia muitos fragmentos de coisas diferentes que me influenciaram. Quando pego o telefone de ponta-cabeça e depois o viro, é porque vi um trecho de David Bowie em algum lugar e ele usava um fone de cabeça para baixo e depois o virava do lado certo. Pensei: "Sim, é uma boa ideia". E amo o cineasta francês Jacques Tati (se não souber quem ele é, você precisa ver *Meu tio* ou *As férias do sr. Hulot*); também há elementos de seu estilo ali. Eu costumava assistir muito ao canal 13, a emissora de TV pública de Nova York, porque adorava filmes antigos e nesse canal passavam muitos deles, como *Meu tio*. Como eu era estudante de arte, conhecia a forma de estudar os mestres. Primeiro você precisa saber o que foi, para depois saber o que pode ser.

As pessoas acham que "Girls Just Want to Have Fun" foi um grande sucesso de imediato, mas não foi. A MTV a exibiu um pouco no começo, mas não muito. Quando foi para a rádio, só recebeu sete acréscimos em duas semanas, o que significa que apenas sete estações de rádio tocaram a música em todo o país. Recebi uma carta de um poderoso programador de rádio dos Estados Unidos que disse que o disco nunca seria grande porque eu cantava muito alto. Ele ofereceu uma reunião comigo e com Dave, para que pudéssemos discutir minhas opções de carreira. Porém, Dave olhou para a carta e decidiu elaborar uma ideia diferente. Ele disse: "Vamos fazer o seguinte, vamos começar a assistir a shows de luta livre. Vou chamar um cara chamado Vince McMahon e propor uma promoção cruzada, e vamos começar fazendo coisas com Captain Lou". E foi assim que meu disco realmente começou a decolar.

Era o sonho de Dave fazer algo assim. Quero dizer, esse era o cara que organizava reuniões de imprensa daquela forma ridícula, quando fazia aquela coisa do Human Fly, usando um sotaque franco-canadense horrível. Dave foi um pioneiro da promoção cruzada. Ele me explicou isso da seguinte forma: havia três shows de luta livre todo fim de semana, sexta à noite, sábado de manhã e sábado à noite. Se passassem meus videoclipes nos três shows, que tinham uma grande plateia, muitas pessoas os veriam. Então eu disse que tudo bem.

Sendo assim, começaram a sair fotos publicitárias de mim e Dave nos eventos de luta, saudando os lutadores e vaiando os vilões. Além disso, mostravam partes do meu clipe antes dos intervalos comerciais. Mas ele também inventou esquetes com Captain Lou e eu, exibidos durante o show.

Sabe aqueles filmes de praia dos anos 1960 que tinham personagens cômicos ridículos – como nos filmes para adolescentes de Frankie Avalon e Annette Funicello em que havia um motociclista chamado Eric Von Zipper? E as pessoas caretas do filme se perguntavam: "Que diabos são essas pessoas?". Bom, esses personagens cômicos tiveram muita influência em tudo que fiz. Então, junto ao Captain Lou e aos lutadores, minha mãe se tornou uma personagem e eu a vestia como uma mulher excêntrica, sexy e maluca com óculos de sol pontudos e um robe chinês, além de uma longa piteira, sapatos de salto com pompom na ponta e calça cigarrete.

Pensei que deveríamos começar a fazer coisas assim porque era engraçado, e também porque toda vez que você via artistas, eles tentavam falar sobre seu trabalho e sua música e isso pode ser chato pra burro. O mesmo acontece quando estou lá e tento explicar meu trabalho – deve ser muito chato. O importante é o resultado final: é divertido? Então pensei: quão hilário seria se meu "conselheiro espiritual", Captain Lou, no papel de maluco, simplesmente falasse coisas sem sentido?

Então, quando fizesse a promoção, eu teria meu "conselheiro espiritual" ali, com dois gigantes samoanos em pé atrás dele. E ele lançaria o princípio P-E-G [Politeness, Etiquette, Good Grooming]: educação, etiqueta e boa aparência, algo que ele, como empresário, ensinou a esses dois homens. Era uma imitação de uma cena muito familiar na promoção da luta livre da velha guarda – há um tipo de empresário maluco com um cara grande e estúpido balançando a cabeça ao fundo. Costumávamos pensar: "Isso é brilhante e certeiro". Também foi improvisação, baby!

Depois as coisas começaram a melhorar com o álbum. Lembro que consegui ir ao programa do David Letterman bem rápido. Na época, ele era novo e seu programa era à 00h30min. Eu também era nova e engraçada – isso era tudo que todas as pessoas que agendaram a participação sabiam. Na época, Dave passava um pequeno trecho do seu clipe e depois deixava você falar. Então, quando cheguei, decidi colocar meu pé em cima da poltrona, de forma irreverente e confortável.

Eu realmente não estava nervosa. Estava pronta. Dave foi tão engraçado quando começou a falar comigo, então me diverti com ele. Ele perguntou sobre minha mãe, e eu disse a ele que costumávamos ter alguns peixes de estimação, e um deles pegou fungo e tinha um tumor, então minha mãe decidiu operá-lo. Ela pegou uma tesoura de cutícula, esterilizou-a e tudo mais. Então ela colocou o peixe para fora, manteve-o molhado e tirou o tumor, depois o pintou com mercurocromo e o colocou de volta no aquário.

O peixe sobreviveu. Dave disse: "Então sua mãe é uma médica de peixes". Eu disse que sim. Infelizmente, o que aconteceu foi que nossos peixes eram peixes de briga siameses e, quando minha mãe colocou a fêmea de volta no aquário com os outros, um macho a matou. Minha mãe ficou tão chateada que tirou o peixe macho com a rede, colocou-o no chão e disse: "Peixe mau, peixe mau!" e bateu nele um pouco com a rede. Infelizmente, isso cortou sua cauda. Aí ela tentou colocá-lo de volta na água porque não queria que ele morresse. Foi algo terrível, mas você não pode tirar um peixe do aquário e bater nele. A história ficou tão louca que Paul Shaffer começou a entrar nela... foi muito engraçado.

Assim, Letterman foi a primeira aventura, depois a gravadora percebeu que tinha alguma coisa. Até que eu aparecesse, nunca entenderam como juntar moda (bem, minha versão) e humor com música. A música tinha se tornado um meio visual, então Dave Wolff e eu criamos esse mundo que trazíamos conosco quando marcávamos presença ou aparecíamos na imprensa, o que é muito mais intrigante e interessante, na minha opinião. Minha mãe se tornou uma personagem regular na minha comitiva e criou um nome artístico: Catrine Dominique. Como eu disse antes, ela gostava de tudo que era francês.

E sempre havia Captain Lou tagarelando sobre alguma coisa, então eu entrava e tudo ficava idiota. Captain Lou ficou famoso em todo o mundo porque estava em vídeos como "Girls Just Want to Have Fun", "She Bop" e "The Goonies 'R' Good Enough". Nós estávamos transitando em uma linha tênue entre ganhar respeito e não sermos levados a sério, mas ainda assim foi muito divertido. Eu pensava: "Quem se importa se pensam que sou uma boa cantora ou não? Eu *sou* uma boa cantora". Quando cantei "Girls Just Want to Have Fun" e voltei com "Time After Time", provei que é possível fazer rock, ser uma boa cantora e compositora, mas também usar humor.

Dave Wolff fez um acordo com Vince McMahon de que, se ele continuasse a passar meus clipes em seus shows, eu iria para Johnny Carson e promoveria a luta livre. Foi o que fizemos. E quer saber? Funcionou. Johnny Carson foi importante para mim. Mesmo que ele sempre me

QUEM SE IMPORTA SE PENSAM QUE SOU UMA BOA CANTORA OU NÃO? EU SOU UMA BOA CANTORA.

Comemorando o Natal. Da esquerda para a direita: Elen, meu pai, minha mãe, Butch e eu (4 anos e meio).

Com meus primos Vinny e Susan no Queens. Estou à direita (8 anos).

Brincando com minhas bonecas na viela perto da minha casa (6 anos).

Eu e Elen em frente à nossa casa na Rua 104, no Queens. Essa é a prova de que garotas nem sempre se divertem em vestidos. Estou à direita (13 anos).

No jardim da minha avó no dia da minha formatura da middle school [escola intermediária].

No barco do meu tio em Jamaica Bay. Da esquerda para a direita: eu (13 anos), Elen e minha prima Linda.

No estúdio de Bob Barrell.

Com Elen (13 anos) e Butch (7 anos) no dia da primeira comunhão. Estou à esquerda (12 anos).

No dia da crisma com minha madrinha Tina.

Foto de formatura do ensino médio de Wha.

No apartamento da minha mãe com Nana e Sparkle.

Eu era assim quando saí de casa pela primeira vez. Estou à esquerda com minha cadela Sparkle e uma conselheira de um lar para jovens que fogem de casa.

Da esquerda para a direita: Elen, Nana, Butch e eu.

Modelando o cabelo no Vidal Sassoon para Justin Ware.

Elen, com 24 anos.

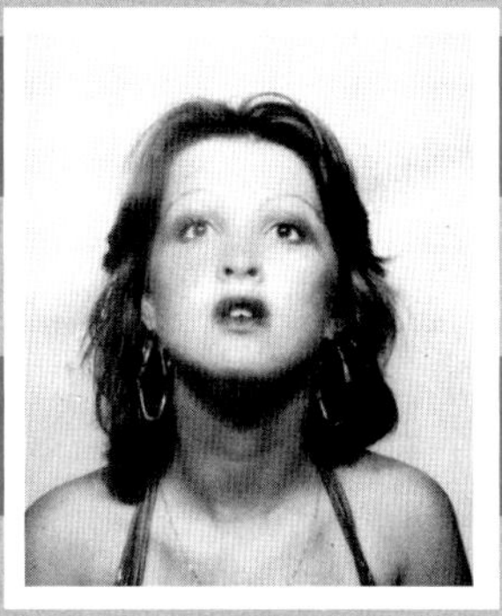

Foto tirada pelo amigo fotógrafo de Elen no estúdio dele. Estou com 20 e poucos anos.

Em Coney Island com Richie, 1976.

Com Gregory e Miss Piggy no apartamento dele e de Carl, 1980.

Formatura da Elen como acupunturista, 1980.

RON GALELLA

No Limelight, em Nova York, 1984. Da esquerda para a direita: tia Gracie, tia May, eu, minha mãe, tia Helen.

Na minha sala no Thread Building, 1990.

Em Porto Rico com Blue Angel, fingindo ser famosa, 1981.

Gravando o vídeo "She Bop". Da esquerda para a direita: Gregory, Diana, Johnny e minha mãe, 1984.

Eu com Cheryl e meu assistente Paul, que me apresentou a David Thornton, 1989.

Em uma casa noturna em Long Island com a Flyer, 1976.

Me apresentando na segunda fase de Doc West em um pequeno clube em Long Island, em um pequeno e bagunçado palco.

RON GOLDMAKER

Outra encarnação da Blue Angel.

Com a Blue Angel quando achamos que estávamos chegando a algum lugar. Comprei essas roupas na Screaming Mimi's, 1980.

Com Justin Ware.

RON AKIYAMA

Improvisando com Rick Derringer, 1981.

Com Patrick Lucas, 1985.

Com Rick Chertoff.

Rob Hyman (à esquerda) e Eric Bazilian.

Laura Wills, eu e a maquiadora Jody Morlock, abaixo e ao lado.

BRUCE ANDO

Em Houston, cantando "Money Changes Everything" para um vídeo, 1985.

BRUCE ANDO

Me apresentando em Toronto.

BRUCE ANDO

Em uma turnê em Montreal, passando o som, 1985.

BRUCE ANDO

Old Quebec City, Canadá, 1985.

Na sessão de fotos de Richard Avedon para a revista *Rolling Stone*, 1984.

BRUCE ANDO

DAVID KATZENSTEIN

Na turnê do álbum dos grandes hits, 1994.

KEVIN DORNAN

Gravando o clipe para "You Don't Know". Eu estava dirigindo. Construí uma câmera que girava em todas as direções para criar movimento.

ROZ LEVIN

Com Lennie Petze na festa de Natal da Epic.
Eu estava vestida de Papai Noel, 1984.

Com Al Arashita no Japão, 1986.

Em um hotel de beira de estrada fora de Houston, me preparando para o vídeo "Money Changes Everything". Me deram o melhor quarto da casa, com uma banheira em formato de coração, 1985.

No set de *Vibes*, no Equador, 1987, praticando "finger waves" no cabelo de Peter Falk.

Meu aniversário no set de *Vibes*. Eles me deram um bolo.

Nashville, 1987, Katie Valk com um robalo riscado de 1,6 kg.

Rússia, 1989. A loira à esquerda é Laura Wills.

David Thornton e David Wolff no Muro de Berlim, 1990.

Também em Berlim, 1990, com David Thornton. Fomos dar uma volta no parque.

No DIFFA Ball com Howard Kaplan.

Com Biff Chandler e Queen Latifah em meu primeiro DIFFA Ball, 1991. Fui travestida.

Indo para um programa de TV na Europa, 1989.

Sendo honrada como Princesa da Boa Fortuna em Kobe, no Japão, 1996.

Com Russ Titelman quando fizemos *At Last* na PIE Studios, 2003.

JIM MARCHESE

Com (em sentido horário, a partir da esquerda) Muhammad Ali, Hulk Hogan, lutadora Wendy Richter e Liberace, nos bastidores da WrestleMania, 1985.

RON GALELLA, LTD.

Eu e Lou Albano no Studio 54, 1984.

TIME & LIFE PICTURES/GETTY IMAGES

Com Mr. T e Hulk Hogan durante o aquecimento para o primeiro WrestleMania, 1985.

Filmando e dirigindo
"Hey Now", 1994.

Em Washington para a convenção NOW, 1992.

Cartaz para a campanha *Stay Close* com Elen, 2002.

PFLAG NYC, WWW.PFLAGNYC.ORG.

Parada do Orgulho Gay com Elen em Nova York, 2001. Foi um pouco antes dos ataques de 11 de setembro. Cantei "Disco Inferno" e, depois disso, nunca mais cantei essa música.

Esta foto foi tirada por Kim Stringfellow em Los Angeles, 1994.
Estilizei as roupas e Cheryl e eu colamos as penas nesse chapéu.

Inspirada por uma imagem de Man Ray, tirei essa foto com Caroline Greyshock em 1986, na cidade de Nova York.

No ônibus vermelho de dois andares que alugamos para nos levar da cerimônia de casamento para a recepção.

Andando pelo corredor com meu pai ao som de "A Whiter Shade of Pale", tocada por Rob Hyman, 1991.

Na recepção com Patti LaBelle.

No Havaí em nossa lua de mel adiada, 1995.

KEVIN DORNAN

Com David e Declyn, 1999.

KEVIN DORNAN

Outtake da sessão de fotos que fizemos para o álbum de Natal, 1998. David está vestido de Papai Noel e Declyn é o elfo.

KEVIN DORNAN

Declyn, com 3 anos, na bateria. Eu era o apoio técnico dele, 2000.

chamasse de Sydney e nunca de Cyndi. Mas, bom, era Johnny Carson, e esse era o apelido que ele tinha me dado, o que era legal. Quando fui pela primeira vez em seu programa, usei a saia longa e brilhante que havia usado no clipe de "Time After Time" e uma camisa com estampa havaiana amarela e ferrugem maravilhosa que eu adorava (ainda tenho essa camisa), amarrei tule em volta da minha cabeça e fiz um laço. Primeiro vi aquele tule em um manequim chamado Esther na Screaming Mimi's. Meu amigo Biff Chandler, sócio de Laura na Screaming Mimi's, teve essa ideia (infelizmente, ele morreu de Aids nos anos 1990. Naquela época, estávamos perdendo muitos visionários para essa doença). Todos os manequins tinham nomes. Pensei: "Uau, esse tule é bom" (meu cabelo nunca estava com volume suficiente; sempre sentia que era uma pessoa pequena). Levei óculos de sol para Johnny. Ele me disse: "Você se veste de um jeito incomum". Eu disse: "Sério? Não vejo isso dessa forma. Acho que *você* se veste de um jeito incomum".

A conexão com a luta livre continuou crescendo a ponto de os executivos da gravadora estarem nela. Fui avisada de que poderia lutar com Lou na parte de "Rowdy" Roddy Piper, porque ele estava dizendo um monte de coisas que eu não gostava, mas eu disse que, mesmo que estivéssemos lutando, eu ainda queria promover a liberação das mulheres de alguma forma. Dave Wolff disse: "Apenas peça para ele dizer que as mulheres devem permanecer descalças e grávidas na cozinha, aí promoveremos uma luta com as mulheres lutadoras". Então levaram a Fabulous Moolah (sempre fiquei triste por nunca ter realmente conhecido Moolah, que morreu alguns anos atrás, como gostaria, porque ela era incrível).

Então, quando Captain Lou disse aquilo sobre estar descalça e grávida, surtei no show. Virei uma mesa e puxei a barba de Lou e bati na cabeça dele com uma bolsa. Mas mostraram um trecho no *Entertainment Tonight* como se fosse real! Eu estava assistindo ao programa com Dave Wolff, ficamos rindo e dizendo: "Como vocês não conseguem ver o humor? É tão ridículo". Foi engraçado. Mas minha amiga Rose me ligou e disse: "Cyn, quando você surtou daquele jeito, as pessoas viram você irritada". Ela estava preocupada.

Trabalhar com Vince McMahon era muito diferente para nós. Tornou-se desafiador às vezes porque estava tomando muito tempo da produção musical. Mas fizemos muitas coisas realmente divertidas que deixaram sua marca na luta livre, em Dave Wolff e em mim. Quando estávamos lá, Dave parecia uma criancinha. Se você conversar com qualquer um que trabalhe com luta livre profissional, verá o mesmo olhar infantil em seus olhos. Foi algo que pude compartilhar com Dave Wolff.

Enquanto tudo isso acontecia, estávamos nos preparando para fazer o clipe de "Time After Time", o segundo single. Edd estava na direção de novo e conseguiu um roteirista para escrevê-lo. Mudei algumas coisas de que não gostei, o que todo mundo faz, e disse: "Quero a minha mãe, e quero o fantasma da mãe dela para assombrá-la". Dave também estaria no clipe (ele queria estar no clipe – gostava de ser o centro das atenções), e eu queria fazer algo que realmente o surpreendesse. Então cortei meu cabelo e raspei num padrão quadriculado, e não deixei que ele visse. Quando tirei meu chapéu naquela cena no restaurante, era ele enlouquecendo de verdade.

Era importante para mim que nós fôssemos naturais e humanos nesse clipe. Eu queria transmitir a ideia de alguém seguindo seu próprio caminho e nem sempre se dando bem com todos e que nem sempre se casasse com o cara. No fim do clipe, quando entro no trem e aceno para Dave, Edd disse: "Ok, você vai olhar pela janela, dando tchau, e vai ter uma lágrima escorrendo pelo seu rosto". Eu disse: "Você está louco? Pareço quem, Bette Davis?". Mas, para minha surpresa, consegui chorar. Enquanto filmava a cena que levava a isso, quando estou carregando a mochila, pensei em quando estava pedindo carona em Vermont. Tudo que eu tinha era uma mochila pequena. E tudo que eu tinha estava nela. Eu me perguntei se eu ficaria bem – se seria capaz de fazer me tornar alguma coisa. Então voltei ao momento presente de filmar esse clipe para uma música que escrevi depois de ter "chegado lá" – e, mais importante, sobrevivi. Esse foi o pensamento que me levou às lágrimas.

Para transmitir a tristeza dessa pessoa deixando sua antiga vida para começar uma nova – sem ninguém, tomando seu próprio rumo –, pensei que poderíamos mostrar um filme antigo que transmitia um clima de perda e falei para Edd: "Conheço um filme realmente divertido – *O Jardim de Allah*, com Marlene Dietrich e Charles Boyer". E novamente contamos com Biff e Laura da Screaming Mimi's para ajudar com a decoração da casa e das cenas do trailer, tão importante quanto a moda das roupas. Porque, apenas para lembrar, você não apenas veste a moda, você a vive. E um clipe é meu disco, visualmente falando. Não pode ser apenas do espaço exterior. Eu queria um som e um visual que funcionassem juntos. O que rapidamente se tornou uma chatice para as pessoas corporativas e empresários, porque eles só queriam que eu fizesse toda a promoção e que outra pessoa fizesse o restante. Mas isso não era para mim. Tenho certeza de que achavam que eu era algum tipo de maníaca por controle, mas para mim era arte performática. Eu estava criando um mundo – e uma vida e pessoas nesse mundo. O trailer da Airstream na cena inicial estava no meio do nada em Nova Jersey e, sem que soubéssemos, havia cocô de cachorro por toda parte, porque o dono tinha cachorros. Quando Dave teve que correr atrás de mim, ele estava pisando em cocô de cachorro.

Outra coisa sobre esse clipe é que, mesmo que a cidade pareça desolada, algumas milhares de pessoas encheram as ruas, ficaram lá nos observando. Isso foi um grande choque. Se a câmera se movesse de um lado para o outro, você não teria acreditado. E não tínhamos seguranças – nunca nos passou pela cabeça que precisávamos disso.

Então fui trabalhar na edição novamente, mas desta vez com um editor brilhante que Edd conseguiu. Seu nome era Norman Smith e ele costumava editar para Robert Altman. Com esse homem aprendi bastante. Naquela época, você tinha dois rolos de filme e usava lâminas de barbear para cortar e juntar – a edição não era feita em um computador. Às vezes demorava muito tempo, e todo mundo dizia: "Tem tanta coisa acontecendo com você, por que você precisa fazer isso?". No entanto, eu adorava essa parte visual e amava a coisa toda do filme musical, e eu via a possibilidade de o filme se mover como música.

"Time After Time" ficou em primeiro lugar na parada de singles em junho de 1984. E eis a questão: eu nunca tinha tido filtro antes de ser famosa, e também não tive filtro depois. Eu realmente deveria ter ficado quieta às vezes. Mas é claro que nunca fiz isso. Quero dizer, olha: não sou a Santa Cyndi. Eu costumava dizer que eu era a Santa Cyndi das Fezes, porque onde quer que a merda caísse, eu estava lá.

“EU ENTRAVA EM UM EVENTO E AS PESSOAS GRITAVAM PARA MIM DO JEITO QUE EU COSTUMAVA GRITAR PARA OS BEATLES.”

CAPÍTULO 8

HOUVE MUITOS ALTOS E BAIXOS DURANTE ESSE PERÍODO. POR EXEMPLO, EU ESTAVA na capa da *Rolling Stone* em maio de 1984. Um fotógrafo muito famoso, Richard Avedon, tirou a foto e tudo que eu queria era estar tão bonita quanto a Annie Lennox em sua capa da *Rolling Stone*. Em vez disso, eles usaram uma foto em que me achei feia. Chorei quando vi e pensei: "Se estou tão feia, quem vai comprar isso?". Você deveria ter visto as fotos que não usaram, eram muito melhores.

A revista *Ms.* me elegeu como uma das mulheres do ano, o que, preciso dizer, foi uma honra para uma queimadora de sutiãs como eu. Mas foi difícil absorver tudo, porque eu basicamente estava trabalhando desde 1983 promovendo o álbum ou fazendo turnês. Quando você está fazendo essas coisas, você fica longe de casa três quartos do tempo. Eu ia para Los Angeles, depois para o Japão e depois para a Austrália. Era assim – continuei andando pelo mundo. Eu voltava, tirava um ou dois dias de folga, mas não era uma pausa porque estava lidando com o jet lag. Aí precisava voltar ao trabalho.

A fama estava acontecendo num nível que a Epic esperava, mas para a qual não tivera expectativas. Quero dizer, consegui ficar quatro vezes seguidas no "top cinco" com hits do *She's So Unusual*. Eles tiveram sucesso com outras artistas femininas, mas as pessoas estavam gritando por mim.

Ninguém realmente prepara você para o sucesso. Acho que toda criança, até certo ponto, quer ser famosa. Sei que eu quis, mas porque eu queria fazer um disco, e a única forma de fazer um disco e ter uma carreira na música era ser famosa. Então passei muito tempo me preparando para a fama – por exemplo, fazia entrevistas na minha cabeça quando estava no chuveiro. Não sei por quê (eu era um pouco louca). Caso me sentisse injustiçada por alguém, no chuveiro, também fazia meu discurso de agradecimento para o grande prêmio que receberia – como o Grammy ou qualquer outra coisa.

No entanto, a fama não é nada do que consegui imaginar. Ela parecia fazer com que tudo estivesse andando para trás em relação à lembrança que eu tinha da minha vida. Sempre vivi do lado de fora e foi tão bizarro quando fiquei famosa, porque, de repente, eu estava do lado de dentro. O engraçado foi que comecei a ver uma ironia estranha acontecendo: os mesmos idiotas que jogavam pedras em mim por causa do que eu costumava vestir saíram e compraram os mesmos tipos de roupa.

Vi versões minhas em todo lugar. E minha brincadeira suja e engraçada era provocar pessoas que pareciam muito normais dizendo que eu era perfeitamente normal – que eu era a vizinha ao lado. Então o normal absorveu o anormal e o tornou normal. De repente, houve um movimento de pessoas vestindo coisas que não ousariam vestir antes de me verem.

Talvez eu tenha tornado isso um pouco mais fácil para as crianças que fugiam da norma. Porque, por um minuto, tudo foi invertido, e as pessoas diferentes se tornaram a norma e as pessoas mais conservadoras se tornaram diferentes. E não eram apenas jovens. Minha música sangrou por gerações.

Meu penteado, minhas roupas – tudo – viraram moda. Eu usava corsets como você usaria uma blusa, a Madonna também fez isso depois de mim e, depois de um tempo, todo mundo usava corsets. Era estranho ser totalmente absorvida e apropriada. Outra coisa irônica é que muitos dos meus looks vieram do fato de não ter condições de conseguir o que eu realmente queria, então eu precisava ser inovadora. Por exemplo, quando todo mundo estava usando correntes compridas, tudo que eu conseguia comprar era uma corrente ou duas, então eu pegava fios de strass, que dava para comprar por US$ 0.25 nos mercados de pulgas, e juntava-os para fazer um tipo de cinto. Aí alguém começou a vender correntes com strass.

As pessoas escreviam sobre a minha "moda feita de apetrechos". Fiz um show em Detroit e, enquanto eu estava me apresentando – fazendo todo mundo se mexer –, as pessoas na plateia começaram a puxar as coisas de mim. Na época, eu ainda estava comprando cada coisinha, economizando para isso e aquilo, e finalmente consegui comprar coisas como o cinto de corrente e strass. Então, quando as pessoas se aproximaram e pegaram minhas coisas, pensei: "O que vocês estão fazendo? Estão rasgando essa saia que deixei reservada até conseguir pagar!". Foi bem perturbador no começo. Isso e os gritos.

Mas eu sabia que estava fazendo algo de bom quando vi três gerações de mulheres comparecerem aos meus shows: avós com strass, mães com cabelos tingidos de spray e suas filhas pequenas vestidas como uma versão esquisita de mim. Percebi que eu tinha a atenção delas. Eu estava falando para três gerações, e era isso que eu queria. Ao incluir minha mãe no grupo, e pessoas como Captain Lou, fui capaz de falar para um público muito amplo e diverso. Meu sentimento é: quando você sobe até o topo da montanha, é melhor você ter algo a dizer. Nunca tive problema em abrir minha boca grande, e isso não mudou quando fiquei famosa. Como eu disse, eu estava sempre dizendo as coisas erradas para as pessoas certas.

Em especial, falei sobre os direitos das mulheres. No começo, ninguém apareceu e disse que era feminista. Eu fiz isso. Nunca disse "humanista" como muitas outras artistas faziam. E quando o clipe "Papa Don't Preach" saiu, com a Madonna dançando em sua roupa sexy, eu tinha algo a dizer sobre isso. Se você é uma mãe adolescente que quer manter seu bebê: primeiro, você não vai parecer a Madonna, dançando por aí. Segundo, não vai ser assim tão fácil. Os pais (homens) nem sempre aparecem no final para lhe dar a bênção. O cara que engravidou você nem sempre fica por perto. Terceiro, todas as mulheres ainda devem ter escolha. Eu estava orgulhosa de ter me pronunciado sobre algo que eu sabia que era o certo, mas a gravadora e meu empresário surtaram.

Numa outra ocasião, fui ao Japão e os repórteres começaram a falar sobre "Girls Just Want to Have Fun" e perguntaram: "Você acha certo uma jovem ficar fora a noite toda?". Eu disse: "Para mim, parece que sim". Ainda havia mulheres de quimono andando atrás de seus maridos no Japão naquela época e, quando vi isso, pensei: "Isso tem que mudar".

Então tudo que falei quando estava no Japão era sobre igualdade – tudo. Direcionei todas as conversas para: "Bom, veja isso dessa forma: se você quer uma sociedade forte, se quer ser competitivo no mundo, não pode simplesmente usar metade do seu pessoal – você precisa usar todo o seu poder". Eles olhavam para mim como se eu estivesse apresentando uma ideia nova – e é claro que eu não estava. Mas isso estava vindo dessa maldita mulherzinha que parecia uma alienígena para eles. No entanto, eles gostam de alienígenas. Quando fui ao Japão, percebi por que tinha me tornado popular: meu cabelo era laranja brilhante, eu usava roupas engraçadas e usava uma pintura de guerra no rosto. Assim como alguns de seus desenhos.

Fiz a mesma coisa quando fui para a Itália. Peguei uma página de Gertrude Stein e disse à imprensa que os três maiores opressores de mulheres são a igreja, a família e o governo. Isso é verdade.

Deus, falei bastante com a imprensa naquele ano. Depois de um tempo, quando eu estava repetindo a mesma coisa várias vezes, sentia vontade de dizer: "Escute, esqueça as perguntas, não seja bobo, pare tudo, corra para fora, consiga um ingresso, compre o álbum. É a melhor coisa que você vai comprar". Mas é claro que não dá para fazer isso.

Eu estava trabalhando sem parar, mas Dave e eu nos divertíamos um pouco. Andávamos em limusines o tempo todo. Eu pulava em camas de quartos de hotel (mas sempre pulei em camas, em hotéis e em casa). Pensava: "Olhe para nós! Estamos vivendo muito bem!", mas também era surreal. Eu entrava em um evento e as pessoas gritavam para mim do jeito que eu costumava gritar para os Beatles, rasgando minhas roupas. E geralmente eram garotas, o que era estranho para mim. Entendi por que garotas jovens gritavam para caras – elas os achavam bonitinhos. No entanto, garotas gritando para garotas eu não entendia. Depois de um tempo percebi que era admiração – que eu era uma espécie de heroína delas por abrir minha boca enorme sem pensar. Eu dizia coisas que outras pessoas não diziam. Acho que isso fez de mim alguém cativante, mas é claro que também fez as pessoas me odiarem.

Eu não podia acreditar no que estava acontecendo – eu não podia ir a lugar nenhum, pois sempre havia histeria quando ia a algum lugar. Eu saía para comer e alguém sempre se aproximava, sempre. Eu não podia ter um único minuto para mim, e o triste foi que as pessoas com quem eu estava e não via há muito tempo – pessoas que eu finalmente podia me dar ao luxo de levar para comer fora – começaram a ficar chateadas. É estranho ser constantemente interrompida e elas não estavam acostumadas com isso.

Sair para jantar era o que eu mais costumava fazer socialmente. Eu tinha namorado, então não havia festas loucas. Celebrei meu trigésimo primeiro aniversário em um restaurante chinês e convidei todos os meus amigos – isso é tão louco quanto possível. Depois dos shows, eu voltava para o hotel com Dave, tomava um banho quente, me alongava e ia para a cama enquanto ele jogava cartas com os amigos. Ou, se estivéssemos em casa juntos, ele ia para o outro lado do loft que conseguimos no centro da cidade, no Thread Building, e jogava videogame, como Super Mario ou Pinball. Depois de vê-lo jogar por algum tempo, eu ia para o outro lado do apartamento e assistia a filmes antigos, porque eu não aguentava aquilo.

Desde que eu estava com Dave, nunca saíamos na cidade nem íamos dançar. Ele não dançava. Nossa vida juntos consistia em negócios e coisas caseiras. Eu amava Dave, mas gostaria de ter conhecido outros artistas e ter feito mais coisas. Às vezes, quando ele não estava por perto, eu ia a casas noturnas e cantava em noites de microfone aberto. Eu tentava encontrar outros músicos, porque essa é a única coisa de que sentia falta – outros músicos, outros artistas, não apenas pessoas que o empresário encontra para compor com você. Havia apenas um músico que vinha ao meu apartamento para me ver e de que eu realmente gostava: Boy George. Ele veio com Marilyn, a cantora transgênero. Eu adorava o Boy George e estava muito animada para encontrar outro artista. Nós ficamos conversando e, quando ficou tarde, pensamos: "Vamos comer". E, naquela época, o que é difícil de acreditar agora, não havia nenhum lugar por perto para comer que ficasse aberto até tarde, exceto um lugar chamado Green Kitchen.

Em geral, com outras pessoas famosas, eu era um pouco tonta. Eu tropeçava com meus próprios pés. Porque eu ainda era eu. Quer saber? Mesmo na Epic eu ficava mais à vontade saindo para almoçar com as secretárias do que com as pessoas da música. Embora eu fosse a única que deveria ser a pirralha mimada, eu não me sentia assim, porque tudo que eu fazia era trabalhar (e lutar para conseguir o que eu queria).

Em minha primeira grande turnê, toquei em muitas faculdades. E sempre quis ter mulheres na turnê porque minha banda estava cheia de homens, mas, toda vez que eu pedia uma mulher, Dave Wolff dizia: "Elas não tocam tão bem quanto os homens", o que não é verdade.

A Concrete Blonde abriu o show para mim uma vez. Eles eram um trio e, na primeira noite, não se saíram tão bem. Então pedi ao meu empresário da turnê para ligar para minha agente, Barbara Skydel, e dizer: "Ei, não sei o que há com essa banda". Então o empresário da turnê tirou a banda. Mas eles estavam comprometidos a abrir para mim na noite seguinte. Bom, naquela noite, eles foram incríveis. Então liguei para Barbara e disse: "Espere um minuto – esses caras não são tão ruins". No entanto, eles não quiseram voltar, estavam furiosos. Tudo bem, porque talvez essa crítica tenha sido um catalisador para Johnette tentar ainda mais. Acho que às vezes a raiva ajuda as pessoas a seguir em frente.

Basicamente, no começo, eu não tinha backing vocals nem nada disso nas minhas turnês. O cara que tocava guitarra meio que fazia o backing vocal, eu era a vocalista e depois mudava para o backing vocal e me juntava a ele para que o som fosse um pouco mais forte, e depois voltava a ser a vocalista. Ele era um ótimo guitarrista e também tinha cabelos ruivos. Então isso pareceu muito bom no palco. Aquilo era demais para minha voz. Minha banda era maravilhosa, mas sempre senti que poderia ter usado alguns backing vocals. Eu adoraria ter tido algumas mulheres comigo em turnê, seja como cantoras ou musicistas, mas, de novo, toda vez que inventava de contratar uma musicista, Dave dizia que não havia nenhuma musicista boa.

O público continuava aumentando. Normalmente, antes de subir ao palco, eu era um desastre. Era sempre uma corrida nos bastidores. Às vezes, enquanto meu maquiador fazia a maquiagem – eu arrumava meu próprio cabelo –, eu começava a fazer meus exercícios vocais. Como eu disse, sempre tinha uma panela e um fogão portátil para poder cuidar da minha voz com vapor (por cerca de dez minutos, porque nunca tive tempo para fazer isso por mais tempo). Eu enchia uma bexiga para trabalhar meus pulmões. Depois me vestia e andava por aí, nervosa. Eu estava sempre preocupada em não ser boa o suficiente. Eu estava sempre espiando o lado de fora e contando os lugares ocupados para ver se tinha me saído bem e me perguntava se o dinheiro das pessoas valeria a pena. Se o lugar não estivesse lotado, dizia a mim mesma: "Bom, tudo bem – então você mostra a todos o que as pessoas que não compraram os ingressos perderam". Ainda costumo fazer isso.

Eu tentava me encontrar com a banda antes, para dizer: "Bom show para vocês", mas sempre fui mantida à parte. E não, não fazia um círculo de oração antes do show. Odeio toda a prática do círculo de oração. Porque o meu Senhor provavelmente não é seu Senhor. Quero dizer, olhe para mim: o que você acha? Uma mulher ou uma drag queen ou uma pessoa realmente interessada em moda, música e artes – talvez essa seja a líder da minha casa de oração. Ou talvez minha casa de oração seja a loja da Chanel? A única vez em que gostei da coisa toda do círculo de oração foi quando fiz isso com Cassandra Wilson. Eu a adoro. Ela me ligou uma vez quando eu estava tendo uma briga feia com meu marido, David, e eu disse: "Cassandra, não posso falar agora, estou tendo uma briga feia com meu marido, ligo para você mais tarde". Pensei que ela havia se sentido muito insultada e que eu era rude. Essa foi a última vez que falei com ela por um tempo. No entanto, a vida seguiu e voltamos a nos encontrar em dezembro de 2011, quando ela se apresentou no show da True Colors Fund, "Cyndi Lauper & Friends: Home for the Holidays". Comecei a cantar e tocar dulcimer enquanto ela tocava violão. Ela ainda é incrível.

Onde eu estava? Certo: me apresentando. Quando chegava a hora de subir ao palco, eu ia lá de forma despretensiosa e calma e dizia: "Ei, como vocês estão?". Às vezes, quando a plateia mostrava muito carinho, isso quase me fazia perder a fala e me fazia chorar. Então eu falava porque ficava nervosa. Depois de terminar de falar, eu me sentia menos nervosa, e quando eu começava a cantar, eu me acalmava.

Porém, sempre senti que tinha que provar minha capacidade. Se eu errasse a letra, eu dizia: "Meu Deus, vamos fingir que isso não aconteceu", e contava com a banda. Eu sempre tentava incluir a plateia, algo como: "Estamos todos juntos nessa". Sempre penso: "Como as pessoas na multidão terão retorno do dinheiro delas? Elas compraram o ingresso. Talvez tenham contratado uma babá. Agora, como eu faço isso valer a pena para elas?".

Assim como eu fazia nos dias da Blue Angel, pensava em como começaria o show. Sempre achei que tudo gira em torno de como você abre o show. Eu saía encoberta e depois tirava a roupa quando me apresentava. Tinha meu cabelo tingido de laranja, amarelo e vermelho, como fogo, e o enfiava embaixo de um chapéu. Eu também usava óculos e um casaco quando aparecia no palco. Então puxava o chapéu e balançava o cabelo para revelar essa explosão de cor, o que era emocionante para eles, ou tirava os óculos, e isso era como um fenômeno. Mas eu fazia isso por mim também. Porque, como eu disse, isso me ajudava a tirar as camadas emocionalmente.

Depois eu começava a cantar. Eu sabia que a primeira e a segunda música precisavam ser fortes. Aprendi isso ao assistir os Allman Brothers quando os vi nos anos 1970. Eles sempre apareciam com músicas em ritmo acelerado primeiro, para chamar a atenção da plateia e, em seguida, diminuíam a velocidade. Eu me movimentava e cantava, movimentava e cantava, parava, falava, cantava uma pequena balada e, quando as pessoas relaxavam, eu me movimentava e cantava de novo até que elas estivessem num nível de frenesi que, no fim, estavam loucas. Eu as acertava em cheio. Eu não dava escolha a elas. Nunca desisti de uma plateia, nunca. Continuo acertando as pessoas até alcançá-las, mesmo que precise ir até a plateia e me sentar em seus lugares. Sempre quis ser como os Rolling Stones e sobrevoar o público em uma plataforma elevatória como Jagger. Em vez disso, meu ato era subir numa maldita lata de lixo no palco porque eu não podia bancar a plataforma elevatória quando cantava "Money Changes Everything". E eu achava que a lata de lixo estava em um sistema automático de polias, mas, na verdade eram dez homens me levantando. Fizeram com que eu assinasse meu testamento antes de me içarem. Só subi um pouco e, assim que comecei a tremer e a perder o equilíbrio, me puxaram de volta. Devem ter pensado: "A galinha dos ovos de ouro está caindo – puxem-na, garotos, tragam-na de volta!".

Muitas vezes me senti totalmente isolada nos bastidores, então sempre tentei me conectar com as pessoas quando estava no palco. Com pessoas do público universitário não havia barreiras, então elas podiam me tocar e eu tocá-las. Nós nos abraçávamos, ou elas estendiam as mãos e seguravam meus pés e pernas e eu levantava o braço e cantava. Essas pessoas nunca fizeram nada de estranho – se tivessem feito isso, eu teria batido nelas. Olha, nunca fui um símbolo sexual. Porque não me vestia como um. Usava meias arrastão com um pé de tênis preto e outro pé de tênis branco que eu pintava com caneta hidrográfica. E eu não agia como um símbolo sexual também. Eu estava vendendo a liberdade de expressão e a liberdade de ser diferente – não sexo. Estou lhe dizendo, não havia homens me perseguindo. Em vez disso, eu tinha as pessoas tristes, porque eram as pessoas que eu estava tentando curar quando cantava.

Apesar disso, eu não conseguia acreditar no quanto alguns dos homens da turnê eram sexistas. Eu ficava sabendo de caras dormindo com uma mãe e a filha dela e coisas assim. Eu pensava: "Que porra é essa? Essas pessoas estão vindo para cá por minha causa, eu estou pregando a liberdade das mulheres no palco, e veja o que vocês, homens, estão fazendo". Era o meu momento, mas eles queriam ter o momento deles também. No fim, a banda era de Dave Wolff – ele contratava os músicos, eles o ouviam, se tivessem algum problema comigo, falariam com ele (acredite, isso mudou alguns anos depois). Mas, na época, me mantinham muito ocupada e eu ficava apenas tentando acompanhar tudo. E quando as pessoas lidavam comigo, elas surtavam, porque eu era bem direta com elas.

O sexismo no mundo da música não se limitava apenas às gravadoras e aos rapazes da turnê. Vi isso com outros artistas também. Conheci Ron Wood dos Stones uma vez em alguma cerimônia de premiação. As garotas dele estavam todas vestidas de forma elegante e eu disse: "Sim, as garotas só querem se divertir". Ele olhou para mim e afastou as garotas. Você tem que entender que na geração dele as mulheres eram totalmente diferentes. Caras como ele não estavam confortáveis com o que eu representava. Você já viu o clipe da Art of Noise chamado "Close (to the Edit)"? Tem uma garotinha lá com o cabelo punk batendo nas coisas e ela está vestida como eu. Foi assim que essa geração de homens me viu: eu era assustadora porque, quando via mulheres sendo diminuídas ou objetificadas, dizia: "Merda, não! Isso é chauvinismo, não vou permitir isso".

Outra vez, quando eu estava em algum outro evento, eu disse ao meu estilista que queria parecer diferente de um jeito chocante. Então me vesti de um jeito muito feminino – ainda rock and roll, mas sexy, o que, para mim, era radical. Eu estava esperando para subir ao palco para me apresentar com um roqueiro mais velho. Eu me virei de costas para ele por um segundo para dizer "oi" para um amigo, e de repente esse cara muito famoso agarrou meus quadris e meio que me encoxou. Fiquei pensando: "O quê? Ele acha que isso é algum tipo de aperto de mão?". Então me virei e disse, tão alegre quanto pude (até dei uma risadinha no meio da frase): "Ei, amigo – não é por nada, mas se você fizer isso de novo, vou ter que arrancar seu coração na porrada". Então ele agiu como se estivesse com medo de mim. Pensei: "Você quer dizer que sob essa juba não há um leão, só um choramingo? Que diabos?". Ele era mais alto, mais forte e me pegou de surpresa.

A ideia de que uma mulher realmente se ofenderia por ter sido encoxada por alguém que ela não conhecia bem provavelmente foi um choque para ele. E por quê? Porque ele estava acostumado a mulheres se atirando nele? Só acho que eu estava no meio de uma geração estranha, em que a ideia de igualdade iludiu esses homens (pelo menos até que eles tivessem filhas).

Uma vez Bob Dylan falou comigo, não muito tempo depois que apareci em um especial para John Lennon. Agora eu o adoro. Quem não gosta? Mas ele me disse: "Sabe, vi o que você fez no especial de Lennon e achei realmente ótimo. Eu teria você na minha banda – e falo sério, porque não gosto de garotas em bandas".

Ai, ai, ai. Olhei para ele e disse: "Sim, bem, não é por nada, mas isso foi um insulto ou um elogio?".

Ele disse: "Oh, o que você é, uma daquelas mulheres feministas que queimam sutiãs?". Respirei fundo e disse: "Bem, sabe, Bob, se eu não estiver preocupada com minhas liberdades civis, quem estará?". Ele apenas balançou a cabeça e disse: "Oh". Nesse ponto eu queria dizer: "Blowin in the wind, Bob?". Mas eu não disse, porque era Bob Dylan e ele escreveu essa música, e muitas, muitas outras músicas maravilhosas. E, sendo honesta, acho que ele também é de uma geração em que as mulheres se anularam porque os homens eram deuses do rock. Para mim essa geração inteira e seu amor livre, com músicos sendo os grandes pavões e as mulheres andando quietas atrás ou ao lado deles, era uma grande porcaria. Sendo uma mulher que lidava tanto com essa merda, às vezes eu só queria dizer: "Desculpa, mas não há luz suficiente para duas pessoas?".

Quando fiquei famosa – quero dizer, imediatamente –, a imprensa sempre me perguntava sobre uma pessoa: Madonna. Tentaram criar uma grande rivalidade, mas meu sentimento era: não se bate em outra irmã, nunca. Mas até a gravadora dela entrou nisso. Publicaram um anúncio na revista *Billboard*, em que ela estava vestida com um corset branco. E dizia algo como: "Essa garota vai dar trabalho para Cyndi Lauper". Eu me senti muito mal com isso. Todo mundo foi estimulado por essa suposta rivalidade, mas eu estava mantendo distância e pensando: "Não quero fazer isso. Não quero fazer parte disso".

PARA MIM ESSA GERAÇÃO INTEIRA E SEU **AMOR LIVRE**, COM MÚSICOS SENDO OS **GRANDES** PAVÕES E AS MULHERES ANDANDO QUIETAS **AO LADO** DELES, ERA UMA **GRANDE** PORCARIA.

A questão era: nossa música não era nem parecida (apesar de que, se quer saber, a voz dela foi acelerada em "Like a Virgin" para que soasse tão alta quanto a minha). Ela era tão inteligente em relação a negócios e marketing (eu nunca fui) e ela sempre foi, e ainda é, linda. Eu meio que fui para o outro lado porque usava pintura de guerra no rosto e vestia roupas rebeldes e antimoda de propósito às vezes, especialmente no fim de 1985. Lembro que vi a Madonna pela primeira vez no American Music Awards no início de 1985. Eu estava pronta para ganhar alguns prêmios e também ia apresentar "When You Were Mine". Eu deveria ter cantado "Girls Just Want to Have Fun" – o lugar todo teria entrado em erupção –, em vez disso, cantei a música do Prince, que provavelmente passou batida pela cabeça de todos. Mas eu queria que meu disco seguisse adiante.

De qualquer forma, fiz tudo preto e branco no cenário. Falei para os produtores me deixarem trabalhar com o sindicato dos carpinteiros para construir uma grande escultura feita de sapatos. Eu estava descalça e usava calça preta, camisa branca, maquiagem preta e um colete com estampa de zebra. Nada tinha cor, exceto um pouco de tinta laranja que estava em um balde no palco e meu cabelo, amarelo e laranja. Então, enquanto eu cantava, espalhava cor no cenário. Para os telespectadores, parecia que eu estava transformando uma imagem em preto e branco em cores. Eu queria levar arte para a casa das pessoas. Eu estava determinada a misturar arte e música, o aspecto visual, o som e a história, e basicamente abri uma veia no palco. Eu queria ser maior que a vida, ser melhor do que quem eu era, parecer completamente diferente. Eu me tornei uma pintura. É por isso que me identifico com Lady Gaga e Nicki Minaj – elas se tornam pinturas às vezes.

Naquele ano fui indicada para dois prêmios, Artista Feminina de Pop/Rock Favorita (concorrendo com Madonna) e Clipe de Artista Feminina de Pop/Rock Favorito (concorrendo com Tina Turner). Quando me levantei para fazer meu discurso de agradecimento para Artista Feminina de Pop/Rock Favorita, olhei para Madonna na plateia e me senti muito mal, porque ela lançou "Like a Virgin" e foi a número um por seis semanas seguidas. Nunca tive esse tipo de sucesso na vida, nunca. Ela também não tinha tido, então pensei que era incrível para ela.

Então agradeci a todos e disse: "Aceito este prêmio pelas pessoas que vieram antes de mim e pavimentaram o caminho, e para as pessoas que virão depois de mim". Olhei para ela e pensei: "No ano que vem será você". Eu a conheci depois e disse: "Ei, essa sua faixa, 'Like a Virgin', é inacreditável, é muito boa, parabéns". Ela era legal, mas foi uma troca muito curta. Nunca pude ter uma conversa com ela, porque ela sempre teve muitas pessoas que a protegiam. A minha vida inteira vivi do jeito oposto.

Depois do show, continuei com minha vida incessante: o American Music Awards terminou por volta das 21h ou 22h, e tive que ir direto para um estúdio de gravação em Los Angeles para filmar o vídeo "We Are the World" para o projeto "USA for Africa". Não havia tempo para me arrumar. Eu estava muito chateada por não poder lavar o cabelo depois da peça de arte que fiz, então tinha respingos secos de tinta laranja e amarela caindo da minha cabeça. Usei um casaco de garçom italiano, porque estava com uma blusa branca felpuda embaixo e macacão e eu achei que o casaco me faria parecer mais magra. Quando cheguei lá, vi Michael Jackson em sua jaqueta de líder de banda e ela era muito semelhante ao meu casaco, então tirei o meu. Além disso, os respingos secos de tinta do meu cabelo estavam começando a cair no casaco – não era o melhor visual.

Quincy Jones, o produtor, disse a todos para deixar o ego na porta, mas eles não fizeram isso. Eu queria me misturar, mas era como o monstro. Eu estava com os grandes respingos secos de tinta laranja e amarela que pareciam caspa. Falei "oi" para Michael Jackson. Não era muito falante, mas era legal. Então conversei com pessoas como Huey Lewis e contei piadas ruins e ri. Acho que se você disser algo que não é engraçado e depois rir, é meio engraçado. Mesmo nessa situação, eu me senti como uma estranha. Sempre. Sempre fui como o Rodney Dangerfield do rock. Fazia luta livre, era esquisita e, de repente, estava cantando esses grandes sucessos.

Fui até Bette Midler e disse a ela que eu a adorava. Aí relegaram Bette Midler, cuja voz eu sempre adorei – *Bette Midler* –, a algum canto para ficar com os Jacksons não cantantes no refrão! Então, de novo, Billy Joel estava lá e não pediram para ele cantar solo também. Continuei olhando em volta e pensei: "Onde estão as mulheres com as grandes vozes? Cadê a Aretha? Cadê a Patti LaBelle?".

Consegui uma boa parte na música que Dave realmente disputou para mim. Eu conhecia o verso, mas não sabia como cantaria até começar a cantar. Era o ponto crucial da ponte e eu tinha acabado de assistir cantores incríveis, um atrás do outro – a voz de Steve Perry é incrível, a voz de Daryl Hall é incrível. Chegou a minha vez e o verso acabou saindo atrapalhado. As melhores coisas que canto são cantadas quando não estou no controle, quando apenas permito que tudo passe por mim. No entanto, acho que assustei Kim Carnes, que estava ao meu lado, pra valer. Então Quincy continuou: "O que é esse som estridente?". Ele parou tudo, veio até mim e disse: "São as suas bijuterias". Pensei: "Ele disse para deixar o ego na porta – não as bijuterias". Mas eu não disse isso – apenas entreguei a ele as bijuterias e segui em frente. Para mim, não apenas o que você veste é importante, mas também como você complementa o que veste com acessórios. Estávamos sendo filmados, eu queria estar com uma boa aparência. Sem as bijuterias, eu me sentia como uma simples mulher, exceto pela tinta amarela e laranja brilhante no meu cabelo, para ser precisa.

A sessão continuou por cerca de dez horas. Achei interessante que o primeiro verso e a ponte *incluíam* mulheres e o grande final as *excluía*. Foi uma noite longa. Saímos ao amanhecer. Senti como se estivesse cambaleando.

Então o Grammy Awards aconteceu no mês seguinte. Fui indicada para sete deles. Janet Perr ganhou na categoria Melhor Direção de Arte no álbum, e eu ganhei na categoria Melhor Novo Artista, que é o beijo da morte (veja os artistas que conseguiram isso no passado: Rickie Lee Jones, Christopher Cross, Arrested Development). Eu me senti tão constrangida porque, no ano anterior, Michael Jackson ganhou tudo – havia fotos dele carregando uma braçada de Grammys – e acho que as pessoas da gravadora esperavam que eu fizesse o que ele fez e limpasse tudo. Porém, eu estava enfrentando todos esses grandes pesos pesados: Springsteen, Prince, Tina Turner e Lionel Richie. Eu era peixe pequeno.

"Time After Time" foi indicada para Melhor Canção e "Against All Odds", de Phil, ganhou. E eis a questão: não ouvi muitos covers de "Against All Odds", porém nunca paro de ouvir covers de "Time After Time". Então talvez não seja o prêmio que conta. É maravilhoso ouvir o que as outras pessoas acrescentam a uma música que foi muito pessoal para mim. Tuck & Patti fizeram uma versão especialmente boa de "Time After Time", assim como Patti LaBelle. Essa música tem sido cantada por dezenas de artistas – não consigo nem acompanhar quantos. No entanto, a maior honra que senti foi quando Miles Davis fez o cover dela. Nunca quis que ele me conhecesse, porque pensava que, se ele não gostasse de mim (como a maioria dos veteranos), ele não tocaria mais minha música, e o jeito que ele a tocava era pura magia.

Entre as datas da minha turnê, eu voltava para outros shows em premiações, como o primeiro MTV Video Music Awards, onde ganhei na categoria de Melhor Clipe Feminino (e durante o MTV Awards de 1987 pude apresentar "Change of Heart" conforme ia descendo em uma barra de acrobata, o que foi muito legal). Trabalhei de forma árdua com a MTV. Eu adorava vídeo e música. Adoro a era visual em que eu vivo.

Aquele primeiro ano depois de lançar *She's So Unusual* foi incessante, e muito disso foi uma emoção. Foi o tipo de ano louco em que minha mãe fez um programa de televisão sobre mães de celebridades e ficou amiga da mãe de Cher e da de Stevie Wonder (que lhe disse que ela era durona).

Por outro lado, também tive dificuldades, porque comecei a ter náuseas por causa da endometriose. Pior, meu amigo Gregory começou a ficar doente. Eu adorava o Gregory e sempre me senti protetora dele por conta de tudo que ele passou. Ele foi expulso de casa aos 12 anos quando sua mãe viu seu padrasto violentando-o sexualmente. Ela manteve o padrasto e colocou o garoto para fora – uma história triste que nunca vou esquecer. Não foi uma época fácil para Gregory. Uma vez, ele e eu estávamos falando sobre o que ele faria com sua vida e ele disse: "Ah, que importância isso tem? De todo jeito, somos loucos". A partir disso, entendi como era ter uma autoimagem terrível – sentir-se como lixo jogado na rua, na esperança de que o vento o levasse, para não ter que ficar mais por perto. É difícil explicar para alguém que não sofreu abuso quando criança como esse abuso pode arruinar sua cabeça – a forma como você sente isso, não importa o que você faça, porque o pior já foi feito com você. Sei em meu coração que Gregory deve ter se sentido assim.

Também vi a prima de Gregory, Diana, uma mulher transexual, ser ridicularizada por tentar ser a mulher que ela sentia que era por dentro. Você precisa lembrar que Nova York foi uma época assustadora nos anos 1980. Havia jovens saqueadores e brutais vindos de Nova Jersey e do Brooklyn, que dirigiam nas redondezas do West Village e procuravam espancar pessoas que eles achavam que eram gays.

Quando Gregory ficou doente, tínhamos acabado de filmar "She Bop" juntos. Mais uma vez, todos os meus amigos, incluindo Carl e Gregory, estavam no vídeo. Eles fizeram o papel de clientes robóticos no local de fast food. Logo depois disso, os dois se sentaram comigo para me contar que Gregory estava doente. Eles fizeram parecer que tudo ia ficar bem, mas, na verdade, a Aids era uma sentença de morte na época. Eu estava devastada. Durante o tempo que passei no apartamento da Rua 77, cheguei a pensar que minha pequena família dessa rua e eu envelheceríamos juntos e, em certo momento, ficaríamos em um hotel cor-de-rosa em algum lugar da Flórida bebendo *mint juleps* (seja lá o que for essa bebida) numa varanda e relembrando os velhos tempos juntos.

Carl foi forte no começo, mas é difícil ver o homem que você ama afundar daquele jeito. Gregory teve relações sexuais sem proteção quando trabalhou em um bar quando era mais jovem, e foi assim que aconteceu. No entanto, as pessoas simplesmente não sabiam que havia o risco da Aids na época.

Quando as pessoas me perguntam por que trabalho para essa comunidade, digo que é por causa dos meus amigos e da minha família. Meu trabalho com a True Colors Fund – e meu trabalho com Colleen Jackson na True Colors Residence, um abrigo no Harlem que ela construiu para jovens LGBT expulsos de casa por seus pais –, claro, está diretamente relacionado a todos eles. Como não poderia estar? (Vou falar mais sobre isso depois.)

Eu vi a Aids alterar e depois debilitar amigos, como meu cabeleireiro e maquiador Patrick Lucas. Ele ainda está vivo, mas luta o tempo todo porque a doença não facilita e você precisa tomar muitos medicamentos. Certa vez, ele me disse que os medicamentos são tão fortes que os sobreviventes da Aids dizem entre si que esse ou aquele está morrendo da "Aids antiga". Patrick era uma parte enorme da criação da minha maquiagem e do cabelo no começo. Tínhamos as ideias e ele as executava com perfeição. Eu dizia que queria o padrão xadrez de sua camisa em meus olhos e ele pintava tabuleiros em minhas pálpebras. Ele também pintou meu cabelo para "Money Changes Everything" quando estávamos na estrada e eu não podia ir ao Vidal Sassoon. Ele fez minhas raízes loiras e minhas pontas vermelhas como uma chama. Também fez minha maquiagem para a capa da *Rolling Stone*. Nós dois estávamos em perfeita sincronia. Um dos meus olhos é menor que o outro, então eu o deixava louco porque ele queria fazê-los parecerem iguais.

A Aids também levou meu bom amigo Louis Falco, que criou a coreografia para o filme *Fama*. Espero que num desses anos possamos eliminar a doença para sempre. Entretanto, até lá, cito Nancy Cohen, ex-diretora executiva da MAC AIDS Fund e ex-chefe da campanha Viva Glam de combate a Aids, que disse que "a Aids é 100% evitável e 100% não curável". Você pode viver com Aids, mas não é fácil. E, se a Aids não matar você, os remédios podem fazer isso. Então estou empenhada em lutar e ajudar as crianças LGBT que estão na rua.

Enquanto Gregory estava no hospital, morrendo com seus inacreditáveis e jovens 27 anos, ele me pediu para escrever uma música para ele. Queria que eu a lançasse com o espírito de "That's What Friends Are For". Pensei: "O quê, como Burt Bacharach? Nossa, é uma tarefa difícil". Na maior parte da minha vida, consegui lidar com a noção de que sempre haverá pessoas melhores e maiores do que eu, mas não consigo me concentrar em outras pessoas. Então escrevi "Boy Blue". Coloquei meu coração e meu fígado nessa música, mas infelizmente não era boa para tocar de forma repetitiva no rádio. Era tão enredada em meu sofrimento e tão encoberta pela minha tristeza que não sei se era boa o suficiente para ele.

A True Colors Residence tem uma placa no prédio com uma dedicatória em memória a "Gregory Natal, Boy Blue". Não pudemos salvá-lo, mas talvez possamos salvar alguns outros. Eu já disse isso antes: Deus ama todas as flores, mesmo as flores selvagens que crescem ao lado da rodovia.

“APRENDI O PODER
DE UM SUSSURRO.”

CAPÍTULO 9

EM 1985, A VIDA FICOU MAIS ESTRANHA. DAVE WOLFF OUVIU DIZER QUE STEVEN Spielberg estava fazendo um projeto com Huey Lewis e pensou: "Bem, por que não fazer algo com Cyndi?". Steven havia escrito um novo filme, *Os Goonies*, uma espécie de filme de aventura para crianças ao estilo de *Os Caçadores da Arca Perdida*. Richard Donner seria o diretor e um dia Dave chegou para mim, todo animado, e disse: "Meu Deus, temos uma reunião com Steven Spielberg em Los Angeles. Ele quer que você faça a trilha sonora".

Eu estava um pouco assustada. Eu nunca o havia encontrado. Eu sabia que ele era muito criativo e brilhante e eu era uma grande fã dele, mas, pelo que eu ouvia, ele também era um cara meio estranho. Eu estava preocupada em manter a integridade do que estava fazendo. Queria permanecer fiel à base de fãs que eu havia construído.

Significava muito para mim conhecer Steven, mas, quando cheguei ao seu escritório em Hollywood, parecia um lugar tão sexista. Não havia mulheres, exceto uma produtora chamada Terri, que era incrível. Não dá para acreditar como todos eles estavam falando sobre mulheres. Por exemplo, começavam a falar sobre escalar uma atriz e faziam comentários grosseiros sobre o corpo dela. Isso me fez pensar: "O que estou fazendo aqui?".

Mas ficamos por ali e jogamos um pouco de conversa fora. Em um momento Steven disse: "Streisand cantou para mim uma vez". Pensei comigo mesma: "Sim, mas eu estou aqui agora. Talvez pudéssemos conversar sobre isso?". Então ele pediu lagosta para todos no almoço, o que me pareceu estranho, pois isso só atrasava a reunião ainda mais.

Porém, finalmente começamos a falar sobre o filme e como ele dirigiria o meu clipe para a trilha sonora, o que foi muito empolgante. A ideia dele era eu me apresentar na frente de um filme antigo projetado em uma tela verde atrás de mim. Fui aniquilada. O que eu deveria ter dito era algo do tipo: "Sabe, vim de longe para trabalhar com você, e eu esperava trabalhar com você em um cenário real – trabalhar em uma tela verde é meio desanimador para mim, mesmo que seja você".

Mas eu disse isso? Não. Eu não sabia como ser diplomática. Então deixei escapar: "Isso não é muito criativo". Todos ao meu redor se engasgaram com a lagosta. E, claro, eu tinha que continuar, então acrescentei: "Talvez pudéssemos fazer algo um pouco mais inspirador". Ele se levantou e disse: "Acho que me disseram que eu não era criativo". Então ele disse que não trabalharia mais no clipe – eu trabalharia com Dick Donner. Eu disse que tudo bem e ele saiu.

Eu nunca disse o que realmente queria dizer, mas sou assim: sempre digo as coisas erradas para as pessoas certas. Eu não tinha filtro e fui jogada nessas situações. Eu não sabia me misturar com os peixes grandes. Só sei fazer o que faço. Não tenho muitos amigos famosos. Trabalho todos os dias da minha vida, isso é tudo que faço. Eu vivo para o meu trabalho.

E, embora naquele momento eu devesse estar trabalhando no meu próximo disco, mergulhei na trilha sonora dos *Goonies*. Eu estava trabalhando doze horas por dia em Los Angeles, morando em hotéis de beira de estrada e ficando triste, porque era solitário e Los Angeles era muito exclusiva. Porém, eu estava trabalhando com artistas como Bangles e Teena Marie na trilha sonora, e isso estava indo bem até que Spielberg entrou e tirou a maior parte da música do filme. Aparentemente, ele sentia que havia muita música, então a trilha sonora não tinha sentido porque a maioria das músicas não estava no filme. A única coisa que acabou nela foi minha voz aqui e ali.

Apesar disso, nós nos divertimos muito gravando um vídeo de duas partes para o single do *Goonies*, algo que ninguém havia feito antes. Consegui que muitos lutadores estivessem nele, como Iron Sheik, Roddy Piper, "Classy" Freddie Blassie e André the Giant (que salva o dia no fim da parte 2). As Bangles faziam papéis de piratas e, na noite anterior às filmagens, tingi o cabelo de cores malucas no banheiro do hotel Sunset Marquis. Havia uma trilha de formigas na sala, em uma linha perfeita, como uma banda marcial – eram formigas de escola católica. Os vídeos deram muito trabalho, mas me importei de verdade com eles. Talvez esse tenha sido o problema – me concentrei em cada coisinha, fiz demais, e isso retardou as coisas e me deixou louca, mas não pude evitar.

Depois que os vídeos foram feitos, eles queriam que eu mudasse o título da música de "Good Enough" para "The Goonies 'R' Good Enough". Eu não queria, porque achei que, se colocasse a palavra "Goonies", ela soaria brega e ninguém iria querer tocá-la – e foi exatamente isso que aconteceu. Mesmo que eles a espremessem na rádio comercial, pelo menos ela se tornou um sucesso underground – porque há tantos garotos que são os Goonies. Mas eu estava tão incomodada por terem arruinado o nome daquela música que me recusei a cantá-la por anos. Finalmente comecei a cantá-la de novo há alguns anos.

No verão de 1985, fui a Nashville para uma convenção de rádio e nessa época descobri que tinha endometriose. Eu tinha um tumor do tamanho de uma toranja no estômago, além de outros bem pequenos. Fui para o hospital e os médicos ficaram dizendo coisas assustadoras como: "Precisamos operar agora". Porém, quando me deram o formulário de consentimento que sempre dão para assinar antes de você ser operado, delineando os riscos potenciais e outras coisas, passei por isso dizendo: "Não vou fazer isso, não vou fazer isso e não vou fazer isso". Eu disse à pobre da médica: "Quero que você escreva exatamente o que você vai fazer e rubrique. Você pode tirar toda a endometriose, mas não pode tirar mais nada – nem uma tuba, nem um ovário, nada". Ela disse: "Isso é muito rigoroso – e se eu tiver que salvar sua vida?".

Respondi: "Então me acorde". Eu estava sendo cautelosa porque minha tia se submeteu a uma cirurgia para remover um caroço e tiraram tudo: seu seio, a carne sob seu braço. Ela ficou com cicatrizes para sempre. Acho que nunca tinham visto um paciente fazer o que fiz, mas eu sabia o que acontecia quando você assinava um documento e abria mão dos seus direitos. Eu ainda tinha esperanças de ter um filho e pensei: "Este é o meu corpo". Parece extremo, mas eu tinha minhas próprias crenças e convicções, e viveria por elas – ou morreria por elas. Então a médica fez a cirurgia, retirou o tecido da endometriose (não havia lasers naquela época) e havia muito tecido cicatricial. Fiquei no hospital por pelo menos uma semana, então fui levada de avião para Boston, onde fui transportada de cadeira de rodas para um carro. Dave me levou para a casa do meu amigo e produtor Lennie Petze em Cape Cod para eu me recuperar. Lennie era muito gentil e toda a sua família me recebeu.

Depois de duas semanas, quando eu estava começando a andar, Bob Geldof me convidou para participar do Live Aid. Eu realmente queria ir, e Boy George estava me encorajando também, mas, naquele momento, meu estômago ainda estava distendido e eu mal conseguia me levantar. Demorou um pouco para eu me recuperar completamente, e a endometriose me fez entrar e sair de hospitais nos anos seguintes.

Como *Os Goonies* absorveram muito do meu tempo e depois veio minha doença, não comecei a trabalhar no meu segundo álbum até o outono de 1985. Aí me submeti a outra operação, e ninguém deveria saber que eu estava doente, então foi muito difícil porque primeiro tive que voltar bem de saúde para ter forças para trabalhar no álbum e depois me organizar de forma criativa.

Então Gregory morreu.

Ele me deu sua Miss Piggy enfeitada com contas quando morreu. Ele amava a Miss Piggy. Gregory e Carl enfeitavam com joias quase tudo que tocavam – até a mim. Depois do funeral, Carl, eu, Diana e nossos amigos Miss Aida e Bobby voltamos para o meu apartamento no Thread Building, no centro da cidade. Todos estávamos aturdidos pela tristeza, aí o afiador de piano chegou. Eu estava chorando um pouco – todos nós estávamos – e no meio de tudo isso estava o afinador de piano afinando o piano, nota por nota. Era a coisa mais bizarra, mas eu não podia falar para ele ir embora, porque eu precisava do piano para trabalhar no dia seguinte.

Essa foi a época mais triste. Porém, nesse momento, meu álbum estava atrasado. Então tive que ir em frente com ele. Para mim, a música era isso: você pega tudo em sua vida, coloca em seu trabalho e isso transcende e transforma.

Nesse período eu estava usando preto o tempo todo. Eu precisava disso para aguentar firme emocionalmente enquanto estava trabalhando. Foi então que ouvi uma pequena canção em uma fita demo que Anne Murray havia rejeitado. Tinha sido escrita por Billy Steinberg e Tom Kelly, e foi chamada de "True Colors". Era uma espécie de balada country com toques de gospel. Ouvi a letra e a melodia e pensei: "Bem, se é um tipo de oração para as pessoas se sentirem melhor, então deve ser cantada como uma". Sendo assim, pedi para Peter Wood (meu tecladista, que também fazia vários arranjos comigo) simplificar os acordes e tocar o tipo de acordes que tocávamos, quintas abertas, suavemente – não tocamos todas as partes do acorde. Eu queria cantar baixinho para Carl e todas as pessoas que amavam Gregory. Eu sabia que era especial, que era uma música de cura, e eu queria que nos curássemos um pouco.

Quanto ao arranjo, era importante criar um som de tambor arcaico, para que ele penetrasse no eu interior das pessoas – para chamar atenção para aquela impressão arcaica criada quando homens das cavernas ouviram pela primeira vez uma batida de tambor. Cantei as palavras quase num sussurro, e mantivemos a música de reserva porque, se o sentimento é muito forte, você não consegue exagerar. Precisei dar profundidade à música para poder falar com a alma das pessoas (em vez de cantar minhas entranhas, o que teria sido o caminho mais fácil). Eu queria criar um sentimento sobrenatural no rádio e trabalhei para fazer minha voz soar como se estivesse sussurrando em seu ouvido, mesmo que você estivesse ouvindo no carro. Para isso, usamos um processador Dolby. Ele traz o ar para fora e produz mais o som *sssss*.

Cantando em voz baixa e usando esse efeito, tentei ressoar com a menor e mais inocente parte de um ser humano, para transmitir esse sentimento pesado da forma mais delicada que pude. Usei o poder de ficar parada e não cantar para fora, mas cantar para dentro. A partir dessa experiência, aprendi que o peso de uma pena às vezes pode derrubar uma montanha, uma lição da qual eu me lembrei por toda a vida.

Gravamos a música ao vivo. Eu tinha muitas visões enquanto cantava, uma delas era de anjos no teto – a brancura e as asas. Também vi o público na minha frente. Com essas visões ao meu redor, cantei essa música de cura. Precisei sair do meu caminho e saber que não era sobre mim. Precisei ficar lá e esperar que os espíritos viessem, e permitir que eles passassem por mim. Sempre quero criar músicas que atraiam os espíritos, seja rock, hip-hop ou o que for. Alguns rappers fumam maconha para se colocar num estado que os faça esquecer para que possam se lembrar – entende o que quero dizer?

Mais tarde, quando "True Colors" saiu, foi muito difícil apresentá-la, porque eu estava na frente de todas aquelas pessoas empolgadas, estava empolgada também e precisava cantar a partir daquele lugar de emoção. Porém, quando cheguei a esse lugar, esse brilho veio do meu coração e percorreu meus braços e mãos. Ele fez um laço que me envolveu, como um abraço, e saiu para o mundo, fazendo a mesma coisa com a plateia.

Quando "True Colors" se tornou um sucesso, percebi que tinha realizado o sonho de Gregory – cantei algo sobre ele que se tornou popular, como "That's What Friends Are For". Eu não sabia que isso inspiraria tanto ativismo até que, mais tarde, em 1994, cantei no píer na Parada do Orgulho Gay em Nova York. No ensaio, quando eu estava passando a música, um homem de aparência gentil me entregou uma bandeira de arco-íris. Ele disse que se inspirou na música para fazê-la. Quando ele me disse isso, fiquei muito surpresa. Eu não tinha certeza se era verdade, mas envolvi aquela bandeira em torno de mim naquela noite e disse à multidão o quanto Gregory queria uma música famosa para ele – e era essa. Eu o vi na minha cabeça tão claramente. Cantei na brisa onde imaginava que ele estava e disse que ele tinha realizado o desejo dele, porque a comunidade tinha acolhido a música que eu cantava para ele e para nós. Ela se tornou um hino. Desde aquela noite em que cantei "True Colors", nunca ouvi essa música da mesma forma. Nunca mais. Ela se tornou uma canção de cura, de inspiração para a comunidade.

Originalmente eu havia conversado com Rick Chertoff sobre a produção do meu segundo álbum, mas ele queria controlar tudo, enquanto eu queria coproduzir, para que eu pudesse crescer. Então acabei não trabalhando com Rick e, como não trabalhei com ele, não pude trabalhar com Rob Hyman, porque eles eram afiliados. Então lá se foi a banda e o som que criei com eles.

De qualquer forma, coproduzi o álbum *True Colors* com Lennie e dessa vez contratamos músicos. Eu me acostumei a sempre estar em uma banda e sentia que havia algo de errado em não estar. E, apesar de estarmos trabalhando com músicos muito bons, eu não sabia como articular nada com eles. Quero dizer, eu tinha Adrian Belew na guitarra, que foi o maior guitarrista de todos os tempos, e o fantástico Peter Wood, e Lennie trouxe Aimee Mann, que estava na minha gravadora, para fazer o backing vocal. No entanto, não dá para pedir para Adrian Belew tocar como os Four Tops ou entrar numa vibe melancólica – estamos falando de Adrian Belew, malditos! Ele estava na banda King Crimson! Vamos colaborar!

Escrevi com um monte de pessoas diferentes e me senti meio perdida. O bom de estar por baixo e tudo mudar é que você só pode passar de ruim para bom. Mas quando você está no topo e tudo muda, você se preocupa com o infortúnio seguinte. Mas eu queria continuar meu trabalho, não queria parar.

Fiz uma parceria com Tom Gray (ele escreveu "Money Changes Everything") e começamos a escrever uma música chamada "A Part Hate", porque eu era fortemente antiapartheid e estava muito aborrecida com a prisão de Nelson Mandela. O problema era que eu também tinha feito o cover de "What's Going On", porque eu amava Marvin Gaye. Com essas duas músicas e a faixa-título, de repente, *True Colors* se tornou um álbum muito pesado e sério. Além disso, a gravadora não queria "A Part Hate", porque achavam que era muito político.

Não pude acreditar. Eles disseram que era mudança demais – que a "garota que só queria se divertir" não poderia de repente se tornar política. Eu disse: "'Girls Just Want to Have Fun' era uma música política – não dá para entender?". Não gostaram. Estavam assustados. Eram muito medrosos. Fingiam ser politicamente conscientes, mas não eram ativistas de verdade. Então não pude colocar "A Part Hate" em *True Colors* (na realidade, demorei mais sete anos para lançá-la). Eu ainda acreditava que o rock and roll poderia mudar o mundo e tinha visto como isso fora feito. Causei um grande impacto no Japão e abri a mente deles, e o que eu não fiz Madonna e Janet Jackson foram lá e fizeram.

A gravadora vivia me perguntando: "Cadê a *música* no single 'True Colors'?". Porque o single era muito simples. Acho que eles queriam mais pop feliz. Mas quer saber? Diferente de muitas pessoas, vivi uma vida antes mesmo de ter 20 anos. E eu tinha passado por tanta coisa naquele ano. Fiquei no hospital, quase pensei que fosse morrer. Ninguém na gravadora, exceto Lennie, sabia que eu estava doente. Eu deveria ter falado para eles – deixá-los sentir que iam me perder. Então talvez teriam recebido meu segundo disco um pouco melhor do que receberam em vez de brigar comigo o tempo todo. Claro, havia alguns momentos mais leves no álbum também. Paul Reubens – sabe, Pee-wee Herman – era um telefonista do tipo "911". Nós nos conhecemos em 1985, quando ele era o MC no MTV New Year's Ball, e ficamos amigos rapidamente. Ele era uma pessoa tão fácil de se conviver, além de ser engraçado, e tínhamos uma sensibilidade parecida. Descobríamos coisas para fazer juntos na televisão, como jogar golfe em miniatura no *Entertainment Tonight*. Quando ele desenvolveu seu próprio programa de TV, *Pee-wee's Playhouse*, ele queria que eu cantasse a música-tema. Eu disse a ele que cantaria, mas não poderia ter o crédito no meu nome porque ia lançar *True Colors*, que tinha um tom sério. Em nosso mundo superficial, as pessoas não podiam aceitar as duas coisas ao mesmo tempo. Então cantei a música-tema usando o pseudônimo "Ellen Shaw". Aí Paul me mandou de volta uma fita hilariamente engraçada – eu cantando a música-tema e, no meio, ele dizendo: "Oh, não! Minha carreira está arruinada, oh não!". Ele é um maluco. Eu o adoro.

Patti LaBelle, que se tornara uma amiga, deveria estar em *True Colors* também. Mas ela queria alguns royalties, e Lennie e Dave não fariam isso. Não dou a mínima para isso, mas concordei com eles e perdi a chance de cantar com minha amiga em um disco.

Eu a conheci quando estava em Los Angeles, quando fui a um de seus shows depois que minha turnê "Fun" terminou. Sempre fui uma grande fã de sua voz, e ela estava incrível, como de costume. Cheguei nos bastidores e lembro que fiquei lá apenas chorando, pois a apresentação dela tinha sido muito emocionante. Então ela me convidou para subir ao palco – imagine, totalmente sem preparo. Acho que ela estava cantando "Stir It Up" e acabei fazendo o backing vocal. Mais tarde comecei a cantar e improvisar com ela e nos tornamos amigas.

Ela teve um programa especial de Ação de Graças na TV em 1985 e me pediu para participar dele. Ela convidou outras pessoas também, como Luther Vandross e Amy Grant. Pobre Amy – no palco, ela era como um cervo diante de faróis. Às vezes Patti pode atropelar você com a música dela quando está muito envolvida.

Naquele especial, quando ouvi Patti cantar "Time After Time", pensei: "Ok, cheguei". Cantamos juntas: ela chamava, eu respondia e, para minha sorte, eu conseguia fazer o que ela queria que eu fizesse. Até fazer aquele especial, eu não fazia ideia de como meu trabalho afetava a comunidade afro-americana (eu ouvia muito que o público negro "não era o meu mercado"). Anos depois eu estava na rua e pessoas afro-americanas – carteiros, todos os tipos de pessoas – se aproximavam e diziam que se lembravam de mim daquele especial. Isso sempre me emocionava.

Também cantamos "Lady Marmalade" juntas. Como eu disse, na minha primeira banda, essa era a melhor música se tudo estivesse ficando alucinante – meus companheiros de banda diziam: "Vá lá e cante 'Lady Marmalade'!". Poder cantar com alguém cujas músicas eu cantava quando era criança, com cuja voz eu me conectava e que estava cantando uma das minhas músicas, foi um dos momentos mais marcantes da minha carreira. Esse foi um grande momento para mim.

Enquanto eu estava terminando o trabalho no álbum, Annie Leibovitz fotografou a capa dele. Eu saía para as sessões de fotos, voltava e trabalhava no álbum. Às vezes ficava acordada a noite toda, então eu me exercitava porque precisava estar bem. Tentava não comer depois das 18h, porque tinha perdido muito peso quando estava doente e queria me manter magra.

Em seguida, gravamos o clipe para "True Colors". O conceito é que sou uma contadora de histórias que bate um tambor africano enquanto uma garota é apresentada passando pela infância e pela idade adulta. Uma concha simboliza as mudanças. O clipe e a música são sobre aprender a amar e aceitar a si mesmo. Era para eu codirigi-lo, mas quando coloquei aquele enfeite estúpido na cabeça eu não conseguia nem me mexer. Então, Pat Birch, que também dirigiu "Money Changes Everything", foi a única diretora.

E, mais uma vez, Dave estava no clipe. Eu queria mostrar a conexão espiritual entre as pessoas e transmitir uma vibração angelical, então nos tornamos solarizados quando nos beijamos. (Mas não acho que ele deveria ter aparecido na cena com o peito nu, puxando o lençol branco de mim como ele fez. Todo mundo zombou dele por isso.)

Para a festa de pré-lançamento de *True Colors* em Nova York, convidei um monte de lutadores, porque eles faziam parte da minha família, ferrados como eram. Mas a coisa toda da luta livre tinha sido uma merda porque Vince e a equipe da World Wrestling Federation se transformaram nessas pessoas estranhas e gananciosas que expulsaram Dave e eu, então, não muito tempo depois da festa, decidi acabar com as coisas de luta. Ouvi muita merda dos críticos por estar envolvida com a luta livre, porque não era algo sério. De alguma forma, isso tornou minha música menos séria. Mas não acho que foi o caso e apoio a luta livre.

Depois que o álbum saiu, no fim do verão de 1986, fui de novo ao programa *Late Night with David Letterman* para cantar "True Colors" e eu estava bem surtada. Fiquei pensando: "Meu Deus, como vou me apresentar? Preciso ganhar todas essas pessoas e tenho que fazer isso em voz baixa, sem cantar com as entranhas". Lembro que meu cabelo era amarelo brilhante com algumas extensões vermelhas – foi muito emocionante. Eu usava uma saia da Vivienne Westwood, um chapéu da Expo Mundial e uma linda camisa vintage de caubói que tinha vários tons de verde, bem bonita.

Para capturar o espírito da música, deixei o palco todo escuro. Como era uma canção de cura, segurei uma pequena ametista em forma de coração que não mostrei a ninguém. Estava muito amedrontada no palco e segurar a ametista me acalmou. Fui para um lugar que era de outro mundo, que me permitiu expressar minha mensagem: você quer se curar. *Vá se curar*. Assim, aprendi o poder de um sussurro.

As pessoas pegaram essa mensagem muito rápido e a música foi parar em primeiro lugar. No início da turnê "Girls Just Want to Have Fun", alguns jovens que haviam fugido de casa começaram a aparecer na estrada. Eles nos seguiam em seus carros e às vezes nós os colocávamos para dentro e os alimentávamos ou conversávamos com eles. Eu me lembro bem de uma garota de 15 anos chamada Donna, que queria se juntar à nossa turnê. Seus pais eram muito rigorosos, muito cristãos, especialmente seu pai, que era realmente radical. Quando a pessoa é assim, tudo o que ela faz é afugentar os filhos. Então, nosso gerente de produção, Robin Irvine, que foi muito bondoso, trouxe-a para o meu camarim e me disse: "Você precisa conversar com essa garota". Então falei com ela e ela me contou como seus pais eram rígidos e tinham imposto toda essa merda bíblica a ela. Acho que a Bíblia é o livro mais indecente que você pode comprar. Ele tem assassinato, incesto, estupro, apedrejamento, saque, guerra – todo tipo de coisa traiçoeira e horrível –, com uma inclinação muito sexista. Por isso não aguento ler isso (fico pensando: "Isso é brincadeira? É isso que você diz sobre as mulheres?").

Fui criada como católica, como eu disse, e minha mãe foi expulsa da igreja porque se divorciou. Sua opinião sobre a religião fica mais negativa quando as pessoas dizem que sua mãe vai para o inferno, sendo que elas nem a conhecem. Então, quando eu era mais jovem, acreditava nessas coisas com ceticismo. Eu sabia que havia pessoas que usavam a religião para controlar outras pessoas, e decidi há muito tempo que isso não aconteceria comigo. Eu tinha 8 anos nessa época (sim, bem jovem). Sigo meu próprio código básico de conduta, que pode ser encontrado em todas as religiões, mas, na maioria das vezes, é uma questão de bom senso – faça para os outros o que você gostaria que fizessem para você. Eu disse a Donna que ela precisava se comunicar mais com os pais dela e quando ela tivesse 18 anos ela poderia viver sua própria vida. Passei horas conversando com Donna e a deixei dormir lá por uma noite, mas depois falei para ela ir para casa. Ela era uma criança. Eu a reencontrei nos anos 1990 e ela estava bem.

Mesmo tendo me tornado uma inspiração para os outros, eu ainda era eu. Eu ainda dizia coisas erradas para pessoas certas. Por exemplo, na primavera seguinte, em 1987, Dave e eu fomos convidados para um sêder em Los Angeles, oferecido por dois homens da gravadora, incluindo o executivo da CBS Records, Walter Yetnikoff. Havia muitas pessoas famosas lá, além de gente influente com suas esposas-troféu que mal falavam (e quando falavam era sobre o marido delas). Foi horrível porque precisei ficar com pessoas cujos valores eram muito diferentes dos meus. Eles eram tão republicanos que eu queria me matar. Definitivamente entendi a hierarquia de quem era quem. Os maridos estavam bajulando Walter, para não serem pisoteados por ele na frente de todos. Naquele ano o sêder caiu no domingo de Páscoa e eu estava lá pensando: "É assim que estamos passando a Páscoa?".

A conversa incluiu assuntos como Warren Beatty dando papéis só para mulheres que lhe fizeram um boquete. Pensei: "Todas as mulheres ficaram completamente malucas?". Então Julio Iglesias se inclinou para mim e disse: "Você é tão inteligente, mas você não gosta de mim". Pensei: "Querido, não que eu não goste de você, você parece um cara legal, mas por que você está dando em cima de mim quando vê que estou com um cara aqui?".

Também vi Bruce Springsteen e sua nova esposa Julianne Phillips, a atriz/modelo que não teve carreira depois ele. Grande erro se casar com ele. Grande maldito erro! Ela estava indo para algum lugar e, depois desse relacionamento, nem tanto. Sempre digo: "Veja um homem famoso, corra para outro lado". A única pessoa que nunca se machucava por estar com um homem famoso era a Madonna.

Fiquei tão aliviada ao ver Bruce. Fui até ele e disse: "Meu Deus, não consigo nem acreditar que estou aqui, não conheço essas pessoas. As mulheres só conversam quando falam com elas e, quando falam, é só sobre seus maridos". Julianne assentiu e disse: "Sim, eu sei". Mas Springsteen me olhou feio. Ele poderia muito bem ter pegado uma faca e cortado meu coração porque, naquele momento, pensei, "*Et tu*, Bruce-ay?" ["Até tu, Bruce?"]. Eu me senti tão enganada que me tornei a americana chata para ele, porque pensei que era a pior coisa que eu poderia fazer para me vingar. Como uma pessoa de quem você quer se livrar, mas de quem não consegue se afastar, aí ela se aproxima, diz coisas desagradáveis e não para. Sou o tipo de pessoa que, se sei que você não gosta de mim e eu acho que você está sendo um idiota em relação a isso, vou chegar ainda mais perto só para chatear você. E, se ficar chateado, aumento a dose.

Bruce obviamente não queria nada comigo, então fiz exatamente isso. Bruce estava em uma mesa, parei na borda e disse alto o suficiente para todos ouvirem: "Bruce, por que você não faz um dueto com Placido Domingo? Você e o Placido poderiam cantar 'Born to Run' juntos". Na época, estavam juntando pessoas estranhas para fazer duetos e poder vender um monte de discos. Eu só queria irritá-lo e funcionou. Ele me odiava, e eu o reprimi com unhas e dentes porque pensei: "Como você pode fingir estar bem com essas pessoas?". Nos anos 1970, quando eu era uma faxineira ou uma babá que fazia camas, cantava com ele no rádio. Ouvia a forma com que ele escrevia e cantava sobre as mulheres e sabia que ele as entendia – nos entendia. Em vez disso, ele parecia tolerar toda aquela cena horrível e sexista. Patti Scialfa, sua atual esposa, é muito inteligente. Não é idiota. Não que Julianne Phillips fosse idiota – apenas achava que não havia luz suficiente para os dois.

Não encontrei Bruce desde então. Não quero mais conhecer ninguém. Não quero saber como as pessoas são além de sua arte. Quando você conhece as pessoas e elas são maravilhosas, é uma surpresa tão genuína e tão legal. Mas não quero me decepcionar. É demais para mim. E isso se estende a mim também. É por isso que digo às pessoas: "Escute, não confunda o meu trabalho com quem eu sou, você vai se decepcionar". Tentei ao máximo fazer um bom trabalho e coisas boas, mas não sou necessariamente sempre fantástica como pessoa e, como digo, faço e falo muitas coisas erradas. Sou humana. Entretanto, fãs não pensam assim. Eu sei, porque sou esse tipo de fã.

TENTEI FAZER UM BOM TRABALHO E COISAS BOAS, MAS NÃO SOU SEMPRE FANTÁSTICA COMO PESSOA.

“DECIDI QUE, COMO
NÃO PODERIA
TOCAR AS PESSOAS
NA PLATEIA,
TENTARIA TOCÁ-LAS
VISUALMENTE.”

CAPÍTULO 10

COMECEI A RECEBER ROTEIROS DE PRODUTORAS CINEMATOGRÁFICAS, PORQUE, NA época, elas estavam buscando cantoras pop, como a Madonna, para estrelar filmes. Eles queriam que eu aparecesse no filme *Girls Just Want to Have Fun* [*Dançando na TV*] – você se lembra disso, com Sarah Jessica Parker? Era sobre garotas que entram em uma competição de dança. Quando li o roteiro, pensei: "Como você ousa pegar o que fiz, vestir as personagens como eu e depois escrever esse roteiro idiota sobre nada, sendo que tudo que lutei para fazer foi sobre algo?". Não podia acreditar.

Depois recebi um telefonema com um convite para fazer *Vibes – Boas Vibrações*, um filme de Ron Howard. Eu era e sou uma grande fã dele. Achei incrível o jeito com que ele usou atores como Don Ameche e Hume Cronyn em *Cocoon*. No entanto, eu disse: "Ouça, adoraria fazer o filme, mas posso mandar muito mal. Por que vocês não fazem um teste de elenco e veem se sou boa o suficiente? A última coisa que quero é estar num filme e não prestar". Eles disseram que tudo bem, e Ron Howard veio me ver em meu apartamento em Nova York. Ele era muito legal e pé no chão. Quando eu estava fazendo o teste de elenco, fiquei pensando: "Meu Deus, estou sendo dirigida por Ron Howard".

Quero dizer, eu não tinha experiência com atuação além dos meus clipes. Só escutei tudo que ele disse, fiz o que ele me disse e ele gostou. Ele também me fez assistir e não achei que estava horrível na tela. Então assinei contrato para fazer o filme. Interpretei uma médium chamada Sylvia, que, com outro médium (interpretado por Dan Aykroyd), é contratada por um cara rico para encontrar seu filho na América do Sul. Mas, como se vê, na verdade somos contratados para encontrar um tesouro inca escondido, de onde vem toda a energia psíquica do mundo. Para mim, logo de cara, foi muito divertido.

Tentei descobrir que raio de aparência essa garota Sylvia teria. Ela era esteticista e também médium e deveria ter cabelo rosa – sabe, como aquelas garotas que querem descolorir seus cabelos loiros, mas ficam rosa? Adormeci depois de descolorir, e meu cabelo ficou branco e meio que queimado em alguns pontos, então não pude manipulá-lo novamente para que ficasse com uma cor diferente. No fim, deixei-o loiro-platinado. Depois vi que a Madonna estava fazendo um filme chamado *Quem é essa garota?* e ela era uma loira platinada também. Pensei: "Tudo bem – legal. Nunca conseguimos nos afastar uma da outra".

De tintura de cabelo eu entendia: tinjo meu cabelo desde os 9 anos, quando usei corante alimentar para fazer com que ele ficasse verde para o Dia de São Patrício. Aos 12 anos, usei Sun-In, depois Nice 'n Easy, antes de trocar para coisas pesadas. Uma vez tentei tingir de volta para castanho – a cor natural do meu cabelo –, mas ficou ruivo por engano. Gostei, então mantive assim.

Queria estar bem no filme, então fiz aulas em uma escola de beleza para aprender a fazer "finger waves", ondulações no cabelo, e aprimorar minhas outras habilidades de esteticista. Também comecei a estudar com médiuns para descobrir como eles faziam o trabalho deles. Todos me diziam: "Você será uma líder espiritual", e eu pensava: "Sinceramente, duvido disso. Não vou fazer nada iogue no curto prazo".

Conheci uma médium, Ginny Duffy, que minha professora de canto e amiga me apresentou quando eu lhe disse que estava estudando mediunidade. Ginny era diferente das outras porque fazia regressão a vidas passadas, quando você usa a hipnose para recuperar o que acreditam ser memórias de vidas passadas. Ginny também conectava as pessoas aos seus anjos. Usei alguns de seus maneirismos quando estava me comunicando com os espíritos no filme.

Eu sempre tinha sonhos interessantes que pareciam mergulhar em minhas próprias vidas passadas, então a ideia toda não parecia tão estranha para mim. Por exemplo, uma vez, quando eu estava dormindo perto de Dave Wolff, sonhei que era uma condessa no Mundo Novo, num lugar muito quente, e eu andava em uma carruagem até uma fortaleza. Quando saí para caminhar, eu era menor que o normal. Então alguém me agarrou, um tipo de Zorro sombrio – era Dave. Em outra ocasião, sonhei que era holandesa, de outro tempo, e eu tinha conseguido um pequeno exército para perseguir um ladrão ordinário, mas na verdade eu gostava dele – é por isso que eu o estava perseguindo. Mais uma vez, quando acordei, percebi que era Dave. Então pensei: "Tudo bem, regressão a vidas passadas, isso é interessante". Foi assim que minha cabeça estava explicando tudo. Sempre fui atraída pelo fato de Dave ser um malandro que poderia levar qualquer um na conversa.

Ginny também me conectou a guias espirituais – entidades que ensinam, curam e ajudam você em sua jornada para a consciência espiritual – e isso me influenciou muito. Na verdade, ao longo da década seguinte, fiquei muito conectada a um outro nível de consciência e me tornei uma pessoa mais espiritual. Lembro que, quando estava promovendo *True Colors*, conheci um menino através da Make-a-Wish Foundation que tinha espinha bífida. Ele tinha 12 ou 13 anos e estava numa maldita cadeira de rodas. Não conseguia nem se mexer. E eu ficava dizendo: "Por quê, Deus? Por que eu? Não posso me encarregar dele. Não posso fazer nada por esse garoto". Isso me incomodou de verdade, então descobri uma forma de ajudar todas essas crianças que não seriam preponderantes. Ginny praticava Reiki, uma técnica japonesa que usa o toque para reduzir o estresse e promover a cura. Então a estudei, achei que seria algo bom para se aprender, porque quando me apresentava para crianças elas sempre tocavam meus pés e eu sempre gostava de segurar suas mãos. Senti que, se estudasse Reiki, seria capaz de lhes dar energia de cura, algo mais além de entretenimento – alguma coisa que realmente faria com que elas se sentissem melhor.

A produtora de filmes também me ofereceu uma preparadora de elenco incrível. O nome dela era Sondra Lee e ela era uma professora gentil e maravilhosa que realmente me orientava. Sondra foi atriz ao longo dos anos 1950 e 1960. Ela interpretou Tiger Lily em *Peter Pan* e a jovem na festa em *La Dolce Vita*. Em seu livro de memórias de 2009, *I've Slept with Everybody* [Dormi com todo mundo], ela disse que perdeu a virgindade com Marlon Brando – dá para imaginar?

De qualquer forma, acontece que Dan Aykroyd gostava de mim, mas se sentia desconfortável com minhas habilidades de atuação. Fazíamos uma leitura juntos, quando ensaiávamos o roteiro, e eu estava numa luta, pensando: "Devo lê-lo como se estivesse atuando ou devo lê-lo sem nenhum sentimento?". Eu era totalmente inexperiente e ninguém me disse como fazer isso.

Quando Dan viu o que fiz, acho que ele sentiu que minha abordagem estava errada e continuou dizendo: "Como você vai falar com o seu guia espiritual?". Não pude lhe responder no começo, porque estava perdida no roteiro, e poderia dizer que ele achou que eu não tinha a menor ideia. Ele ficou desconfortável em trabalhar à minha frente, o que entendi, mas o que ele não percebeu é o quanto sempre aprendo com as dificuldades. Por exemplo, lembro-me de uma vez em que fui apresentar sem minha banda e tive que aprender a tocar "Money Changes Everything" na escaleta. No fim, aprendi o trecho, mas é sempre estressante para todos ao meu redor me ver tentando dar um jeito nas coisas. Por exemplo, recentemente toquei "True Colors" no maior programa de TV matinal do Japão e tive que descobrir como tocá-la no dulcimer a caminho da estação de TV. O rapaz da promoção da TV japonesa estava lá me observando e ficando inacreditavelmente nervoso e dizendo: "Meu Deus, ela sabe a música?", mas eu consegui. Mesmo que às vezes seja de última hora e que deixe todos loucos, geralmente sou capaz de dar um jeito.

É compreensível que Dan Aykroyd se sentisse assim. Por alguma razão, Dan decidiu sair e Jeff Goldblum entrou. Então, de repente, em vez de Ron Howard, eles contrataram outro cara cujo grande filme era *Vila Sésamo – Onde está o Garibaldo?*. Logo, eu estava sendo dirigida pelo diretor do Garibaldo, o que me fez sentir como o Garibaldo (fiquei pensando comigo mesma: "Apenas garanta que seu cabelo não fique tão grande"). Começamos a filmar na Califórnia em fevereiro de 1987 e passamos o verão e o outono filmando, incluindo duas semanas no Equador.

Infelizmente, Jeff Goldblum, com quem achei que seria fácil trabalhar, acabou sendo um pouco diferente e fazia coisas que eu achava irritantes. Não sei por que ele tinha que ser assim, mas ele era horrível. Era um sujeito estranho que, se soubesse o que você faria na tela, faria algo para impedir. Por exemplo, fizemos uma cena de amor e, de repente, ele colocou suas mãos grandes e gordas em todo meu rosto. Então peguei suas mãos e as puxei para baixo, e ele ficou todo chateado. Eu disse: "Deixa eu te dizer uma coisa – não gosto de ninguém tocando meu rosto, ok? Isso é um grande erro". Ele também tinha algum tipo de processo de atuação estranho: antes de entrar em uma cena, folheava um livro, tagarelava baixinho e ficava nervoso, como se estivesse tendo um colapso nervoso. Bom, uma vez fizemos uma cena com um ator coadjuvante mais velho chamado Bill McCutcheon, que interpretou o curador do museu. Antes de começarmos, Jeff ficou lá e fez a coisa toda do colapso nervoso de novo.

Perguntei ao Bill: "Você acha isso muito desconcertante?". Ele disse que toda vez que Jeff fazia isso ele não conseguia se lembrar de suas falas.

Então me virei e falei para Jeff: "Olha, posso ver que você tem todo o seu processo em andamento aqui. Respeito, mas, faça-me o favor, vá dar uma voltinha para ter seu colapso nervoso. Quando começarmos a cena, aí você volta. Porque você está desconcentrando esse cara e está me desconcentrando também. Certo? E vou dizer outra coisa: se você continuar fazendo isso, esse não vai mais ser um filme de mistério de assassinato, porque vou matar você bem aqui, na frente de todo mundo". Todos meio que deram um passo para trás. Mas quer saber? Algumas pessoas ficam importunando e importunando você e esperam que você não diga nada. Bem, isso não vai acontecer comigo. Sempre vou dizer alguma coisa. E quando fico com raiva, fico arrogante. A arrogância provavelmente é meu maior defeito.

Jeff era um cara interessante, a filmagem poderia ter sido ótima. Daria para pensar que nos daríamos bem. Quero dizer, ele é um cara da arte. Tenho certeza de que ele pensou quem diabos eu era para ser a protagonista de um filme sendo que ele batalhou a vida inteira para conseguir papéis. Mas ele era o outro protagonista, então qual era o problema? Talvez algo estivesse acontecendo em sua vida. Seu comportamento parecia refletir algum tipo de fragilidade emocional, mas eu não conseguia entender o que o deixava infeliz. Na época, ele estava com a garota mais rock'n'roll, a atriz Geena Davis. Eu a achava incrível. Ela me ensinou uma música sueca que canto no filme, porque ela tem raízes suecas.

De toda maneira, batalhei para contratarem Peter Falk como terceiro protagonista, porque achei que seria bom ter dois homens de cabelos escuros ao lado do meu cabelo claro, e falamos no mesmo ritmo, mas, quando ele apareceu no set, descobri que ele era um pouco excêntrico. Por exemplo, o operador de câmera me chamava e dizia: "Cyn, tenho uma boa luz em você. Fique nesse ponto e diga essa fala para mim". Então Peter aparecia e dizia: "Não dê ouvidos a ele. Você não precisa ficar nesse ponto. Apenas faça isso". Eu pensava: "Mas se ele gastou tempo para me iluminar e posicionar tudo, por que eu não deveria ficar no lugar?". No entanto, atuar com Peter Falk era extraordinário, algo tão louco quanto ele.

Outras coisas malucas aconteciam no set também. Certa vez um produtor desceu e eu o ouvi dizer: "Você transaria com ela? Ela é transável?". Ou às vezes eu começava a trabalhar e um dos produtores ficava bem na minha linha de visão, olhando diretamente para mim, assistindo, enquanto a câmera estava ligada. Era incrivelmente perturbador e estranho, então eu tinha que dizer: "Ele está bem na minha linha de visão – ei, você pode parar com isso?". Então, durante todo esse tempo, Jeff estava passando por seja lá o que for. E Peter Falk – esse cara rebelde totalmente anarquista que eu adorava, no fim, se juntou a Jeff contra mim. Eu estava muito triste por eles terem me excluído. Porém, talvez isso fosse melhor para o papel – quero dizer, minha personagem deveria ter um pouco de tensão com Jeff.

A luta pelo poder e os traumas que ocorreram por baixo do filme superaram o que poderia ter sido um filme divertido, feliz e engraçado. Sabe quando falei sobre querer criar músicas que vão atrair o espírito? Sempre achei que atuar seria parecido com isso. Seria como chamada e resposta – alguém diria algo para você e você responderia, certo? Fazer uma conexão? Não. Na época em que comecei a trabalhar no cinema, a atuação passou a ser sobre closes e atores que basicamente pareciam querer atuar sozinhos. Não havia senso de unidade, e foi muito desanimador para mim porque é com isso que eu estava acostumada como musicista. Eu queria que eles fossem meus amigos, em vez disso eles eram cretinos competitivos e não pude deixar de pensar: "Fiz isso para poder trabalhar com Ron Howard, e ele nem está aqui, está trabalhando na Nova Zelândia, e eu também desejaria estar na Nova Zelândia, em vez de aqui".

Porém, nem todo mundo era assim. O figurinista e as pessoas de maquiagem e cabelo eram maravilhosos. E a mulher que costurava as roupas era incrível. Aprendi muito com ela e com o pessoal de câmera e iluminação. Eu sempre os observava quando era possível, para ver o monitor para o qual eles olhavam, porque aquele era o lugar onde a gente entraria e isso sempre foi mágico. Quando você entrava, você se tornava a imagem e isso era como pintar. Era como emoldurar algo quando você pinta uma imagem. Eu estava bastante animada em absorver tudo no set e isso tornava tudo um pouco suportável.

E havia muita coisa insuportável, por exemplo, quando o roteirista do filme queria que eu tirasse a roupa em uma cena. Eu disse: "Primeiro de tudo, eu não tenho esse tipo de imagem. E, em segundo lugar, por que não tem um cara tirando a roupa?". Por fim, descobri que poderia usar corpete para parecer meio bonitinha e nua, mas não completamente nua. E eu adorava fazer comédia física. Por exemplo, em uma cena entrei em transe e comecei a cantar, e Jeff e Peter me pegaram e me carregaram enquanto eu ainda estava cantando. Tentei com afinco ficar absolutamente dura. Adorei porque era como

EU **QUERIA** QUE

ELES FOSSEM **MEUS**

AMIGOS,

EM VEZ DISSO

ELES ERAM

CRETINOS

COMPETITIVOS.

algo rotineiro dos Irmãos Marx. Sabe o que foi mais legal? Arranjei um gato enquanto estava filmando – meu gato maravilhoso, Nick, que me deu muitos anos de alegria e amor.

Infelizmente, enquanto trabalhava no filme, fiquei com endometriose de novo, então me submeti a outra operação em Los Angeles. Em seguida, a Columbia Pictures, a produtora de filmes, queria que eu escrevesse uma música para o filme *Vibes*, então fiquei em Los Angeles para encontrar o que escrever. No começo, escrevi uma música com um ritmo mais lento chamada "Unconditional Love", com Billy Steinberg e Tom Kelly, mas o diretor da Columbia disse: "Esse filme é uma comédia – não dá para ter uma balada". Dessa forma, Dave Wolff propôs que eu cantasse "Hole in My Heart (All the Way to China)", escrita por Richard Orange. Eu disse: "Mas esse filme não é sobre a China". Ele disse: "Sim, mas essa é a piada. É muito maluco". Reorganizei a música e a fiz soar como a música de que eu gostava – meio punk, forte e rápida. Entretanto, quando ela foi lançada, as emissoras de rádio acharam que era muito pesada para elas e não tocavam. Elas preferiam tocar baladas. E eis a questão: elas teriam tocado "Unconditional Love". Toda vez que eu falhava era porque eu não ouvia meu pressentimento inicial e tentava satisfazer outras pessoas. (É por isso que quando conheci Lady Gaga para fazer a campanha Viva Glam, da MAC, eu disse a ela: "Não dê ouvidos a ninguém. Seja qual for a criação que você tenha na cabeça, faça, porque agora é a sua hora e, se você desistir, não vai conseguir fazer isso".)

Quando *Vibes* saiu, em 1988, me mataram nas críticas. Eles chamaram o filme de *Bad Vibes* e afirmaram que minha carreira nunca se recuperaria. Mas agora, quando vejo o filme, honestamente, não acho que fui mal. Para dizer a verdade, acho que fiz um bom trabalho. Minha atuação foi muito natural. O filme tinha um ritmo animado, não era engessado, era muito engraçado e peculiar. Não era para ser Shakespeare. Era para ser apenas uma comédia leve, uma coisinha prazerosa para tirar sua mente do seu dia monótono, sabe? Mas o filme foi um fracasso em todos os sentidos. Provavelmente não fui feita para trabalhar em filmes. Eu estava destinada a fazer o caminho que estou fazendo. Acontece que *Vibes* realmente prejudicou minha carreira, o que algumas pessoas aceitariam, mas eu não consegui aceitar. E isso também afetou meu relacionamento com Dave, porque ele não era apenas meu namorado, era meu empresário.

True Colors ficou em quarto lugar nas paradas de álbuns, mas a gravadora não estava feliz por ter vendido apenas três milhões de cópias. A faixa-título estava em primeiro lugar, "Change of Heart" estava em quinto e "What's Going On" foi para a 12ª posição. Essa última não se saiu tão bem quanto deveria. Quando eu a promovi no rádio, disse que se Marvin Gaye tivesse uma esposa que promovesse sua música como Yoko Ono promovia a música de John Lennon, nós nos lembraríamos de "What's Going On" tanto quanto nos lembramos de "Imagine". É claro, isso saiu mais abrasivo do que eu quis dizer. Sempre achei que as pessoas não se importavam tanto com Marvin, porque as drogas o controlavam e talvez o transformassem em alguém que não era mais Marvin. No entanto, o homem podia cantar e escrever, posso garantir.

Eu precisava visitar emissoras de rádio em todos os lugares e fazer eventos especiais para elas. Trabalhei para burro e custou dinheiro fazer tudo, mas elas não pagavam nada. Eu tinha que fazer isso, caso contrário, ficaria na lista negra. Eu também tinha que ligar para uma longa lista de emissoras e, a cada quinze minutos, ligava para uma. Isso durava algumas horas. De manhã, eu conversava com DJs que tentavam ser engraçados, porque os ouvintes estavam se levantando e estavam mal-humorados. Como alguns dos DJs estavam acordados desde as 3h da manhã, também estavam enfadados e diziam coisas estúpidas porque estavam improvisando. Muitos deles estavam irritados, reclamavam e eram desagradáveis sobre ter que impulsionar meu álbum. Como eu nunca tinha filtro, também era desagradável. Não era uma situação legal. Ainda ligo para emissoras de rádio, mas, antes de ligar para alguém, eu me certifico de que querem falar comigo e faço alguns intervalos.

Os ingressos para a primeira turnê de *True Colors* não saíram tanto quanto os da turnê *Fun*. Eu me senti muito mal com isso, mesmo que muitas pessoas não estivessem vendendo ingressos no inverno de 1986. Além disso, meu contador me disse que eu não poderia mais ir para a plateia porque eu poderia ser processada. De repente, havia uma barreira entre mim, "a estrela", e "as pessoas", e essa era a questão de as pessoas irem me ver – não havia barreira.

Decidi que, como não poderia tocar as pessoas na plateia, tentaria tocá-las visualmente e criar cores no palco. Então eu usava roupas que tinham uma cor na parte superior e cobria-as com mais cor por baixo. Quando eu girava, outras cores surgiam, então eu pintava enquanto cantava. Eu me movimentava mais e cantava pra caramba. Eu me esforcei muito, mas o desempenho piorou. Eu lembro que Jon Pareles, do *New York Times*, fez um artigo me comparando novamente com a Madonna e como eu conseguia me sair melhor do que ela e blá-blá-blá. Não acho que foi uma boa ideia porque nunca se sabe o que vai acontecer. Depois de *True Colors*, Madonna provou que ele estava errado. Ela é brilhante em vender e não brigou com sua gravadora como eu fiz. Acho que o segredo por trás de seu sucesso é que ela encontrava alguém realmente bem-sucedido no que ela queria fazer – um compositor ou produtor – e fazia isso com eles. Nunca fiz isso. Nunca quis chamar pessoas que eu não conhecia para trabalhar comigo. E ela também tinha a Warner Bros e seu vice-presidente, Seymour Stein, por trás dela, travando a luta com ela, e eu simplesmente não recebia esse tipo de apoio da minha gravadora. Eu estava sempre lutando *contra* eles. Até Dave foi pego pela "rivalidade com a Madonna". Uma vez ele disse: "Você não quer competir com a Madonna?". Eu não podia acreditar. Eu estava apenas tentando manter o foco e fazer minhas próprias coisas.

Então Don Dempsey, gerente geral da Epic, foi demitido. Fiquei arrasada, porque eu o adorava e ele me dava muito apoio. Eu me lembro de uma vez, no começo da minha carreira solo, em 1983, que eu precisava ir a um jantar promocional no sul da França, estava sentada à mesa e não sabia como me comportar. Ele disse: "Coma a comida à esquerda, beba a bebida à direita" (ele também apontou para um de seus ouvidos e disse: "Sou surdo desse ouvido, mas você vai notar que às vezes coloco as pessoas que falam mais desse lado e apenas balanço a cabeça"). Comecei a ficar realmente desiludida com as gravadoras quando ele foi demitido. Houve muita mudança na Epic porque a Sony estava comprando a CBS e a Epic estava sob esse guarda-chuva inteiro. Enquanto isso, Dave Wolff estava sentindo muita pressão para fazer de mim um sucesso, porque agora que Don estava fora e Al Teller estava dentro, todos tinham algo a dizer sobre a minha carreira. Não era um clima bom.

Todos eles estavam tentando me controlar e eu não queria que todos me dissessem: "Faça isso, faça aquilo". Eu também estava um pouco cheia de mim – como todos nós ficamos quando nos tornamos famosos. Eu estava muito frustrada por não poder sair porque Dave Wolff tinha medo de eu estar sozinha e, quando estava sozinha, ficava impaciente. Eu nunca ligava antes de ir a restaurantes e depois ficava brava se não tivessem lugar para mim.

Como minha relação com a gravadora estava ficando mais tensa, as coisas estavam ficando mais tensas em casa também. Dave tinha feito um bom trabalho em me manter isolada. Esse era o método dele: manter Cyndi bastante ocupada para que ela não soubesse o que estava acontecendo. Mesmo no auge da minha fama, quando eu saía com minha amiga Katie Valk, isso torturava Dave. Ele ligava para ela e perguntava: "Vocês estão bem? O que vocês estão fazendo agora?". Ele fazia muitas ligações assim. Por exemplo, se eu estivesse trabalhando com outras pessoas no estúdio, ele ligava para o produtor e perguntava: "Como ela se saiu hoje?", em vez de me ligar e perguntar isso diretamente.

Era assim que ele me controlava. E isso era frustrante porque toda a minha vida tinha sido uma aventura e agora eu estava presa como um pássaro numa gaiola. Acredito que ele não dizia isso de forma negativa. Porém, penso que, em sua mente, eu estava fora de controle porque tinha uma visão da aparência que queria ter e também como gostaria de soar e ser. Quando começamos a nos separar, houve uma luta de poderes. Quando eu estava promovendo *True Colors* na TV, ele gostava quando eu dizia que estávamos noivos, mas que não nos casaríamos até que eu fosse bem-sucedida, porque ele achava isso engraçado. Embarquei na piada, mas sentia que era muito humilhante. Sim, sim, a piada era sobre mim. Isso só aumentou a pressão que ele estava sentindo por causa do novo bando de figurões arrogantes com que ele tinha que lidar na gravadora.

Além disso, havia uma tensão entre Walter Yetnikoff e Al Teller, presidente da CBS. Lennie achava que Tommy Mottola seria mais adequado para nós e para a Sony, porque ele era empresário, conhecia artistas e seria mais gentil. Então, de alguma forma, Dave, Lennie e Tommy orquestraram uma reunião entre Walter e Tommy, para que pudessem se juntar e, com sorte, Tommy poderia assumir o controle para Al quando Walter se livrasse dele, o que parecia uma possibilidade. Até então, tínhamos uma longa história com Tommy. A ideia era que todos ficássemos em nossa casa em Cape Cod, que comprei em 1985. Ela não era tão grande, era apenas uma casa comum em um bom bairro de classe média alta. Havia uma doca que nunca consertei e pegamos uma lancha que Dave queria, mas ele não sabia pilotar (quando ganhei algum dinheiro, decidi comprar alguns imóveis: aquela casa, um pequeno pedaço de terra em Cape Cod e o apartamento no centro de Nova York).

A casa não estava arrumada, então precisei me virar para fazer isso bem rápido, porque todo mundo chegaria dali a alguns dias. Essa é a minha vida: figurões e suas esposas estão vindo para uma grande festa enquanto dirijo com o garoto da vizinhança para conseguir móveis. E tudo que fiquei ouvindo no rádio foi "I Still Haven't Found What I'm Looking For", do U2, e pensava: "Concordo plenamente. Preciso de um sofá". Eu estava com tanta pressa que ia a uma loja e dizia: "Adoro o que está na sua janela – posso comprar?".

Além disso, minha gata Skeezicks ficava fazendo xixi no edredom no andar de cima, onde Walter ia dormir, e depois desaparecia. Eu a encontrei entocada na parede da casa. Eu deveria ter percebido que, se a gata estava fazendo xixi no edredom, isso não era uma boa ideia, mas não, apenas continuei tentando deixar tudo pronto para eles.

Quando todo mundo apareceu, tentei tratar Walter como uma pessoa comum. Eu o levei no barco e percorri a baía com ele para que ele pudesse esquecer tudo por um minuto e apenas ser uma pessoa.

Tommy Mottola trouxe os dois filhos pequenos que ele tinha com sua primeira esposa e, quando estávamos na praia, a esposa de Lennie, que era muito boa com crianças, virou-se para o garoto chamado Michael e disse: "O que você quer ser quando você crescer?". Ele disse: "Vou ser advogado da minha mãe". Ele tinha talvez 8 anos. Fiquei pensando: "Bem, acho que as coisas estão complicadas em casa". Naquela época, Tommy tinha descoberto Mariah Carey.

Bem, a festa acabou sendo um sucesso porque Tommy fez o show na minha casa. Depois, lamentei pelo dia. Não dá para se envolver com essa merda porque essas pessoas são implacáveis. Walter teve a ideia de separar a transmissão da CBS da parte de música da CBS, mas ele precisava de alguém para comprar a divisão de música de Larry Tisch, o CEO da CBS (ele nem gostava de música). Walter queria que os executivos da Sony cuidassem das coisas e ele achava que eu seria a pessoa perfeita para construir relações com os executivos da Sony do Japão – trabalhando como eu trabalhava nos piano bars japoneses. Então conversei informalmente e tirei uma foto com Akio Morita, o cofundador da Sony e inventor do walkman da Sony, para a capa da revista *Time* em 1988, para um artigo que eles escreveram. Eu estava sendo um bom soldado. Então, com o passar do tempo, Walter e Tommy tiveram uma ruptura. Ficamos do lado de Walter, o que foi um grande erro, porque depois disso minha vida foi uma merda.

Tommy nunca esqueceu e nunca perdoou o que fizemos por Walter e, quando ele assumiu, a ordem da gravadora era para que minhas coisas fossem colocadas em banho-maria e que não seriam promovidas como tinham sido antes. Nesse momento, eu deveria ter seguido em frente e entrado em contato com Seymour Stein, mas ele já tinha a garota dele. Don Dempsey havia entendido as qualidades que me tornaram famosa e, depois disso, vieram todos esses idiotas me falar coisas do tipo que eu deveria me vestir como Katrina, da banda Katrina and the Waves. Uma vez tive uma reunião com Tommy sobre minha direção musical e ele disse: "Dos discos que estão nas paradas, de quais você gosta?". Selecionei coisas legais, como o que o U2 estava fazendo. Então ele disse que eu tinha que trabalhar com um cara que era da Canned Heat! Depois o diretor do departamento de Artistas e Repertório – Don Grierson, um cara legal, mas que não tinha muita coisa artística em andamento – continuava tentando me fazer entrar na banda Heart. Eu pensava: "Já estive em uma banda cover, muito obrigada, não tenho intenção de fazer isso de novo". Então, um dos novos diretores da Sony se virou para mim em uma reunião e disse: "O que é isso que você está vestindo?". Pensei comigo mesma: "Você está brincando comigo?". Eu deveria ter dito: "Isso é o que a sua filha vai usar no próximo ano".

Todos eles estavam tentando me refazer após a percebida falta de sucesso de *True Colors*, e eu não queria ser refeita, eu queria fazer o que fazia. Mas, como achavam que eram mais importantes que o artista, queriam fazer os sons e eu não queria fazer parte dessa máquina. Eu queria rescindir meu contrato, mas se eu processasse a gravadora como George Michael fez, eu perderia, e, se eu fizesse um disco, teria que aguentar um idiota atrás do outro. Eu estava incrivelmente frustrada e deprimida. Só para constar: não foi uma boa situação.

Enquanto isso, *True Colors* foi indicado para um Grammy de Melhor Performance Feminina de Pop, mas Barbra Streisand retornou de forma grandiosa com *The Broadway Album*, e ela ganhou. Sempre fui colocada para concorrer com pessoas que estavam retornando, como Tina Turner dois anos antes. Não sei, acho que é o meu carma. Preferiria ser premiada pelo meu trabalho do que por razões sentimentais. Ou talvez seja Deus me dizendo que é bom ser reconhecida, mas prêmios não constroem a pessoa ou o cantor.

Enquanto todas essas coisas ruins estavam acontecendo, eu estava conversando com Dave sobre o nosso plano de casamento. Conversamos sobre isso por um tempo. Eu estava com o anel de noivado na mão. E meu empresário, que também era meu namorado desde 1982, disse para mim: "Não quero me casar nesse estado de declínio. Prefiro me casar quando estivermos indo melhor".

"TODA A MINHA VIDA ATÉ AQUELE MOMENTO TINHA A VER COM 'CHEGAR LÁ', MAS AGORA QUE EU ESTAVA LÁ, NÃO ERA TÃO COR-DE-ROSA."

CAPÍTULO 11

O ANEL DE NOIVADO QUE DAVE ME DEU ERA UM DIAMANTE AMARELO-CANÁRIO. Guardei esse anel por um longo tempo, mas poderia muito bem ter sido apenas um relógio de ouro por dez anos de serviços prestados. Dave não se casaria. Eu queria a cerca de estacas, queria um piano na sala de estar, todos reunidos nas férias com cães e gatos, tocando música, cantando, rindo, comendo, bebendo. Mesmo sendo um tipo de fantasia, eu queria isso.

Dave e eu conversávamos sobre nosso futuro juntos, e ele não dizia exatamente que *não* queria. Ele sempre dizia: "Um dia vamos ter isso" e "Um dia vamos ter aquilo". Lembro-me de que, quando ele disse isso uma vez, olhei para ele e pensei: "*Um dia?* Que tal agora?", e comecei a pensar em ter um filho. Três gerações de pessoas iam aos meus shows, e as crianças pequenas iam vestidas como aquela garota punk do clipe da Art of Noise que mencionei antes. Eu as via e pensava: "Olhe para elas, elas vão crescer ouvindo a minha música. De certa forma, eu as estou criando. Então por que não posso ter meu próprio filho?".

No entanto, Dave não tinha interesse, porque como viveríamos nosso estilo de vida enquanto eu estivesse grávida? Além disso, eu não era famosa antes dos 30 anos, então eu era mais velha, o que poderia ocasionar alguns problemas (a mãe dele sempre dizia isso a ele). E sabe Deus o que mais ele escondia em mente. Ele amava quando entrávamos e saíamos de limusines e éramos "o casal".

Bem, era isso que ele amava em público. Em casa, ele jogava videogame o tempo todo e me deixava de fora. Ele precisava relaxar porque o trabalho era uma panela de pressão e estava preso entre uma mulher que queria as coisas à sua maneira e uma gravadora que trocava apertos de mão[illegible]m os maiores machos sexistas do mundo, que se casavam com mulheres [illegible]u – mulheres que calam a boca porque homens são reis.

Durante o fim dos anos 1980, todos esses homens poderosos pareciam totalmente descontrolados. Muitos deles usavam cocaína e todos eram sexistas. Era realmente foda e tive dificuldade para lidar com essa merda. Eu estava cercada por isso, cercada por homens. Fiquei doente novamente e precisei de outra operação.

Eu não me encaixava mais na Sony, e Dave e eu também não estávamos nos ajustando. Eu chorava o tempo todo porque não conseguia acreditar como tínhamos nos distanciado. E a gravadora o estava torturando. Eles diziam: "Você é o homem da casa – *você* diz a ela o que fazer". Como se disessem: "Você é o homem da casa, por que não consegue controlá-la?". Soube que era o fim quando eu e ele estávamos tendo uma briga e ele disse: "Eles estão certos. Você não deve tomar suas próprias decisões". Naquele momento, eu era uma mulher famosa. Olhei para ele e pensei: "*Resposta errada!*". Mas apenas disse: "Ok, é isso". Foi a coisa mais triste do mundo para mim, porque eu o amava. Aqueles caras da gravadora que ficavam interferindo nos separaram – eram apenas porcos, grosseirões com correntes de ouro e pelos saindo de suas malditas camisas, sapatos brancos e aquelas calças de golfe de merda – tudo errado, entende o que quero dizer?

A separação de Dave levou muito tempo. Meu relacionamento e meu trabalho tinham sido tudo para mim, e sempre pensei que, se eu tentasse com mais afinco, poderia superar o problema. A verdade é que não dava para superar isso com trabalho duro; era profundo demais. Enquanto isso, a Sony estava fungando no meu cangote. Originalmente, eu queria que meu terceiro álbum fosse um projeto chamado *Kindred Spirit*, inspirado em uma gravação antiga. Essa gravação fazia você se sentir como se estivesse entrando em outro tempo. Fiquei muito interessada no outro mundo (sendo o tempo algo de textura elástica, de qualquer forma). Eu queria criar o mesmo tipo de sensação no meu disco, por isso a música "Kindred

Spirit", que entrou no álbum, tinha aquele som arranhado antigo. Toquei um dulcimer (que aprendi a tocar sozinha) e minha voz soou como se fosse de outro tempo também.

Eu queria que o álbum se chamasse *Kindred Spirit*, porque todas aquelas gravações antigas eram de espíritos afins. Mas a gravadora, grande surpresa, estava mais interessada no lado comercial do que na arte. Há um jeito de misturar as duas coisas, mas nunca fiz isso do jeito certo. Pensava apenas na arte e na magia da música.

Então eles trocaram os diretores da gravadora novamente. O rapaz novo adorava Diane Warren, que escreveu muitos sucessos, como "If I Could Turn Back Time" para Cher e "I Get Weak" para Belinda Carlisle. Ela havia originalmente escrito uma música chamada "I Don't Want to Be Your Friend" para a Heart, e trouxeram para mim. Mas eu não queria cantar como a Heart. Como eu disse, eu não estava mais numa banda cover. Então eu a peguei, baixei o tom e, com o músico de zydeco Rockin' Dopsie tocando gaita-ponto, fiz uma marcha cajun. Também consegui que Baghiti Khumalo, o baixista sul-africano que trabalhou com Paul Simon, tocasse naquela faixa, então ela tinha uma espécie de som "jazz-funeral" de Nova Orleans. E Phil Ramone me ajudou a produzir essa faixa (acho que é uma versão bonita, mas, aparentemente, Diane ligou para a gravadora depois e reclamou de forma amarga sobre isso).

No fim dos anos 1980, o cara do departamento de Artistas e Repertório era o gênio, não o artista. Como o álbum não era criação deles e eu não estava fazendo exatamente o que aqueles idiotas queriam, estava errado. Lennie e Eric Thorngren, o coitado que estava produzindo e arranjando algumas das faixas comigo, ficavam olhando para mim e dizendo: "Cyn, o que há de errado com você? Você é o Vinnie van Gogh do rock, faça suas coisas, não os escute, vamos lá!". Porém, eu estava tão acostumada a ser um bom soldado que não sabia quando dar um basta (isso acontece ainda hoje).

Em um determinado momento, alguns executivos da Sony até vieram do Japão para se encontrar comigo. Eles me levaram para jantar e disseram: "Cyndi, acreditamos em você e queremos que você faça música novamente". Mas ninguém em Nova York disse isso para mim. Não havia comunicação. Então tentei um álbum mais comercial e fiz *A Night to Remember* em 1989, que chamo de *A Night to Forget*, pois era um daqueles álbuns condenados à ruína porque a gravadora estava mudando novamente. Então Lennie caiu em seu barco, quebrou a perna e estava no hospital. Depois disso, ele deixou a empresa, o que foi devastador para mim. Então precisei lidar com os novos chefes de estado. Eu não conseguia agradar o novo cara do departamento de Artistas e Repertório. Não importa o que eu tocasse para ele, ele dizia: "Isso é bom para os ouvidos". Nunca: "Oh, essa é uma boa música" ou "Isso é cativante". Eu pensava: "Foda-se você e seu ouvido". Tive vontade de dizer para todos eles: "Parem de encher o saco". E nesse tempo todo eu estava me separando de Dave.

Eu deveria ter saído quando o executivo musical perguntou: "O que você está vestindo?". Ele estava em seu mundinho particular. Queriam que eu me conformasse e, infelizmente, contrataram uma inconformista. Não dá para pegar uma galinha e transformá-la num pato. O mundo corporativo estava acima de tudo e é por isso que a música foi para o brejo. Se você olhar para a música no início dos anos 1980, era algo criado por artistas. Assim como os looks. A empresa não disse para os integrantes da Flock of Seagulls: "Por que vocês não usam o cabelo assim?". Isso veio da banda.

No estúdio, eu estava presa a um cara que Lennie havia contratado, um completo alcoólatra. Era tão horrível que até os músicos olhavam para mim e diziam: "Cyn, esse cara está bebendo às dez da manhã". E eu não conseguia que ele fizesse nada porque ele tinha suas próprias opiniões. A certa altura, ele estava falando sobre o som de algo e disse: "Só é um pouco ruim". Grande surpresa que fiquei ofendida com isso. Pensei: "Quer saber? Estou pagando para você colaborar comigo, e eu não quero que fale comigo desse jeito". Enquanto eu estava tentando gravar o disco, a equipe de promoção estava *dentro do estúdio*. Imagine ter a equipe de promoção informando o que você deve fazer enquanto você está tentando fazer música! O ambiente ficou tão ruim que precisei parar a produção. Eu tinha ouvido falar sobre um evento na Rússia, uma espécie de conferência de escrita entre compositores russos e americanos, então decidi ir.

Em 1989 a União Soviética era um lugar muito diferente do que a Rússia é hoje. Levei água engarrafada e papel higiênico. Também fui cuidadosa ao sentar nos vasos sanitários, porque o vaso tinha um tamanho e o assento sanitário, outro. Parecia que eu estava sendo espionada o tempo todo, então eu tentava ficar bem quando entrava na banheira do American Hotel, onde fiquei. Lembro que perdi algo, talvez uma joia, e não consegui encontrá-la, então eu disse em voz alta: "Onde está? Sei que alguém pegou. Estava bem aqui". Mais tarde, depois que as faxineiras vieram, o que eu tinha perdido estava na minha cama. Foi assim que eu soube que tudo estava grampeado.

A Rússia era um lugar estranho, porque era muito difícil fazer o que você adorava fazer. As pessoas só queriam criar, mas, naquele momento, era contra a lei fazer um clipe (e alguns desses músicos estavam morrendo de vontade de fazer clipes). Havia muitas bandas underground fantásticas.

Dave Wolff ainda era meu empresário, então ele foi comigo, embora não estivéssemos mais juntos. No entanto, ele não apareceu quando alguns de nós fizemos uma viagem no trem da meia-noite para Leningrado e acabamos ficando perto de um cara italiano de Jersey. Laura Wills, minha estilista e amiga da Screaming Mimi's, estava comigo e começou a chamá-lo de "French Fry", então eu o chamava dessa forma também e o apelido ficou. Estávamos todos muito à vontade, porque éramos todos artistas e é assim que artistas são. De todo jeito, o French Fry era muito engraçado. Ele tinha marcas no rosto, mas havia retocado essas marcas em seu passaporte. Ele me fazia rir, e uma coisa levou a outra e tivemos um pequeno caso. Enquanto eu estava fazendo isso, todo mundo estava tendo seus pequenos momentos de paquera também. (Diane Warren estava na viagem e, mesmo estando brava com ela por ela ter falado mal da minha versão de "I Don't Want to Be Your Friend", preciso dizer, ela era engraçada e estava atrás do cara do Serviço Secreto. Ela o achou bonitinho.)

Também conheci um cara russo, Igor, que era ótimo. Ele me levou a todos os lugares para passear e Laura estava sempre procurando por mim (David fez com que ela ficasse responsável por mim). Acho que Igor tinha uma queda por mim. Eu me lembro de ter levado comida de uma loja de alimentos saudáveis de casa e Laura disse: "Não tem comida aqui e você traz comida que tem gosto de terra?". O que era verdade – eu tinha levado comida com gosto de terra. Na Rússia você podia escolher entre carne desconhecida em gelatina ou caviar, que deixava a língua inchada, mas para eles essa era uma comida muito cara. Veja bem, eles nos deram o melhor que tinham. Esses homens grandes e corpulentos eram muito gentis comigo, mesmo não estando acostumados com mulheres fazendo esse tipo de trabalho. Não havia muita água potável, então eles ficavam me dizendo: "Beba isso. Vodca".

Fiquei lá por duas semanas e a viagem me acordou um pouco. Tive um momento de clareza quando estava naquele trem. Eu estava muito, muito solitária e Dave já havia partido para voltar para os Estados Unidos. Olhei para os trilhos e pensei: "Por que você não se mata? Você achava que esse seria o auge de sua vida e agora, onde você está?". Eu estava tão cansada de a gravadora me falar o que eu não podia fazer, de estar isolada e de pessoas me dizendo o que elas achavam que eu era. Meu relacionamento estava acabando. O filme que eu tinha feito fracassou. Pensei: "Não aguento mais essa vida. Posso pular do trem ou ter um caso com esse cara que não conheço, continuar minha vida e cortar os laços com Dave". Então tive um caso com o French Fry.

Quando voltei da Rússia, me mudei para o Mayflower Hotel por um longo, longo tempo, e deixei Dave no loft. A vida em hotel é muito triste. E, depois da viagem russa, eu ainda andava por aí com o French Fry, embora ele estivesse se encontrando com sua antiga namorada e eles estivessem indo morar juntos. Eu não conseguia entender por que ele estava morando com alguém e continuava me ligando. Minha governanta Ann não gostou dele e acabou me fazendo terminar com ele. Quando o French Fry ligava, ela nunca me falava, então pensei que ele tivesse perdido o interesse. Parecia que eu amava o French Fry, mas percebi que ainda estava com o coração partido por causa de Dave.

Quando você começa algo e não tem nada, e consegue chegar ao auge da sua vida, você acha que sua fama e seu sucesso são uma redenção para tudo que já aconteceu com você. Não é verdade. Porque, no fim do filme, os créditos sobem – mas na sua vida isso não acontece. Os créditos não sobem. Tive que continuar vivendo. Toda a minha vida até aquele momento tinha a ver com "chegar lá", mas agora que eu estava lá, não era tão cor-de-rosa. Eu queria que minha vida ficasse melhor, e pensei que ficaria, mas não ficou. Porque, ao longo do caminho, para chegar a esse auge, precisei desistir do meu relacionamento. Eu pensava que isso era a coisa mais importante e, por isso, eu ainda era um bom soldado em relação a tudo que Dave me falava para fazer. Ele continuou sendo meu empresário e, mesmo estando preocupada, pois a gravadora estava uma completa bagunça, achei que ninguém mais iria realmente me querer como artista. Nunca me senti tão bem-sucedida, pois estava sempre trabalhando duro.

Ganhei um Grammy naquele ano, mas desapontei a gravadora porque não cheguei em casa com uma braçada de prêmios como eles esperavam. Sempre foi assim – nunca era o suficiente. Eu tinha chegado muito longe, mas parecia que eu tinha falhado.

Havia a ideia de que eu estava nadando em dinheiro, mas, para falar a verdade, eu não estava. Por exemplo, eu realmente dava meu sangue em turnês e promovendo meus discos internacionalmente, mas ganhava um centavo por disco na Europa. Eu me lembro de ter perguntado ao meu contador naquela época: "Quanto dinheiro eu tenho?", ele disse: "Você tem um milhão de dólares". Eu me sentia como Ralph Kramden. Pensei: "Estou rica!". O que ele se esqueceu de me dizer foi que metade desse milhão iria para os impostos. Nunca fui boa com dinheiro.

Foi um período muito sombrio. Quando eu estava morando no Mayflower, eu estava a dois passos da varanda. Eu ia ao estúdio, gravava e então ficava no meu quarto escuro e bebia vodca (sendo que eu nem gostava). A lua iluminava o quarto, passava pela varanda, iluminava a janela e o chão. E eu ficava na minha poltrona e conversava com a lua. Brindava com ela e dizia a ela que me chamava Cynthia, em homenagem à deusa da lua. Depois eu chorava enquanto olhava para ela. Eu não telefonava para ninguém; estava tão chateada que nem conseguia falar. Eu via minha família de vez em quando, mas tive que passar a maior parte do tempo gravando meu disco. Eu estava sozinha. No entanto, eu queria ficar sozinha. Eu estava de luto. Achei que a tristeza nunca iria embora. Devo dizer que a única coisa que sempre me impediu de me suicidar é que nunca quis que a manchete fosse: GAROTA QUE QUERIA SE DIVERTIR NÃO SE DIVERTIU. Eu achava que esse era o nível de estupidez e ridicularidade da imprensa, e não queria que minha vida fosse reduzida a isso.

Minha amiga Katie Valk me apresentou sua amiga Tracey Ullman, então saí com ela um pouco. Falei para ela sobre como eu pularia, exceto pela manchete, e Tracey olhou para mim e disse: "É a segunda vez que você diz isso para mim. Acho que você deveria procurar um terapeuta".

Então fui a uma terapeuta por um segundo, mas me pareceu que ela concordava muito comigo, e não dá para ter alguém apenas concordando com você. Você precisa de alguém que vai ouvir, ser objetivo e perguntar: "Isso já aconteceu com você antes?" e "Como você se sente sobre isso?". Você precisa de alguém para ajudá-lo a subir de volta. Tive um colapso. O estupro, as partes sombrias do meu passado – tudo desmoronou naquela época e eu estava perdida. Eu ia ao estúdio chapada e Eric olhava para mim e dizia: "Cyn, o que você está fazendo? Faça o seu trabalho. Por favor". Mas eu o via trabalhando com Robert Palmer, que tinha uma namorada muito jovem. Parecia que para todo lugar que eu olhava havia uma forma de sexismo estranho. Eu assistia a seu clipe "Addicted to Love" e via uma garota balançando os seios e nenhuma delas tocava instrumentos. Que diabo é isso?

Dave ainda era meu empresário, mas eu sabia que isso não duraria para sempre. Pensei que da próxima vez eu deveria ter uma empresária. Eu queria trabalhar com Sharon Osbourne, que era muito legal e sempre falava o que pensava, mas as pessoas (geralmente homens) me falavam merdas como: "Ah, ela é louca". Porém, vejo agora que o que realmente acontecia era que ela os confrontava e eles não gostavam.

Perdi meu relacionamento, perdi meu trabalho, perdi meu foco. E eu não tinha ninguém a quem recorrer. Entrei no mundo da música com boas intenções, com honestidade, e tudo que fiz foi orgânico. Nada do que fiz foi preconcebido. Eu acreditava que a música poderia elevar as pessoas e deixá-las felizes. Então fui sugada e considerada lixo descartável e pensava: "Não é isso que vim fazer".

Enquanto isso, Dave disse: "Cyn, ouça, eu me sinto ridículo. Preciso me mudar, não você". Continuamos sempre amigos. Então voltei e ele se mudou. E Dave me conseguiu uma entrevista de capa para a revista *Details*. Foi assim que conheci Annie Flanders, a editora fundadora, que se tornou uma amiga. Nós nos encontramos no restaurante Russian Tea Room. Ela era uma das poucas pessoas com quem eu podia conversar. Annie era muito criativa e muito legal. Fiz algumas pesquisas para o que eu achava que seria bom para a capa. Laura me sugeriu o estilo de Alberto Vargas (ele pintou muitas garotas pin-up nos anos 1940), então fui à livraria e encontrei um livro de Vargas para levar para Annie.

Quando mostrei a ela, eu disse que, quando pensei na capa, imaginei uma pintura. E ela disse: "Eu conheço um cara que talvez possa pintá-la". Então a capa era uma pintura minha, no estilo Vargas, com um visual muito clássico-hollywoodiano, loiro-platinado, como Jean Harlow, e fui enquadrada por gardênias. Essa seria minha nova imagem para *A Night to Remember*.

A Night to Remember saiu em 1989, e "I Drove All Night" chegou à posição seis. Ela era bem popular no mundo inteiro (desta vez Dave não interpretou o mocinho no clipe – consegui outra pessoa). Mas, novamente, a gravadora ficou desapontada. Como um bom soldado, fiz turnês pelo mundo para fortalecer esse álbum. A gravadora queria que eu trabalhasse

EU ACREDITAVA
QUE A MÚSICA
PODERIA
ELEVAR
AS PESSOAS
E DEIXÁ-LAS
FELIZES.

na Europa e no resto do mundo enquanto eles lançavam seus novos artistas nos Estados Unidos, para que pudessem viver do que quer que havia restado de mim. É assim que eles são. Lembro que fui para a Itália fazer esse show selvagem e louco em Bari. Era um festival com cerca de trinta atrações, uma após a outra, e tudo era televisionado. Quando há muitas apresentações, é mais fácil, e a qualidade do som é melhor, dá para apresentar "sing to track" (quando a faixa toca sem o vocal e você canta junto) em vez de fazer tudo ao vivo.

Havia uma mistura de artistas conhecidos e depois artistas italianos que eu não conhecia, o que foi fantástico. Viajei para o show com Justin, que cuidava do meu cabelo, porque eu estaria na TV. Justin tinha barba e cabelo comprido até o traseiro. Também estava com Jodi, minha maquiadora, que era minúscula, e Laura Wills, que tinha 1m55cm, e Dave. E eu, que estava bem no meio. O carro estava tão lotado com toda a bagagem e as tralhas de que precisávamos para o programa de televisão que o porta-malas não fechava e tivemos que usar uma corda. Quando chegamos ao festival, havia crianças esperando e gritando quando cada artista saía de seu carro. Quando todos nós saímos, as crianças começaram a cantar a música da *Família Addams*! Ri muito. Eu não podia acreditar que isso estava acontecendo em Bari. Pensei: "Nós *realmente* parecemos a Família Addams".

Um garotinho italiano correu até Laura Wills, olhou para a cara dela, pisou no pé dela o mais forte que pôde e saiu correndo. Eles estavam fora de si. Começávamos a rir o tempo todo, porque nossas vidas eram tão ridículas. Depois que fizemos o programa de TV, fomos levados a um restaurante onde estavam todos os artistas da Sony do mundo inteiro. Os artistas italianos estavam sentados à esquerda e começaram a cantar conforme os garçons traziam uma comida incrível. Então todos começaram a beber e cantar. Ouvi um cara da gravadora, Massimo, e ele disse: "Nos anos 1970, tínhamos os Beatles e os Stones, e agora temos Duran Duran e Spandau Ballet". Fiquei pensando: "Não acho isso. Essas não são as novas lendas".

Havia outros artistas da Austrália lá chamados Noiseworks, e eles começaram a tocar, e começamos a tocar também, e eu simplesmente me apaixonei pelo que estava acontecendo – estávamos comendo, bebendo e cantando. Então comecei a cantar com eles – harmonias, o que eu conseguisse. Então o lugar ficou um pouco maluco. Estavam derramando vodca por toda parte, e me vi em cima de uma cadeira no final da noite cantando "True Colors" com o vocalista da Noiseworks e a pessoa que lavava louça, que estava tocando gaita. Pensei: "Que diabos – isso é ótimo. É isso que vale a pena, isso é o rock and roll em sua melhor forma". A viagem valeu muito a pena. Para mim, naquele momento, a alegria voltou para a música.

Eu sempre me diverti na Itália. A primeira vez que fui para lá tive que ir a outro programa de TV italiano para apresentar "Girls Just Want to Have Fun", que, se bem me lembro, foi uma dublagem. Antes de continuar, eu estava dizendo a um produtor que minha família vinha da Sicília. Ele era siciliano, então isso era importante. Aí eu ouvi uma galinha.

"Com licença, isso é uma galinha?", perguntei.

"Sim, foi uma galinha."

"Deixa eu ver se entendi. Estou fazendo a abertura para uma galinha?"

"Sim, você está", disse ele.

E por que não? Isso era a televisão europeia maluca (quando eu estava promovendo *Hat Full of Stars* lá, algumas ovelhas abriram a apresentação para mim, mas elas fizeram xixi nos monitores, o que não foi nada bom).

Outra vez fui à TV francesa para cantar "I Drove All Night", e queria fazer um número de performance de arte em que um carro andando por uma estrada é projetado no meu corpo nu, como no clipe. Então trabalhei com uma mulher da iluminação, Carol, que recomendou que eu pegasse um material reflexivo e elástico para envolver meu corpo. No entanto, não conseguíamos fazer o maldito projetor funcionar. Meu empresário de turnê, Robin, começou a suar muito, porque o programa de TV era ao vivo e tínhamos que seguir em frente. Havia quinze franceses em volta do projetor, fumando cigarro e falando em francês, tentando fazer a coisa funcionar. Naquela época, Simply Red tinha uma versão da música "If You Don't Know Me by Know" e Jodi ficou cantando: *If it ain't working by now, it ain't never gonna work* [Se não está funcionando agora, nunca vai funcionar]. Eu estava rindo, pensando: "Oh, meu Deus". O tempo estava correndo e, finalmente, Robin apenas apertou um botão e funcionou. Pensei: "Ohhh, o botão liga/desliga. Excelente". Coisas assim aconteciam com muita frequência. Desde que eu pudesse fazer uma obra de arte, ficava feliz.

A turnê "Night to Remember" me levou a muitos lugares, incluindo várias partes do México, que eu adorava. O único problema era que eu estava cantando em arenas de touradas e perdia a voz. Percebi que estava engolindo o pó que vinha do chão de terra quando todos ficavam animados e começavam a dançar. Quando descobrimos isso, pegamos um ventilador para afastar o pó de mim. Também fiquei doente em Hong Kong por causa do ar-condicionado (eles nem sempre limpavam os filtros) e fiquei com bronquite. Foi tão forte que precisei cancelar compromissos. Depois fui para a Austrália e para as Filipinas e cantei o melhor que pude, mesmo com bronquite. No Japão, tomei todas as vitaminas conhecidas pelo homem e comecei a melhorar. (E comecei a ter um caso com outro cara, um jornalista australiano muito bonito que me entrevistou. Eu não tinha ideia de que ele daria em cima de mim. Continuei falando, falando e falando sobre a minha arte. Por fim, ele me levou para cima e foi em direção ao quarto e eu disse: "Oh".)

Comecei a pensar se deveria ficar na Austrália e fazer meu próximo disco. Isso significaria deixar todos com quem trabalhei durante oito anos para fazer música. Mas pelo menos seria um novo começo. A Noiseworks estava lá e talvez eu pudesse fazer algum trabalho com eles. Poderia ser divertido. Eu estava em Bondi Beach observando o fim do mundo. Percebi que poderia ser muito solitário. Eu estaria muito longe de tudo que conhecia. Eu já tinha feito isso uma vez, mas não tinha certeza se estava pronta para isso de novo. E eu não tinha certeza se conseguiria fazer o tipo de disco que queria na Austrália. Além disso, eu não poderia dirigir. Sou nova-iorquina e nunca tirei minha carteira de habilitação. Então voltei para Nova York. Mas sempre imagino como minha música poderia ter sido se tivesse ficado.

Eu estava ausente havia três meses e, quando cheguei em casa, era perto da época do Natal. Eu tinha comprado todos os presentes. Dave foi em casa e colocou tudo em seu carro para que pudéssemos visitar Lennie e dar presentes para todos. Ele e eu quase nos reconciliamos antes de sair. Fizemos amor e depois descemos para o carro, que ele deixou estacionado em frente ao prédio, com todos os presentes empilhados até o teto. Claro que alguém entrou no carro e os roubou. Que surpresa! O que meu velho amigo Esopo teria a dizer sobre isso? "Não seja careta e deixe o maldito carro cheio de presentes para pessoas que podem querer roubá-los!".

Eu estava esgotada da turnê quando recebi uma oferta para fazer outro filme. Eu tinha conseguido duas outras ofertas antes disso – para *Flores de Aço* e *Uma Secretária de Futuro*. Ninguém me explicou que seria uma boa ideia trabalhar com Mike Nichols, mas eu não queria fazer *Uma Secretária de Futuro*, porque não suportaria estar num escritório de novo, e eu não queria fazer uma esteticista de novo. E recusei *Flores de Aço* porque achei que não seria boa o suficiente.

No entanto, decidi pegar o papel em *Paradise Paved*, que depois foi alterado para *Moon over Miami*, e depois para *Fora de Controle* [*Off and Running*]. Porém nunca saiu de controle e prosperou. Foi o último filme que a Orion Pictures fez antes de declarar falência em 1991. Aí é que está: sempre que um projeto tem três nomes, você sabe que não vai funcionar. Mas pensei: "Vamos parar com a música por um tempo e fazer um filme". Era outra história de uma garota maluca, um filme peculiar que tentou ser sério também. *Vibes* tinha uma premissa melhor. Interpretei uma atriz chamada Cyd Morse que não tinha muito trabalho, então dançava como sereia embaixo d'água num clube noturno de Miami. Aí fico presa em um mistério de assassinato depois que dois caras matam meu namorado e tentam me matar também. Era para ser um tipo de comédia maluca sombria. Mas foi outro set sexista, e, na minha opinião, o diretor estava sobrecarregado. Depois de um tempo, parecia que eu estava num clube do Bolinha. E, mais uma vez, parecia que eu nunca conseguia falar com ninguém, exceto minha preparadora de elenco.

Minha nova preparadora de elenco gostava da coisa toda do "Método de atuação", que nunca consegui entender. Ela me passou todos os exercícios, como pular para cima e para baixo em um pé só enquanto cantava "feliz aniversário" fora do ritmo. Eu me senti torturada durante esse exercício. Eu sou uma cantora/musicista. Dizer palavras de forma repetitiva várias vezes em uma cena me ajudava a encontrar o ritmo dela. Para mim, tudo é ritmo. Temos coração, temos pulso, temos ondas cerebrais. Somos ritmo. Quando ouço o ritmo do discurso de uma pessoa, conheço a pessoa que está por trás dele. Isso é o que entendi. As outras coisas não consegui entender. Eu estava sempre tentando descobrir sobre o que era a cena, mas não sabia como, e eu não conseguia entender o que elas me diziam. Me disseram para não me comportar como eu mesma. Diziam: "Você precisa falar mais baixo e não usar as mãos quando fala". Então, tentava o meu melhor, mas faltava o "porquê". Eu estava desesperadamente tentando agradar todo mundo depois de ter meu nome arrastado na lama em *Vibes*.

Louis Falco, o coreógrafo do filme, tornou-se um bom amigo. Ele tinha uma companhia de dança em Nova York e fui encontrá-lo quando ele estava coreografando as cenas subaquáticas. Ele disse: "Cyn, você tem que ondular". Que diabo é isso? Então ele me viu tentando ondular e disse: "Hã, não tem importância, está tudo bem". Quando fizemos isso na água, ele me disse para girar, e eu rodopiei e rodopiei como uma broca, até que bati a cabeça na parede da piscina. De novo, ele disse: "Hã, não tem importância". Também tive que aprender a nadar. Não gosto de molhar o rosto, então foi meio difícil. Precisei aprender a fazer mergulho autônomo. Às vezes eu surtava e a professora de natação dizia: "Se você surtar, descanse, fique calma, lembre-se de que pode respirar e pense: 'do que eu tenho medo?'". Ainda uso isso hoje quando surto – contanto que eu possa respirar, consigo permanecer calma.

O figurinista gostava da brancura da minha pele e queria que eu tivesse cabelos pretos na piscina para me fazer parecer diferente das outras sereias. Então decidiram que eu também usaria um top preto. Mas o top preto fez algo estranho com o visual subaquático: sugou toda a luz para dentro. Todas as outras sereias tinham tops claros que faziam seus seios parecerem maiores do que eram – não que eles não fossem bonitos, para início de conversa. Mas meu top preto fez meus seios parecerem menores, então eu parecia uma criança de 12 anos. Pouco antes de entrar na água, o rapaz que trabalhava para o produtor veio correndo até mim e começou a gritar coisas sobre o figurino. Eu disse a ele: "Por que você está gritando comigo? Essa é a primeira vez que você viu meu figurino? Por que você não verificou isso antes? Estou petrificada da água, e agora que estou prestes a entrar, você fica me estressando?". Todos ficaram assustados porque, quando cheguei ao fim da conversa, eu estava gritando.

Depois de ter entrado na água um monte de vezes, percebi que não só poderia trabalhar o tubo de ar e respirar, filtrando a água com a língua, mas também poderia fazer a sincronia labial. De repente, eu estava me apresentando embaixo d'água. Não por nada, mas eu era como o Flipper. Quem ia saber que dava para fazer sincronia labial subaquática? Foi divertido. No começo havia uma dublê fazendo algumas cenas subaquáticas, mas o diretor achou que eu tinha mais personalidade. O mais frustrante foi que, depois de todo esse trabalho para aprender a fazer isso, eles só filmaram um pouco da música. Eles nem sequer fizeram uma tomada completa. Se filmassem a música inteira, mesmo que só uma vez, poderíamos ter criado um clipe com trechos do filme. Pensei que esse poderia ter sido o motivo pelo qual fui escalada, para que pudessem fazer uma promoção cruzada em dois mundos diferentes, música e filme.

Enquanto eu estava gravando esse filme, descobri que fui indicada para outro Grammy de Melhor Performance de Rock Feminino em "I Drove All Night". O engraçado foi que, quando estávamos compilando esse CD, eu disse a Don Grierson que "I Drove All Night" deveria ser a primeira faixa do álbum, porque essa música seria nomeada para um Grammy. Lembro que ele olhou para mim como se eu estivesse um pouco iludida. Porém, dessa vez, eu estava disputando com o retorno de Bonnie Raitt e ela ganhou com "Nick of Time". (Como eu disse, na primeira vez que fui indicada para o melhor vocal, perdi para o retorno de Tina Turner. Na segunda vez, com "True Colors", perdi para o retorno de Barbra Streisand. O problema comigo é que continuo voltando ou não vou embora... não sei bem qual das opções.)

O produtor do filme não permitia que eu tirasse um dia de folga para ir ao Grammy. Foi um momento bem difícil. Fiquei muito deprimida. Porém, meu assistente Paul, que estava no set comigo, ficava dizendo: "Você tem que conhecer esse cara, David Thornton. Ele interpreta o assassino. Ele é muito engraçado. Não sei dizer se ele é hetero ou gay, mas, Deus, ele é uma graça".

“POR QUE NÃO SER
UMA ONDA?”

CAPÍTULO 12

DAVID, DAVID, DAVID: PAUL SÓ FALAVA DISSO, POIS TINHA UMA QUEDA POR DAVID ("Se ele for gay, ele é meu novo namorado", ele disse). Ele investigou um pouco e descobriu que David tinha namorada, mas parecia que as coisas não estavam indo bem. Então, quando íamos jantar uma noite e *Fora de Controle* não dava transporte para David, eu disse: "Talvez devêssemos chamar o assassino e ver se ele quer vir conosco".

Durante as filmagens, eu não queria ficar no extravagante hotel em Miami Beach com meu coprotagonista, David Keith, e o diretor. O quarto ficava sobre a água, mas nem sequer tinha uma vista. Então perguntei se poderia ficar no Eden Roc, nas proximidades, onde eu poderia ter uma grande cobertura agradável, com um alpendre e uma bela vista que custaria menos do que o quarto que tinham arranjado para mim, e eles disseram que sim. O único problema foi que às vezes eu encontrava baratas "palmetto", comuns na Flórida, no meu quarto. Você já viu uma barata "palmetto"? Suas caras são tão grandes que você consegue ver suas expressões quando elas ficam de ponta-cabeça (eu disse isso uma vez, no elevador, o gerente também estava lá e ficou bravo porque eu disse isso na frente de alguns hóspedes).

Quando David Thornton foi me encontrar, ele fez uma coisa muito boba. Puxou a calça bem para cima, como Urkel, apertou minha mão com os ombros encurvados e disse: "Prazer em conhecê-la". Então eu soube que ele era engraçado. Começamos a sair em um pequeno grupo com Paul, Louis e Marilyn, minha preparadora de elenco, e eu realmente adorava nossos momentos juntos fora do set. David é um ator sensacional (ele estudou na Escola de Arte Dramática de Yale), muito criativo e também muito gentil.

Quando todos fizemos a primeira leitura do roteiro juntos, passamos por uma cena em que meu namorado deixa o cara do serviço de quarto (interpretado por David) entrar em nosso quarto e ele chuta (ao estilo karatê) meu namorado pela janela e o mata. Depois da leitura, liguei para o quarto de David e disse: "Escuta, amigo, não por nada, mas você não vai chutar meu namorado assim. Vou falar para ele não atender a porta" e desliguei. Depois disso, ele começou a enviar bilhetes para Paul que eram supostamente da Madonna, dizendo-lhe que ele deveria ir trabalhar para ela, assim ele não teria que experimentar a comida dela como tinha que fazer comigo. Ele escreveu todas essas coisas engraçadas, e depois isso continuou. Uma vez saí com Marilyn e tirei todas as caudas de camarão do meu prato e as grampeei na parte de baixo de um pedaço de papel. Ficamos envolvidas com isso e rindo. Então recortei letras do jornal e as colei para formar o seguinte texto: "Querido assassino, por favor, não me mate – De: sereia". Então coloquei isso na porta dele.

Essas brincadeiras iam e vinham, iam e vinham, e eram muito engraçadas e divertidas. Então encontrei outra carta maluca no meu camarim – só que esta não era tão maluca. Tinha sido escrita pouco antes do primeiro dia de filmagem e dizia que eu tinha toda a beleza e conhecimento dentro de mim para fazer isso. Qual o nível de generosidade de David ao dizer isso para mim? Louis estava lendo, se virou e disse: "Cyn, você sabe o que é isso?". Eu disse: "Sim, é um cartão". Ele continuou: "Não. É uma carta de amor".

Em primeiro lugar, fui eu que fiz o diretor contratá-lo. Participei de todas as audições porque eu deveria estar envolvida; nós todos seríamos uma equipe. Vimos todos os rapazes que queriam interpretar o assassino, e então esse cara entrou e, por ser tão intenso, assustou tanto a leitora de roteiro que ela acabou deixando o papel cair. Olhei para ele e pensei: "Sim, ele é um pouco bonito, mas não é isso que torna um assassino ameaçador de verdade?". Sua energia encheu o palco. Olhei para o diretor e disse: "Você sabe, é esse o cara, seja lá quem for". O diretor puxou a foto dele e disse: "Não, ele é muito bonito". Eu disse: "Olha, sempre dá para fazer uma pessoa parecer feia, mas você não pode fazer um cara feio atuar bem do jeito que esse cara consegue. Isso dá peso à história".

Infelizmente, David Keith, que interpretou o protagonista masculino, estava passando por um momento difícil em sua vida, acho. Ele simplesmente não parecia ser ele mesmo, porque antes de trabalhar com ele, conheci um músico que o conhecia e disse que ele era legal. No entanto, ele não foi tão legal durante as filmagens. Por exemplo, eu ficava toda molhada depois de uma cena e ele pegava o aparelho de ar-condicionado portátil e o colocava bem perto de mim. E achei abusivo ele fazer a criança do filme chorar. O garoto era um ótimo ator mirim e, em vez de continuar a atuar depois daquele filme, acho que ele foi para a escola militar e depois para o exército.

Esse foi meu segundo filme e ele tinha a mesma atmosfera estranha do primeiro. Eu nunca conseguia sair impune, com um set fácil. E nunca encontrei um jeito de afastar as pessoas que tentavam me distrair de propósito. Eu ficava pensando: onde estão as malditas regras de etiqueta em um set de filmagem? Fiz esse filme para fugir da tumultuosa troca de guarda na gravadora e de todos os diretores corporativos que queriam colocar sua marca em mim e ser as celebridades no lugar dos artistas.

Então pensei: "Ok, vou para Miami e vou viver essas páginas nos próximos meses. Não sou mais Cyn, sou Cyd. Não sou mais loira. Vou fazer algo diferente". Quando o diretor me disse para pintar meu cabelo de preto, como Louise Brooks, eu pulei. No entanto, quando o produtor viu, ele ficou maluco, então apliquei uma camada laranja para que parecesse castanho-escuro.

Comecei a filmar e percebi que era um saco estar com essas pessoas. O filme tinha um bom roteiro, mas, como eu disse, senti que o diretor estava sobrecarregado. Ele gritava no set e, se parecêssemos chateados, ele dizia: "Vamos lá, pessoal, isso é uma comédia! O que há de errado?". Ele me lembrava o ator Eugene Levy em uma daquelas velhas esquetes de *Second City Television*. Eu pensava: "Isso não pode ser minha vida de verdade, pode? Será sempre uma comédia de erros?".

Pelo menos eu me divertia com meus amigos e com David. Ele me ensinou como silenciar os idiotas ao meu redor ouvindo músicas que estavam conectadas à cena que eu estava prestes a fazer no meu fone de ouvido. Depois de um tempo, algumas sereias começaram a atacar David como gatos fazem com ratos. Um dia ele me contou de uma garota que era modelo, que lhe deu carona para a cidade porque ela ia para a aula de ginástica. Ele disse que ela trocou de roupa, colocando a roupa de ginástica, enquanto estava dirigindo. Ela deve ter soltado o volante de vez em quando, o que, considerando que ele estava no banco do carona (ou o que chamam de "assento da morte"), deve ter sido uma viagem e tanto. Ele ficava atrás de mim quando essa modelo aparecia, e ele dizia: "Oh, não, aí vem ela de novo. Foi essa que tirou as roupas no carro. Vamos lá, me faça esse favor, apenas finja que está falando comigo". E eu dizia: "Ok, ok, eu vou falar com você".

Depois de ver todas essas garotas dando em cima de David, pensei: "Quer saber? Eu sou Cyndi Lauper, droga! Se alguém vai conseguir esse cara, por que não pode ser eu? E daí se pareço uma garota de 12 anos debaixo d'água com meu top preto? Isso é só a luz. Deixe-me jogar uma luz sobre *isso*!". Então coloquei uma túnica sem mangas bem bonitinha que usei para uma apresentação na TV em Madri – era vintage, com uma estampa ao estilo Paisley laranja e verde sobre seda com acabamento amarelo e um corpete pequeno. Fechei o zíper de trás, me olhei no espelho e disse a mim mesma: "Eu sou Gumby, droga!". Arrumei o cabelo, passei batom, coloquei meu sapato Frederick's of Hollywood e saí pela porta.

Todos nós abarrotamos o carro para ir a um restaurante, e é claro que não cabia todo mundo, então tivemos que nos sentar um no colo do outro. De repente comecei a sentir algo na parte de trás da panturrilha e pensei: "Que p–?". Então percebi que era a mão de David e pensei: "Ora, seu sacana".

Jantamos e andamos na praia. A lua estava cheia naquela noite. A lua parecia sempre uma grande lanterna pendurada sobre as ondas que chegavam em South Beach. David e eu estávamos à beira-mar. Estava ventando muito e eu estava com os braços abertos e o vento soprava meu vestido. Fiquei na beira da água, ergui os braços para os lados e disse: "Queria ser uma pipa". Ele me perguntou por quê, e eu disse: "Porque eu poderia voar. Mas não seria tão bom, porque alguém estaria sempre puxando a minha linha". Então ele olhou para mim, olhou para a água e disse: "Por que não ser uma onda?". E, de repente, olhei para ele e pensei: "Quantas vezes conversei com pessoas que nem me ouvem? Aqui está um sujeito que não apenas me ouviu, mas conseguiu me responder de volta de forma poética".

Voltamos para o hotel e David me deu um beijo de boa-noite no elevador. Voltei para o meu quarto e pensei sobre isso, porque éramos amigos e dávamos muitas risadas juntos. Então liguei para ele e disse: "Com licença, você acabou de me beijar?". Ele disse: "Bom, sabe, eu geralmente nunca faço isso". Ele parecia um pouco nervoso, como se estivesse colocando suas roupas de volta ou se movimentando pelo quarto ou algo assim. Então eu disse: "Por que você não sobe e termina o que começou?". Acho que era uma fala de um velho filme de Mae West. Bom, funcionou para ela.

Então ele subiu e fizemos amor pela primeira vez em uma cama banhada de luar, ao som das ondas do oceano. Era Dia dos Namorados, 14 de fevereiro de 1990. Por isso, quando estou trabalhando e não estou em casa no Dia dos Namorados é um sofrimento para mim.

O problema era que ele ainda tinha namorada. Mas, como eu disse, a essa altura eles não estavam indo tão bem – se estivessem, acho que não teria acontecido nada. Então eu disse a ele: "Olha, sou louca por você, e não sou tão boa sendo a outra. Então você precisa tomar uma decisão aqui. Fale com ela". Então fez isso. De qualquer forma, David não é o tipo que trai. Mas, por causa da minha experiência com o French Fry, decidi ser muito clara sobre meus limites.

Enquanto isso, eu estava muito feliz porque levaram uma maquiadora para o set. O rapaz de antes era especializado em sangue e efeitos especiais e fez meus olhos parecerem um pouco desiguais. Sabe, o tipo de olhar "um olho olhando para você e o outro procurando você". A nova maquiadora era uma mulher mais velha chamada Marie, e eu a adorava. Ela era engraçada e solidária e sabia quando eu estava tentando lembrar as falas. E ela também adorava o David. Falei com ela uma vez sobre ele e disse: "Não sei de nada, acabei de conhecê-lo". Porque depois de duas semanas ele começou a dizer: "Se vamos fazer isso, então quero morar com você e ser sério, ou nada feito. Só preciso saber". Pensei: *uau*. Na noite após ele me dizer isso, sonhei que éramos neandertais e estávamos caminhando pelo continente em direção ao sol (quando a África e a América do Sul eram um único continente). Precisávamos chegar ao sol porque algo estava acontecendo com o solo. No sonho, passamos toda a nossa vida caminhando rumo ao sol e percebi que o homem com quem passei a vida nesse sonho era David. A primeira coisa que fiz quando acordei foi verificar meu rosto, porque eu estava muito chateada com meus pelos faciais neandertais. Quero dizer, de quanta eletrólise eu precisaria para tirá-los, afinal?

David e eu fomos morar juntos. Precisávamos ver se era apenas um daqueles romances de filme. E no começo uma preocupação minha foi que no último relacionamento sério que tive o nome do cara era David. Quando fiquei amiga de David Thornton, ele era o assassino do filme. Então eu o chamei de "o assassino". Mas quando as coisas mudaram e não estávamos no filme, comecei a me preocupar por estar colecionando Davids. Então fui a uma terapeuta, a mesma que eu consultava quando estava fazendo *She's So Unusual*.

No fim, a terapeuta disse algo como: "Ok, deixe-me ver se entendi. Você conheceu um cara que você ama, mas o nome dele é David. E você está disposta a terminar com ele porque o nome dele é David?". Eu disse que sim. A terapeuta disse: "Então você tem um problema". E eu percebi: "Sim. Certo". Quero dizer, que diabos? Como Shakespeare disse uma vez: "O que há com o nome?" (quero dizer, "em um nome", é claro).

Nós nos casamos em 1991. Não esperamos muito tempo, já que tínhamos passado por longos relacionamentos antes. Pensamos, que diabos, se não der certo, não deu certo. Então demos uma chance para isso. David comprou alguns anéis diferentes para mim. Um era um cristal da década de 1840 que pertencera a uma princesa hindu. Acredito na reencarnação e no passado, então ele pensou que esse seria um bom candidato. Também havia um anel romano antigo com a impressão de Eros e um anel de compromisso vitoriano inglês com gemas cujas primeiras letras eram "regards" ["felicitações"] ao redor do dedo. Foi esse que escolhi.

A cerimônia aconteceu em Nova York, mas tivemos muita dificuldade em encontrar um lugar para nos casarmos. Eu mentiria sobre minhas crenças religiosas e tudo mais só para me casar em uma igreja. Mas David disse: "Por que se incomodar?". Em vez disso, ele queria se casar em nosso restaurante italiano favorito, Siracusa. Pensei que seria ótimo para a recepção, mas eles tinham uma pequena mercearia na frente, onde vendiam espaguete, molho e outras coisas, e fiquei pensando: "Vou andar pelo corredor ao lado de espaguete caseiro?". Esperei a vida inteira para me casar. Vamos tocar "Volare" também?

Então David continuou procurando, procurando, procurando, e veio com um lugar chamado Friends Meetinghouse. Era quaker, era perfeito e o pensamento por trás disso era lindo também. Convidaríamos nossos amigos e familiares e nos uniríamos como amigos e amantes. Entretanto, quando nos reunimos com o manda-chuva da igreja, tivemos que mentir. David fez a maior parte disso, enquanto fiquei escondida. Quando entrei, estava muito natural, com uma roupa de corrida e cabelo castanho (pareço muito italiana com cabelo castanho, dá para ouvir o realejo?).

E então David e eu conversamos sobre quem iria realizar nosso casamento. Eu disse que, se eu acreditasse em alguma coisa, seria na Igreja da Voz. Sou cantora, eu disse a ele, então vamos nos casar com um cantor/sacerdote. Sendo assim, pedimos a Al Green, mas não deu certo. Então pensamos em Little Richard (esses eram os únicos dois reverendos que eu conhecia). Além disso, ele era da minha comunidade – a comunidade do rock and roll – e, por acaso, acho que a voz de Little Richard é uma das melhores do rock and roll. Então meu gerente de turnê, Robin, entrou em contato com Little Richard e ele disse que faria isso. Foi emocionante.

Eu queria usar hot pants brancos e go-go boots, mas David não queria se sentir num show de rock. Então fui mais tradicional. Fui a Saks com minha amiga e então estilista Laura. Escolhemos um vestido de cetim com corte A até o joelho – muito anos 1960 – com bordados na frente. Meu cabelo estava loiro-claro e usei longas luvas brancas, um chapéu pillbox com um véu até o queixo e sapatos de cetim com um laço com corte A. Minha tia Gracie me disse que eu parecia a Grace Kelly. Percebi que era tão convencional quanto poderia ir. No entanto, menti para a mulher na Saks e disse a ela que precisava me vestir como uma noiva para um clipe de rock, para que eu pudesse me casar de forma privada. Minha avó foi a dama de honra e eu não queria que ela tivesse um ataque cardíaco.

Para ajudar no casamento, contratamos Robin e minha amiga Annie recomendou uma florista chamada Dorothea. Ela fez os arranjos mais bonitos que já vi na vida. As flores eram todas brancas e rosa-pálido. Minha avó estava muito triste porque havia caído e estava numa cadeira de rodas. Imaginei que nada anima mais uma dama do que um lindo vestido e uma boa ocasião para sair, então pedi para ela ser minha dama de honra. Adorei minha vovó.

Minha irmã também compareceu. E Katie Valk e Howard e muitos amigos, mas ninguém de negócios, uma vez que foram os negócios que destruíram o relacionamento com o último David. Rob Hyman da Hooters estava lá com sua esposa, Sally. Nós nos tornamos muito próximos deles. Eu me encontrei com eles de novo quando me apresentei com Roger Waters no Muro de Berlim, em 1990. O mais engraçado era que o tempo parecia não ter passado. E agora Sally fazia parte da situação e era muito divertido. Ela era hilária, incrível, e ela e David se deram bem muito rápido.

Foi bom começar a fazer mais amigos. Como eu estava sempre fora, nunca tive muitos. Eu tinha minha banda, mas isso acontecia porque eu passava a maior parte do tempo viajando com ela. Nesse meio-tempo, nunca pude encontrar amigos como Bonnie Ross, que mencionei que trabalhava para a Cruz Vermelha e estava vestida como enfermeira no clipe de "Girls Just Want to Have Fun". Eu a conheci em um show e a adorei – ainda adoro. Eu sempre me lembrava do número de telefone dela porque os algarismos formavam "MADLOVE". Adoro vê-la nesse clipe. Como eu disse, tentei fazer um álbum de fotos de todos os meus amigos e da minha família, e amigos e familiares por extensão, em meus clipes. Então eu sempre poderia voltar e vê-los – "Oh, olha, essa é minha tia Gracie, que peça! Olha, o meu primo, olha, o meu irmão!".

Passei um tempo maravilhoso no meu casamento, e estava muito apaixonada por David. Eu ficava pensando o que os pais de David devem ter feito para me ter como nora. O pai de David ensinava inglês em Harvard e escreveu livros sobre Robert Burns, o famoso poeta escocês. Eu o vi se contorcendo durante a cerimônia, porque Little Richard estava assassinando vogais em todos os lugares. Na noite anterior eu o abracei, levantei-o um pouco e disse: "Não se preocupe. Você não está perdendo um filho – você está ganhando alguém que não fala inglês tão bem".

Estávamos em Long Island para nossa lua de mel de apenas um dia, porque David era ator substituto em uma peça e eles o chamaram para ficar de prontidão. Anos mais tarde, finalmente tivemos uma verdadeira lua de mel no Havaí. Depois do casamento, precisei de um pouco de tempo para ter uma vida, porque parecia que eu não tinha uma. Se você é um artista isolado, sobre o que você escreve? Sobre como é difícil viver em uma torre de marfim? Ou sobre como meu guarda-costas me olhou de um jeito torto e agora estou

SE VOCÊ É UM ARTISTA **ISOLADO**, SOBRE O QUE VOCÊ ESCREVE?

me sentindo deprimida? Eu queria uma vida real. Então comprei a metade de Dave Wolff da casa que adquirimos em Connecticut. Meu novo marido já havia se mudado para o meu loft em Nova York e passávamos fins de semana em Connecticut, ou às vezes íamos à casa em Cape.

Só um comentário, minha casa em Connecticut não fica muito longe de onde o chimpanzé Travis desfigurou o rosto de uma mulher. Você se lembra dessa história horrível, certo? Quando o chimpanzé se tornou adolescente, sua dona precisou começar a dar Xanax a ele. Um dia ele enlouqueceu e a mulher ligou para sua amiga para pedir ajuda e ele acabou mordendo o rosto dessa amiga. Eu teria ido ao veterinário e conseguido uma arma tranquilizante ou ao zoológico para pedir ajuda.

De qualquer forma, minha mãe, que agora mora em Long Island, me ligou toda aflita e disse: "Ah, eu estava tão preocupada porque o chimpanzé estava perto da sua cidade".

"Ma", eu disse, "se tivesse sido comigo, juro por Deus que as manchetes seriam 'O chimpanzé não queria se divertir'. Certo? É assim que você saberia que era comigo".

De qualquer forma, depois que David e eu nos casamos, nos afastamos um pouco e fomos passar um mês em Cape. Eu só queria estar viva. Em primeiro lugar, eu precisava voltar para o motivo pelo qual comecei a cantar. Por que me tornei artista? Qual foi a minha história? Eu ia escrever um livro, mas acho que não era o momento certo, então disse a mim mesma: "Ok, não dá para escrever um livro, mas você pode escrever sua história em músicas. Então faça isso".

Comecei a escrever depois de ter ficado em Cape por um tempo. Annie e meus outros amigos e familiares foram me visitar lá. Na época em que comecei a trabalhar no álbum que se tornaria *Hat Full of Stars*, viajei com Annie Flanders para ir ao aniversário de Alee Willis em Los Angeles (agora que tenho um filho, nem consigo me imaginar num avião para encontrar um amigo). Allee Willis é uma musicista que se tornou uma amiga próxima. Ela acabou coescrevendo cinco músicas do álbum (Rob e Eric também coescreveram algumas). Fiquei na casa de Allee, e a casa tão maravilhosamente maluca que parecia um pouco o meu clipe "Girls Just Want to Have Fun" e *Meu Tio*, de Jacques Tati. Do lado de fora de sua casa, seu passeio tinha uma curva e havia verde de um lado e azul do outro – era como uma obra de arte.

Escrevi a faixa-título, "Hat Full of Stars", com Nicky Holland, que morava um andar acima do meu no Edifício Thread. A ideia da música veio de um chapéu que consegui há muito tempo em Vermont, antes de ir para a faculdade. Como falei, eu estava muito solitária e, meu Deus, estava frio. Eu costumava visitar a Free Store em Johnson, Vermont, que era para pessoas pobres, como uma Goodwill. Era uma loja maravilhosa, com roupas lindas, e foi lá que consegui o chapéu, que era meio que um boné.

Eu usava esse chapéu o tempo todo. Embora fosse fria, Vermont era muito bonita e sempre desejei ter alguém com quem compartilhar isso. Então, uma noite, tirei meu chapéu e coloquei todas as estrelas nele. Dessa forma, toda vez que eu colocasse meu chapéu, poderia me lembrar daquele lindo céu noturno, e talvez pudesse compartilhá-lo com alguém. Quando conheci Dave Wolff, ele usava muito aquele chapéu. Além disso, o que eu também estava dizendo nessa letra, metaforicamente, tinha a ver com criar uma sensação mágica ao redor de si mesmo. Para mim, sempre teve a ver com isso, para eu me sentir mais brilhante, mais viva, mais alta, com cabelos maiores, para usar tons de cores que me revigorassem ou para pintar meu cabelo ou meu rosto com elas.

Mesmo que "Hat Full of Stars" seja uma música triste, também é edificante. Há um trecho que diz: *You could've seen far / You should've seen the magic / In my hat full of stars* ["Você poderia ter visto adiante / Você deveria ter visto a mágica / No meu chapéu cheio de estrelas"]. É "poderia, deveria", porque, como eu disse, na vizinhança de onde eu vim, todos sempre diziam: "Eu poderia ter sido isso, deveria ter feito aquilo", mas nunca faziam. Bem, tenho certeza de que fiz – não fui uma pessoa "poderia, deveria, faria".

Eu também queria escrever sobre questões sociais, sobre pessoas reais. Há uma música no álbum chamada "Product of Misery" (lembre-se, essa foi uma frase de Bob Barrell) sobre uma mulher que é arruinada, cuja vida é penosa. Essa foi uma resposta à administração de George H. W. Bush, que nos vendeu uma ilusão. E coloquei "A Part Hate" no disco, o que não pude fazer no último. O *timing* estava certo, porque os atos de revolta de Rodney King estavam se espalhando pelos Estados Unidos. De muitas formas, vi o apartheid no meu próprio país.

"Sally's Pigeons", que escrevi com Mary Chapin Carpenter, era sobre uma garota do bairro que morreu devido a um aborto clandestino. Com esse tipo de história, eu precisava hipnotizar as pessoas com a música. Tornei todos os pequenos sons diferentes parte da história: o sintetizador, o loop, o ritmo da rua, das pessoas e, pela primeira vez na vida (exceto por "Time After Time"), eu estava cantando minhas músicas, cantando minhas histórias. Para mim, é muito importante escrever músicas tiradas da minha vida para que elas tenham um significado real.

Sempre me pareceu que os caminhos que as pessoas escolhiam eram moldados conforme elas caminhavam, conforme viviam, e sei que isso é romantizar as coisas, mas o importante para mim é retratar a riqueza de suas histórias em sons e palavras. Até a capa do álbum, para mim, sempre tem que ser uma pintura das histórias juntas.

Quando eu estava procurando por um coprodutor, conversei com o produtor do Run-DMC, e disse a ele como queria pegar os loops do hip-hop e misturá-los com pop, mas não sabia como fazer isso bem e agradar a gravadora também. Ele disse: "Mas você é Cyndi Lauper – você pode fazer o que quiser". Pensei: "Bem que eu queria". Não segui com ele porque não tinha certeza se ele seria capaz de manter as pessoas da gravadora felizes. Em vez disso, fiquei com Junior Vasquez, que acabou irritando-as de qualquer forma. Mas adorei Junior e me diverti muito com ele.

Quando as pessoas da gravadora ouviam as músicas, elas queriam remixar algumas antes mesmo de elas serem finalizadas. Elas tinham todos esses aparelhos de mixagem desagradáveis que misturavam as coisas com besteira, para que pudessem ser feitas sob medida para cada estação de rádio. A rádio categorizada estava começando a acontecer, então, se você quisesse ouvir um gênero específico, teria que ir para esse tipo de estação de rádio, porque separavam o rock, o hip-hop e a dance music, em vez de tocar o Top 40 e ouvir tudo. Eu disse a eles: "Se vocês tocarem no meu disco antes de eu terminar, vou ter que matar vocês". Infelizmente, eu disse isso ao presidente da gravadora. E, de novo, todos engasgaram com o almoço. O que eu não entendia na época era: eles remixarem a minha música não tinha nada a ver com o meu álbum. Só tinha a ver com a forma com que tornariam isso vendável para as estações de rádio. Eu não tinha empresário – ninguém para traduzir isso para mim. Se tivessem me explicado dessa forma, eu teria entendido e ouvido, porque eu era um bom soldado.

Em vez disso, me deixei levar pela emoção, me precipitei e afastei todos. Eu deveria ter falado de uma maneira razoável. Além disso, eu parecia uma maldita alienígena para eles. Você consegue imaginar Lady Gaga entrando em uma reunião em 1993 e chegando a algum lugar? Era uma época diferente. Até tentei suavizar meu visual, porque todos tentaram me vender ilusões que dizem respeito ao interior, não ao exterior. Até passei por uma fase hip-hop, se é que dá para acreditar. Imagine eu naquelas roupas folgadas.

Eu estava orgulhosa desse álbum e recebi críticas boas, mas ele não vendeu. Não havia nenhum single dele, apesar disso, achei que ele fez a música avançar. Coloquei muito esforço nesse álbum e tentei muito torná-lo bom, fazer algo diferente. Quando ele foi lançado em junho de 1993 e vi os números das vendas, fui para casa e me acabei de chorar. Foi meu primeiro grande fracasso. A gravadora não se preocupou em promovê-lo. Eles simplesmente o descartaram, enquanto Tommy Mottola estava no topo, investindo cada dólar na carreira de sua nova noiva, Mariah Carey.

Briguei com a Sony por anos, mas o que dizer? O bom foi que, como eles não davam a mínima, me permitiram crescer.

"ELAS ME CONTAVAM QUE A MÚSICA "TRUE COLORS" SALVOU SUAS VIDAS."

CAPÍTULO 13

FINALMENTE CONSEGUI A VIDA FAMILIAR QUE SEMPRE QUIS QUANDO ME CASEI com David, mas quando você é musicista não consegue ficar em casa por muito tempo. Um dos piores momentos da minha vida foi o final de 1993, quando eu estava promovendo o *Hat Full of Stars* e fui enviada para o oriente (eu me saí muito bem e minha gerência na época disse: "Vamos aproveitá-la, porque ela é grande no Japão"). Sendo assim, eu estava no Japão no Natal, sem meu marido, e estava muito triste. Lembro que, antes de partir, disse à Yoko Ono que estava deprimida porque estaria fora e olha só: ela descobriu onde eu estava hospedada e colocou uma árvore de Natal no meu quarto de hotel. Ela pediu a seu irmão para fazer isso. Nunca vou esquecer esse gesto.

Também fiz uma turnê para promover o álbum nos Estados Unidos e tive a ideia de fazer um documentário de estrada chamado *Cyndi Lauper Discovers America* [Cyndi Lauper descobre os Estados Unidos]. Eu conversaria com pessoas do país inteiro para descobrir o que elas pensavam – sobre acontecimentos atuais, suas famílias, política, música, várias coisas –, o que seria meio engraçado e ótimo também. Encontrei o pessoal de TV para falar sobre isso e me disseram que eu teria que levantar o dinheiro sozinha. Porém, meu advogado e minha agência de filmes não estavam interessados em fazer isso, então não consegui um diretor. Eu até me encontrei com Michael Moore, que fez *Tiros em Columbine*. Enquanto isso, gastei muito dinheiro tentando filmar quando estava na estrada (uma turnê em grupo, com dois ônibus e uma banda com dez integrantes), mas nunca deu certo. Esse foi um período difícil para mim, mesmo que eu estivesse fazendo uma boa música. (Olha, eu não conhecia ninguém que estivesse juntando loops e pop folk como fiz naquele álbum. Se eu tivesse conhecido alguém, teria tido um aliado e não me sentiria tão sozinha.) Eu precisava de um bom empresário, depois do último que tinha sido uma droga. Ele era de uma empresa de gerenciamento que também administrava bandas realmente conhecidas, então, quando eu o contratei, pensei: "Esses caras devem entender sobre ser inovadores, certo?". Não. Eles não entendiam. Uma vez, antes de eu ir a um programa de entrevistas, ele me disse que havia perdido o single "Who Let in the Rain". Você está gerenciando uma apresentação de música e perde o single que vão tocar? Eu deveria ter dito: "Bom, você perdeu seu emprego também".

Eu ia fazer uma turnê em grupo e criar um disco do grupo, mas meu empresário permitiu que a gravadora dissesse a ele para seguir com "Who Let in the Rain", uma balada suave, em vez de música moderna. E deu errado. Aprendi que, quando eu quiser escrever qualquer coisa sobre política, vou sempre encobri-la com um relacionamento para torná-la mais palatável para as pessoas. É por isso que gosto do blues, ele é encoberto. Tudo que escrevem sobre o homem branco é encoberto por uma canção de amor. Seus sentimentos reais estão sob o texto, mascarados. Porém, com uma música como "That's What I Think", fiquei tão horrorizada com os anos Bush que eu queria falar diretamente com as pessoas e animá-las novamente. Quero dizer, tudo se tornou muito corporativo na época. Lembro que, em todos os lugares para onde viajei, todas as cidades pareciam as mesmas: o mesmo horizonte previsível, como os cartazes da Coca-Cola, não importa em que país. Foi aí que comecei a entender a gravidade do que estava acontecendo em nosso mundo. Ainda tenho orgulho da música "Sally's Pigeons" e sua mensagem. No entanto, naquela época, as pessoas da indústria da música estavam muito ocupadas tentando fazer coisas voltadas para os negócios e observando os lucros; resumindo, não havia muito espaço para a criatividade. Eu participava de júris de música, ouvia o pessoal da indústria falar e ninguém falava sobre o ofício de compor – falavam sobre promoção, vendas e os dois minutos de fama que você poderia conseguir. De repente, a parte do artesanato havia acabado.

Em seguida, o pessoal da série de TV *Mad About You* disse que queria trabalhar comigo. Eu nunca tinha feito uma série antes, mas achavam que eu seria perfeita para a personagem Marianne Lugasso. Ela era ex-esposa do primo do ídolo Paul Reiser, Ira, interpretado por John Pankow. Aceitei e fiquei muito feliz por ter aceitado, porque Paul Reiser é uma das pessoas mais legais e talentosas para quem já trabalhei. Ele era muito engraçado e um chefe muito, muito bom. Eu me senti tão à vontade com todos durante as primeiras filmagens que cantei para eles e comecei a fazer minha personificação de Ethel Merman, e o colega que estava dirigindo virou e disse: "Essa é a voz de Marianne! Essa é a personalidade dela". E, de repente, através da voz, apreendi todo o ritmo da personagem.

Quando Marianne ficou popular, Paul escreveu um ótimo diálogo para a personagem. Parecia que tinha saído da minha cabeça, como se tivesse começado no meu cérebro. O ritmo da linguagem de Marianne coincidia com o modo como falo naturalmente, porque Paul também é do Queens. Ele estava em uma vizinhança melhor, mas ainda era do Queens, e o Queens tem um certo ritmo animado, seja você da Jamaica, de Ozone Park ou de Forest Hills. Ele tem mais swing em certos lugares, perde um par de vogais ou consoantes, mas tudo tem o mesmo ritmo. Esse ritmo foi criado por pessoas que migraram para lá durante os anos 1920 e 1930 – italianos, irlandeses e judeus. Adoro história, e ela está lá com um sotaque do Queens (se um francês quisesse aprender a falar inglês comigo, bom, soaria um pouco engraçado).

De qualquer forma, nesse primeiro ano em que fiz a série, fui indicada para um Emmy. Meu agente realmente se esforçou para que eu fosse nomeada porque percebeu que fiz um ótimo trabalho. Eu não sabia se tinha feito um ótimo trabalho, só sei que tentei fazer bem esse papel. Isso foi o melhor que pude fazer.

Depois me convidaram para fazer outra temporada e, quando voltei, foi muito mais divertido, porque consegui descobrir quem Marianne realmente era. Ela também se casou com uma pessoa rica, então precisei me vestir dentro dos conformes. Fui a Dolce & Gabbana e eles me emprestaram algumas roupas. (Meu grande erro foi que a empresa de produção mandou de volta todas as roupas por correio e não sei o que aconteceu com elas, mas a mulher da Dolce estava muito brava. Acho que eu mesma deveria ter feito isso.)

No segundo ano, também fui indicada para um Emmy e ganhei, acredita? Mas quer saber de uma coisa? Eu me senti muito mal na cerimônia. Eu não sabia o que estava fazendo e ninguém estava lá comigo – nenhum empresário, ninguém da imprensa. Fui com o maquiador. Parecia que eu tinha sido jogada ali. Acho que todo mundo pensou: "Oh, Cyndi, ela consegue fazer isso". No entanto, eu estava vestida como eu, sem perceber que precisava me vestir como *eles* – e não como rock and roll. Eu estava usando uma roupa da Vivienne Westwood com corset e uma calça dourada justa com uma sandália dourada de salto alto com plataforma. Meu cabelo estava para cima e tinha diferentes tons de loiro e preto. Quero dizer, teria sido bonitinho para o Grammy.

Fui para a sala de imprensa e perguntaram: "O que torna o Emmy diferente da MTV?". Naquela época eu tinha sido afastada da MTV. Quero dizer, sabe como é. É como se eles quisessem a próxima grande atração. Eles não iam tocar nada que não fosse um sucesso, e eu não tinha nenhum sucesso. Então eu disse: "Não sei, não tenho ido lá ultimamente".

Bom. Foi uma resposta errada, então pararam de fazer perguntas. Não havia ninguém do departamento de imprensa me ajudando, e eu não sabia para onde ir ou o que dizer ou fazer. O empresário que eu tinha naquela época era alguém da música, e ele nem recebia uma comissão pela minha atuação, porque não tinha nada a ver com isso, então eu estava sozinha. De qualquer forma, era hora de me livrar dele.

Então consegui outro empresário e ele parecia ótimo no começo, mas nunca vou me esquecer de quando estávamos voltando de uma viagem na Europa e ele me disse: "Sabe, você nunca será tão grande quanto já foi". Fiquei arrasada. Eu disse: "O que você quer dizer? Você não tem como saber isso". Billy Joel e outras pessoas conseguiram fazer isso, tiveram que voltar. Então, em vez de dizer: "Ok, sinto muito, mas, se você pensa assim, não posso mais trabalhar com você", continuei com ele. Sou uma idiota.

Sabe o que é isso? Sempre que eu me defendia, as coisas davam errado, porque a situação passava dos limites. Era sempre uma luta e não uma negociação. Se você quer ser bem-sucedido em qualquer coisa, é melhor aprender a ter controle. Dito isso, há muitos anos tenho uma empresária incrível chamada Lisa Barbaris, que costumava fazer minha divulgação musical. Ela é como uma irmã para mim.

De qualquer forma, eu estava falando sobre *Mad About You*. Quando voltei à série, Helen Hunt estava se saindo bem representando Jamie, a esposa de Paul, e ela meio que assumiu o show. Ela estava dirigindo, o que era interessante, mas havia tensão no set.

Como eu disse, eu queria rescindir meu contrato com a gravadora, mas não consegui. Então a empresa queria que eu fizesse uma coletânea com os grandes sucessos. Na verdade, queriam que eu fizesse isso antes do *Hat Full of Stars*, mas não achava que tinha hits suficientes, então eu disse: "Deixe-me fazer este álbum e teremos outro hit para colocar nele". Como eu poderia saber que eles não fariam nada para promovê-lo? Pelo menos alguém apreciou meu trabalho, porque ouvi dizer que quando Alanis Morissette entrou para conversar com um cara na Maverick Records sobre o que ela queria fazer a seguir, ela levou alguns discos, incluindo *Hat Full of Stars*. Isso me fez sentir melhor – alguém ouvia o que eu estava fazendo e eu não estava errada. Acontece que cheguei antes e estava numa gravadora muito conservadora que passava por mudanças e os executivos tinham amarras.

Eu lembro que o produtor Jimmy Ivoine queria que eu trabalhasse com ele no projeto *Very Special Christmas* para as Olimpíadas Especiais, então ele mesmo me ligou. Ele me perguntou o que eu estava fazendo, então toquei "Sally's Pigeons" ao telefone, e ele estava genuinamente interessado. De repente, desejei estar na gravadora dele. Também toquei essa música para Patti Scialfa, esposa de Bruce Springsteen. Fizemos uma sessão de fotos juntas e ela disse: "Cyn, eu adoro como você coloca o loop nessa música". E então o que eu soube a seguir foi que Springsteen lançou "Streets of Philadelphia", com sua grande voz, música suave e o loop. Pensei: "Legal. Por que toco as coisas para as pessoas?".

Então, em 1994, lancei a coletânea de maiores sucessos, *Twelve Deadly Cyns... and Then Some*. Retrabalhei "Girls Just Want to Have Fun" para dar uma sensação de reggae e ela virou "Hey Now (Girls Just Want to Have Fun)". O single fez sucesso na Europa e, por algumas semanas, fiz uma turnê europeia com doze dançarinas drag queens. Eu meio que só queria que elas estivessem lá dançando comigo, mas não pude ajudá-las a montar uma coreografia, porque não sou coreógrafa. Estávamos basicamente fazendo isso usando nossas experiências. No entanto, elas tinham uma atitude positiva em relação a isso. Éramos eu e doze drag queens em um ônibus, o que era incrível. Talvez você pense que, por se vestirem como mulheres, elas são mais mulheres. Na verdade, era um bando de roqueiras incríveis, passando garrafas de vodca de mão em mão. Houve alguns momentos hilários, especialmente na Espanha. Uma vez fomos a um restaurante para jantar e elas entraram no banheiro feminino, vestidas como mulheres, o que, é claro, causou um grande alvoroço.

Eu tinha a noite seguinte livre, precisava muito comer cedo e disse: "Esse lugar já está aberto?". Então a senhora da gravadora perguntou ao restaurante se eu poderia ir lá enquanto estavam arrumando, porque eu estava morrendo de fome. Uma mulher no restaurante disse: "Tudo bem, mas ela vai vir com... os amigos dela?". Isso me fez rir.

Durante a turnê, conversei com essas pessoas sobre a discriminação que enfrentavam, e pensei que talvez devesse escrever uma música para elas. Eu queria fazer uma música dançante para celebrá-las. Isso se transformou em "Ballad of Cleo and Joe" no meu álbum seguinte, que eu tinha começado a escrever com Jan Pulsford, meu tecladista no *Hat Full of Stars*.

O Gay Games começou em 1982 e se tornou um evento esportivo e cultural LGBT internacional, e em 1994 ele estava acontecendo em Nova York. Meu amigo estava trabalhando no comitê e pensei: "Eu adoraria jogar esses jogos". Parecia apenas uma extensão das casas noturnas onde eu tocava. Meu amigo Howard Kaplan me disse: "Cyn, você deve fazer o novo mix de 'Girls Just Want to Have Fun' e ter umas cinquenta drag queens dançando com você". Então fiz isso e foi a primeira vez que trabalhei com Jerry Mitchell, com quem eu estou trabalhando agora no musical *Kinky Boots* (ainda faz todo o sentido ter escrito a música para *Kinky Boots*, porque ainda amo os sapatos deles). Jerry era engraçado e sabia exatamente como coreografar as drag queens. Então lá estava eu cantando o remix de "Girls" com elas e seus sapatos e acessórios de cabeça extraordinários. O problema era que eu tinha que lembrar meus passos e não apenas ficar lá e olhar para elas. Porém, fiquei tão impressionada com a aparência elegante delas que fui atingida por uma dançarina que passava e o microfone bateu em meu lábio. Mas continuei cantando. Quando não as vi na tela gigante JumboTron foi realmente desconcertante. Pensei: "É sério isso? Quer dizer que a comunidade gay vai discriminar as artistas drag? Que diabo é isso? Por que não colocar esses sapatos incríveis no JumboTron?".

Depois disso, pensei: "Vocês não vão mostrá-las? Eu vou mostrá-las. E não só vou mostrá-las como vou torná-las famosas". E fiz o clipe de "Hey Now" com todas aquelas fabulosas drag queens, perto da Unisphere da Feira Mundial de 1964-65, que tem a altura de um prédio de doze andares e fica no Queens – é claro. Meu amigo Kevin Dornan me falou do globo e percebi que seria um ótimo lugar para filmar porque é muito icônico, e colocar as drag queens embaixo dele dá um ótimo aspecto visual. Vendi um milhão de cópias desse álbum na Inglaterra, mas sabia que não passaram esse clipe nos Estados Unidos? A gravadora decidiu esquecê-lo aqui. Aparentemente, havia muitas drag queens nele. Então Gloria Estefan viu as drag queens e as colocou em seu clipe de "Everlasting Love".

Em 1995 fiquei muito doente e a médica me perguntou quando eu teria um filho, e eu disse a ela: "Depois dessa turnê". Ela disse: "É sempre depois dessa turnê ou daquela turnê". Minha amiga Helena disse: "Cyn, apenas tenha um bebê". Então fiz isso. Comecei a tentar engravidar em 1996 por fertilização in vitro (eu não tinha tempo para esperar). A fertilização in vitro era cara, e depois de um tempo percebi que os quadros no consultório do meu médico não eram reproduções, eram originais – e eu estava pagando por eles. Mas não funcionou.

Quando eu estava tentando engravidar, comecei a passar mais tempo na casa de Connecticut. Jan Pulsford ficou por perto e começamos a escrever músicas para o novo álbum em meu pequeno estúdio caseiro. Foi ótimo. Eu não tinha ninguém me enchendo, e se Jan fosse dormir eu poderia continuar trabalhando, se quisesse. Fui inspirada por seu trabalho quando ouvi uma faixa que ela chamou de "Searching". Montamos uma ótima equipe e passei um tempo maravilhoso com ela. Ela era simplesmente incrível. Chamei o álbum de *Sisters of Avalon*, porque Jan é galesa e adora mitologia galesa, a lenda arturiana e tudo isso (ela tem um filho chamado Merlin).

Comecei a compor *Sisters of Avalon* enquanto fazia uma turnê para promover o *Deadly Cyns*, que me levou a três continentes em seis semanas. Quando voltei dessa turnê, eu estava usando uma bengala porque tinha caído de um palco. Precisei dançar em cima de caixas de alto-falante, porque não podíamos pagar pelo palco que eu queria.

Jan e eu estávamos conversando sobre o livro *As Brumas de Avalon*, de Marion Zimmer Bradley, um tipo de releitura da lenda do rei Arthur do ponto de vista feminino. As irmãs eram as curandeiras, as sábias, e eu achei que *Sisters of Avalon* soava empoderador.

A música "Sisters of Avalon" é sobre um rito de passagem. Na época em que escrevi, estávamos viajando, no fim de 1994. Li um artigo sobre uma garotinha que estava sendo circuncidada e a família tratou como se fosse uma grande festa. Isso me inspirou.

Quando consegui autorização para fazer *Sisters of Avalon*, Steve, meu empresário na época, me disse para encontrar uma mansão antiga, como as bandas inglesas faziam, e gravar meu álbum lá. Então conversei com um produtor que David Massey, meu responsável pelo departamento de Artistas e Repertório na época, recomendou. Esse produtor tinha feito alguns trabalhos com Tricky, da Massive Attack, em um antigo celeiro e disse que, se encontrássemos o lugar certo, eu poderia até cantar do lado de fora. Ele disse que poderíamos gravar usando Pro Tools, Logic e fita de dezesseis canais. O álbum seria meio primitivo, porque tentaríamos obter um som de fita antigo com todas as vantagens de usar um computador. Eu estava empolgada com a ideia.

Eu tinha voltado daquela viagem ao Japão, onde fiquei longe do meu novo marido no Natal e no Ano-Novo. Percebi naquela viagem que precisava reavaliar minha carreira e minha vida. Eu precisaria de uma nova administração e um novo eu. A única coisa que consegui do projeto *Hat Full of Stars* foi uma banda maravilhosa, da qual, dessa vez, eu era a verdadeira líder. Eu conversava e tocava com eles e era próxima deles. Eu os conduzia no palco da mesma forma que vi homens como Cab Calloway, Bruce Springsteen e Prince fazerem. Eu sempre pensava: "Ei, como Bruce consegue ser o chefe de sua banda? Se ele conseguia ser o chefe, eu também conseguiria". Além disso, eu queria ser capaz de fazer música ao vivo e no local. Quando algo chegasse até mim durante uma apresentação, eu queria ser capaz de liderar a banda para isso. Como já disse antes, a alegria da apresentação, para mim, é que nos melhores momentos posso ser qualquer um. Eu era Cab Calloway e Elvis e Tina Turner e Ann-Margret. Eu também era Jagger e James Brown e Edith Piaf. Quem quer que viesse até mim.

Minha única esperança sempre que canto é cantar com liberdade suficiente para que o espírito venha a mim. E, quando estou lá, é um verdadeiro presente. Estou voando livre; finalmente consigo me libertar de tudo. Nesse espaço, quer as pessoas reconheçam ou não, sinto-me conectada a algo maior que eu. Sempre foi assim para mim desde a primeira vez que abri a boca para cantar. É por isso que, quando eu estava nas bandas covers, se eu perguntasse a alguém como eu tinha me saído naquela noite e diziam: "Estava ok", eu nunca entendia. Em minha mente, eu estava dançando com Mick Jagger e era fantástico. Por fim, percebi que não conseguia mais fechar os olhos e apenas cantar. Eu precisava fazer com que a banda e o público vissem o que eu via e sentia por dentro. Eu precisava que eles se libertassem comigo. Então tive que retroceder de novo e aprender tudo o que pudesse.

Quando fiz a turnê de *Hat Full of Stars* com essa incrível banda de dez integrantes, toquei ao vivo com um loop. Mas fiz o baterista reiniciar o loop a cada quatro ou mais compassos. Dessa forma, se eu quisesse tentar algo e fazer uma leve mudança inesperada no meio da música, era possível. Não estávamos tão presos, isso tornava mais fácil ser espontâneo. Acho que você precisa de combustão espontânea às vezes. No entanto, para liderar, eu precisava aprender a dar dicas claras e aprender a contar bem o suficiente para entrar e sair de versos de música que eu queria incluir enquanto tocávamos.

Sendo assim, tentei trabalhar bem próxima do baterista. Na turnê "Hat Full of Stars", trabalhei com Rocky Bryant e depois com Scooter Werner. Eu perguntava: "Se eu quisesse fazer esse tipo de mudança aqui, qual seria uma contagem boa e clara para você?". Eles me diziam. Então eu fazia mais disso. Trabalho o mais próxima que posso com qualquer banda com quem esteja fazendo música. No entanto, penso que sempre será um processo.

A maioria dos cantores fala de forma tão enigmática para essas pessoas que é um milagre o operador de som adivinhar o que o cantor quer dizer. Então, toda vez que soava bom para mim, eu perguntava o que ele acrescentava à minha voz ou tirava. Ou eu perguntava que tipo de alto-falante ele achava que seria melhor para a minha voz. Isso me ajudou a aprender a me comunicar com o operador de som.

Mas voltando a *Sisters of Avalon*, Jan e eu, e nosso produtor Mark Saunders, terminamos de gravar o álbum em uma antiga mansão em Tuxedo Park, Nova York, que tinha sua própria personalidade. Eu estava cansada de gravar em estúdios. Eles são superfaturados e superestimados e, com a tecnologia de hoje, você não precisa deles. Em Tuxedo Park, tínhamos uma ótima paisagem. E uma governanta. E um chef. Infelizmente, quando eu estava plantando as últimas petúnias e colocando os gnomos perto de cada cômodo, meu empresário me disse que estava indo trabalhar na Sony. Ele era meu segundo empresário desde David Wolff.

Havia muitas faixas das quais eu me orgulhava. "Say a Prayer" era sobre Gregory, e Aids, e a luta entre a vida e a morte. "Love to Hate" era sobre a gravadora e os jovens artistas *cool* e muito confiantes, tão rudes e estúpidos que nem percebiam que metade da merda que faziam era porque a gente fez primeiro. (Os anos 1980 se tornaram muito importantes agora, e tem essas turnês nostálgicas com várias apresentações com alguns hits. Eu não faria uma turnê assim. Não quero.) E "You Don't Know" era sobre pessoas na televisão que não têm ideia do que estão falando, como os chamados especialistas em política – a esquerda suprime a direita e a direita suprime a esquerda.

Quando gravamos o clipe de "Sisters of Avalon", usamos uma tecladista que estava numa cadeira de rodas. Jan achou que todos pensariam que era ela na cadeira de rodas, então nunca divulgamos o clipe porque ela estava triste com isso. De qualquer forma, não foi um sucesso, porque as pessoas não estavam focadas nisso.

Quando eu estava na Europa divulgando, comecei a tentar engravidar de novo. Então, em março de 1997, descobri que finalmente estava grávida. Não pude acreditar. Eu quis esse bebezinho por muito tempo. Eu costumava olhar para fotos da mãe do meu marido segurando-o com uma boca triangular e, claro, agora meu filho tem essa boca triangular. Eu costumava chamá-lo de "Luscious Louie" quando ele era pequeno. Eu estava muito animada, mas não disse nada publicamente por um tempo. No começo pensei que teria uma menina porque, quando estava tentando engravidar, fiquei tendo uma visão de meninas gêmeas saindo com uma mala. Acontece que eu tinha um menino lindo.

Acabei fazendo um clipe de "Ballad of Cleo and Joe" quando estava no final da gestação. Não era para ser um clipe. A gravadora queria que eu fizesse divulgação para a imprensa em algum lugar de design em Nova York, olhei ao redor e disse: "Estou toda produzida, de peruca preta, por que não fazer um clipe? Apenas me dê uma mesa giratória e duas luzes apontando para mim, para a minha barriga. Você fica ali e filma isso".

Fiz um cara colar pequenos espelhos na minha grande barriga redonda para que ela parecesse um globo de discoteca, e usei a parte de cima de um biquíni prateado porque achava engraçado. Percebi que essa era a única vez na vida que eu poderia usar biquíni e não me preocupar com o fato de não estar em boa forma.

Quando eu estava editando o vídeo, ficava tendo contrações de Braxton Hicks, e os dois editores de vídeo me olhavam como se dissessem: "Oh, meu Deus, por favor, não tenha o seu bebê aqui". As pessoas sempre diziam isso para mim. E também havia os engraçadinhos. "Ei, senhora, vai ter gêmeos?". David disse: "Da próxima vez que alguém disser isso, responda: 'Não sei do que você está falando. Eu tenho bebido muita cerveja ultimamente, mas não estou grávida'". Fiz isso uma vez. Foi muito engraçado. E todos tocavam minha barriga quando eu estava grávida. Eu tinha vontade de dizer: "Tire suas mãos de mim antes que eu te jogue no chão! Vou mostrar para você como é uma mulher grávida! É melhor você recuar". As pessoas não incomodam um animal quando a fêmea está prenha. Simples assim.

Li e-mails de fãs enquanto estava grávida. Você precisa entender que o e-mail era algo novo naquela época. Era como *Star Trek*, como se eu estivesse escrevendo no espaço sideral. Muitos desses e-mails eram de pessoas que me contavam sobre como foi difícil para elas se revelarem gays e que a música "True Colors" salvou suas vidas. Quando elas se revelaram gays, foram renegadas por familiares e amigos e perderam o emprego. Algumas eram suicidas. No entanto, em vez de cometer suicídio, cantavam essa música para elas mesmas, da mesma forma que eu cantava "Across the Universe" para mim mesma.

Assim que comecei a responder esses e-mails, eles começaram a chegar em grande quantidade. Nem sei quantos, mas sabia que eram muitos, e que cada e-mail dizia a mesma coisa. Foi aí que percebi que a comunidade gay abraçou essa música. Liguei imediatamente para minha irmã e contei a ela sobre as mensagens e disse que, se algum dia pudéssemos ajudar a comunidade gay, deveríamos ajudar. Quando chegou a hora, fizemos juntas a campanha "Stay Close" da organização PFLAG, que apresentou celebridades e seus familiares gays, com uma mensagem para que as pessoas apoiassem seus entes queridos gays.

Também fiz a apresentação de abertura da turnê de verão "Wildest Dreams", de Tina Turner, enquanto estava grávida. Isso não era coisa dos anos 1980: Tina estava promovendo um material novo, e eu também. Meu erro foi ter feito versões alternativas de "Sisters of Avalon", mas isso não servia para aquele público. A turnê a ajudou, mas não me ajudou em nada. Isso me magoou. Isso fez de mim uma apresentação de abertura.

O famoso fotógrafo David LaChapelle queria tirar fotos de mim enquanto estava grávida. Então eu contei à minha agente publicitária Kathy Schenker e ela disse: "Ele não quer tirar uma foto sua". Em primeiro lugar, eu não sabia por que ela era minha agente publicitária – ela não estava me trazendo nada de extraordinário. Anos depois, David me perguntou o que aconteceu quando ele quis tirar uma foto minha e eu disse: "Kathy Schenker aconteceu". É assim que esse negócio funciona. É meio que uma merda.

O álbum saiu em 1997 e a gravadora o negligenciou. Jan ficou surpresa. Ela não esperava que o álbum não conseguisse nada, mas eu esperava, porque sabia que a gravadora não tinha intenção de fazer nada por esse CD. Ele ficou na parada de álbuns da *Billboard* por uma semana. Vendemos 60 mil cópias em turnês e era muito triste. Quando eu estava grávida e em turnê com Tina Turner, ninguém da gravadora foi me ver.

Tina era legal, mas não chegamos a ficar tão próximas, se você entende o que quero dizer. Eu me conectei muito mais com Cher quando viajamos juntas em 1999 em sua turnê "Do You Believe". Cher é incrível, uma pessoa muito, muito legal. Quando ela me convidou para a turnê, disse: "Vamos lá, vamos ficar ótimas juntas". Ela estava certa.

A Cher fazia coisas como alugar um cinema inteiro para todos em uma parada de turnê para assistirmos a um filme. Deus a abençoe. Todos os dias ela praticava ioga – todos os dias, fizesse sol ou chuva. É um saco, mas ela conseguia fazer isso. Ela era disciplinada e fazia a coisa certa e era agradável e ela é legal. Se houvesse algum problema, você saberia, ela vinha e falava com você, e tudo se resolvia.

No momento em que ela me convidou para sua turnê de 2002, eu tinha acabado de perder a gravadora em que estava e pensei que indie era o caminho a seguir. Mas um milhão de pessoas viram esse show – um milhão. E foi muito legal porque conseguimos fazer uma ótima apresentação. Minha banda foi incrível. A Cher começou a me colocar no JumboTron e a me orientar. Não sei como ela conseguia tempo, mas em algum momento ela me chamou de lado para dizer: "Olha só, quando você usa toda aquela maquiagem escura nos olhos não consigo enxergar dentro dos seus olhos". Ela sugeriu que eu usasse outra maquiagem e colocasse mais brilho em mim.

Durante o dia, eu fazia sessões de autógrafo, porque não queria apenas estar na turnê, queria realmente contribuir. É por isso que também gravei "Disco Inferno" na gravadora do produtor Jellybean Benitez – então eu teria material novo. E comprei roupas para estar o melhor possível para Cher e para mim. Meu marido havia dito: "Se você quer ser bem-sucedida, precisa parecer bem-sucedida. Não pode usar essas roupas baratas". Sendo assim, contratei uma estilista e ela me comprou coisas de todos os lugares, incluindo Dolce & Gabbana. Anna Sui também me deu um terno e uma calça de couro, Deus a abençoe. Para as sessões de autógrafo, eu usava jeans branco e camisa da Etro. No palco eu usava ternos e camisas com babados, pelo que lembro, do tipo que Otis Redding costumava usar.

Eu cantava cinquenta minutos por noite e queria fazer algo especial para as pessoas que iam me ver. Eu sabia que os fãs da Cher estavam sentados na frente, mas *meus* fãs estavam na parte de trás e eu queria fazer com que eles se sentissem importantes também. Então eu corria para a parte de trás do lugar e subia as escadas dos fundos enquanto cantava. Eu fazia todo mundo ficar de pé. Eu tinha um engenheiro de som fantástico, então o som era ótimo. Não há nada como fazer com que um monte de pessoas que estão muito impressionadas consigo mesmas sintam que elas não têm importância, excluindo-as.

A turnê foi um acontecimento, mas, infelizmente, eu estava trabalhando tanto que comecei a me desgastar. Durante nosso show em Oklahoma, caí enquanto corria pelas escadas para chegar até o público e me machuquei. O metal dos degraus entrou na minha perna, havia um corte profundo e não pude voltar. Eu me senti muito mal porque os dançarinos da Cher olharam para mim e ficaram muito preocupados. Fizeram com que as pessoas corressem para os bastidores para conseguir algo, qualquer coisa, para me ajudar, e me trouxeram sacos de gelo para colocar na minha perna. Mesmo sem conseguir me movimentar, terminei a música.

Depois fui para o hospital, fizeram um curativo e recebi alguns analgésicos. Mas eu ainda estava fora de mim e disse: "Eu não consigo fazer isso, preciso ir para casa". Quando meu garotinho me viu com muletas, começou a chorar, mas ele se acalmou quando eu lhe disse que ficaria bem.

No começo, o pessoal da Cher entendeu totalmente que eu precisava descansar e alguém do pessoal dela, que chamarei de sr. Sorridente, queria que eu voltasse. Não pude ir quando queriam que eu fosse, mas, assim que pude, claro que fui. Só perdi dois ou três shows. No começo, tive que me apresentar em uma cadeira de rodas e uma vez quase caí do palco. Depois, gradualmente, minha perna melhorou e troquei para uma bengala e, por fim, eu estava totalmente de volta. No entanto, não consigo correr desde então.

Uma vez, quando estávamos indo para um show em Washington, D.C., ficamos presos em um trânsito horrível, um pneu havia furado e eu ia me atrasar para o show. Você não vai acreditar no que aconteceu. Enviaram uma escolta policial para que pudéssemos passar. Nós nos vestimos rapidamente na parte de trás do ônibus e saímos direto do ônibus para o palco. Foi muito dramático e selvagem. No entanto, também me senti muito mal. Cher é uma defensora da pontualidade e o sr. Sorridente disse: "Você não pode mais se atrasar. Se você se atrasar, eu vou começar a descontar do seu pagamento". Apesar de tudo, essa experiência me ensinou a ser mais pontual, então sou grata. (Mas ainda me atraso um pouco. Estou tentando. Há muita coisa pra fazer até eu ficar pronta – faço os exercícios de canto, coloco os cílios...)

Em outra ocasião, estávamos em Laredo, Texas, e eu estava atrasada novamente depois de uma sessão de autógrafos. Minha assistente Jackie e eu tivemos que arrumar tudo (ela fez a maior parte da arrumação), nos vestir rapidamente no hotel e ir para o show. Mas alguém esqueceu de contratar um carro. Então Jackie chamou um táxi para nós e começamos a enfiar nele toda a nossa tralha para o show. Tentamos fazer com que o pobre taxista mexicano chegasse à entrada do palco o mais rápido possível: "Dirija na grama e vá para os bastidores. Vamos lá, você tem que ir, você tem que ir!". Esse pobre homem que estava absolutamente horrorizado dirigiu na grama, sem saber quem diabos éramos. Então fomos bloqueados por um grupo de pessoas enfileiradas para ver Cher. Coloquei a cabeça para fora da janela e gritei: "Por favor, me deixem passar! Vou me atrasar, preciso estar no palco, eu deveria estar no palco, por favor, *por favor*, deixem-me passar". Alguns ficaram com uma postura do tipo: "Foda-se você". Mas alguns deles olharam para mim e falaram: "Oh, meu Deus, é a Cyndi Lauper!", e saíam da frente. Finalmente chegamos nos bastidores e todos os nossos baús estavam do lado de fora porque era um lugar pequeno e a srta. Importante tinha colocado todas as coisas dela para dentro, incluindo o elefante e a pia da cozinha. Corremos para fora do táxi, abrimos os baús, tiramos todas as nossas tralhas e corri para o palco. Foi tão ridículo e, novamente, eu estava com raiva de mim mesma por estar atrasada.

Depois que fizemos uma pausa para o Natal, a Cher queria voltar, mas eu precisava ficar com meu filho, porque ele estava um caco, sentia falta da mãe. Acho que Cher entendeu. Depois disso, sempre que ela fazia algo bom, eu ligava para ela e a parabenizava. Eu a acho incrível. É muito difícil fazer amizade com pessoas famosas porque elas são muito ocupadas.

É engraçado – fiz a turnê com a Cher, mas nunca fui convidada para a Lilith Fair. Supostamente havia um momento de "mulheres no rock" no fim dos anos 1990, mas, na verdade, foi um momento de Christina Aguilera e Britney Spears. As duas eram como eu e Madonna, uma competição direta. Mas Christina era um tipo de artista diferente de Britney – e apesar de todo mundo dizer que Britney não consegue cantar, isso é besteira. Ela consegue cantar – só não consegue cantar como faz no álbum, porque na verdade ninguém consegue. Os produtores suecos com quem ela trabalhava a faziam parar a cada palavra. É por isso que a voz dela soa assim – tão controlada. Eu teria matado esses produtores. Eles estariam mortos.

Eis algo muito bizarro para mim. Quando os produtores entram em contato com você para trabalharem juntos, é porque eles ouvem algo em seu trabalho que desejam combinar com o que eles fazem. Então é bem estranho quando eles tornam você irreconhecível – a menos que, acho, você queira fazer algo irreconhecível. O que acho muito plausível para mim – às vezes me perguntava se eu deveria apenas esconder meu nome da próxima vez, então as pessoas me ouviriam cantar sem saber quem eu era. Eu poderia montar uma persona como Daft Punk. Você nem sabe quem são esses rapazes ou quantos anos eles têm. Essa é a maravilha e a beleza disso.

A ideia de que os jovens são os únicos produzindo boa música e que músicos mais antigos fazem algum tipo de música de velho é bizarra para mim. Muitos dos artistas mais jovens de hoje cantam literalmente uma palavra e depois os produtores juntam as outras palavras usando o Pro Tools. Quando fiz *Bring Ya to the Brink*, trabalhei com compositores suecos que agiam como se eu fosse Svengali por adicionar minha própria contribuição, eu apenas olhava para eles e pensava: "Eles não leem créditos, eles não sabem o que eu sei, eles não sabem que produzi".

Quando um produtor começou a dirigir a forma como eu deveria cantar, eu disse: "Você é um baterista maravilhoso, por que não me mostra como cantar como um tambor?". E eu o dirigi na ponte para torná-la um eco. A música "Echo" deu certo; é cativante e divertida. É uma ótima música para dançar, mas não foi uma prioridade. A gravadora tinha outras quatro apresentações que eram prioridade e, infelizmente, não havia nada que eu pudesse fazer.

E isso, a propósito, é o que há de legal no musical *Kinky Boots* que estou fazendo com Harvey Fierstein e Jerry Mitchell. Eu não poderia estar percorrendo o mundo da Broadway com dois caras melhores. Eles são muito talentosos. Conhecem o mundo em que vivem e *realmente* gostam da minha música. É por isso que estou lá. Não me jogaram lá só por causa do meu nome. Eles não estão tentando me mudar. Tem sido empolgante porque não tenho que me preocupar com o fato de que alguém vai me dizer para fazer algo ridículo que não sou eu (e, se fizerem isso, Harvey diz: "Isso é ridículo").

Como eu disse, quando canto algo, realmente quero me conectar a algo maior que eu. Não quero apenas cantar. Sempre quis me libertar, e quando você canta no ritmo certo, no tom certo, e diz as coisas certas, você pode abrir esse corredor. É o único lugar aonde quero ir quando canto. Cantar o torna maior do que você normalmente é. E agradeço a Deus pelos meus professores e todos os cantores que vieram antes de mim e os que estão cantando agora. Todos aprendemos uns com os outros e estamos conectados.

De qualquer forma, voltando a 1997. Declyn Wallace Lauper Thornton nasceu em novembro daquele ano. Nós demos esse nome a ele em homenagem a Elvis Costello (cujo primeiro nome é Declan). É aquilo que dizem mesmo: toda a sua perspectiva muda quando você tem um filho. Depois que ele nasceu, tive uma reunião com o pessoal da gravadora em Nova York e me apresentaram um novo reponsável pelo departamento de Artistas e Repertório, Peter Asher. Mas o diretor era o mesmo cara que conheci em Paris antes de engravidar, que me disse que tudo ficaria bem. Não dá para ouvir uma mentira duas vezes. Eu tinha mais um álbum no meu contrato e disse: "Olha, se você não vai fazer nada para promovê-lo, você pode muito bem me deixar ir. Não quero passar por isso novamente. Trabalhei muito duro, tentei muito, fiz uma ótima imagem, tentei fazer uma ótima capa para o álbum, mas nada disso importa se vocês não vão promovê-lo". E esse cara disse: "Não, dessa vez vamos fazer alguma coisa. Por que você não vai para casa e pensa melhor sobre isso?", ele estava tentando me apaziguar. Peguei a foto do meu bebê e disse: "Por que você não vai para casa e pensa melhor *nisso*? Amanhã, quando você estiver se barbeando, olhe para o rosto desse bebê no espelho e diga a ele como a mãe dele precisou conseguir outro emprego, porque você arruinou a carreira dela. Você pode fazer isso comigo, mas não vai fazer isso com meu bebê". Parecia que Peter ia desmoronar. Ele não conseguia nem acreditar.

Tentei sair, e eles vieram atrás de mim e disseram: "Ok, você só precisa fazer um álbum de Natal". Esse seria meu último álbum para a Epic e depois eu poderia dar o fora. Eu disse que trabalharia em um disco de Natal porque sempre quis fazer um. Adoro o Natal. E foi assim que aconteceu. Jan voltou para ficar comigo no andar de cima de nossa casa de Connecticut com o filho dela, que tinha 8 ou 9 anos. Tínhamos trabalhado juntas tão bem que era um passo natural continuarmos compondo. Declyn tinha acabado de nascer e uma mulher gentil chamada Dalila cuidava dele. Dec foi um garoto muito incrível. Ele era engraçado e ria muito – um amor. Jan e eu escrevíamos na sala de estar. Fiz muita música boa naquela casa (o que eu considero boa, pelo menos). Escrevi os álbuns *Hat Full of Stars* e *Sisters of Avalon* inteiros naquela sala de estar. Mais tarde escrevi *Shine* lá também.

A casa tem uma vibração muito mágica que faz você se esquecer do tempo e do espaço. Ela é como uma casinha de bonecas, então é divertido escrever lá. David passava com Declyn de vez em quando, enquanto gravávamos o álbum na garagem. O álbum tem uma música chamada "New Year's Baby (First Lullaby)", que escrevi para Dec, que pegou o microfone e cantou. É ele que você ouve no solo. Ele achava que estava cantando e até fez uma coisa meio iodelei na música.

Quando o álbum saiu, minha ótima agente publicitária Lisa (que acabou se tornando minha empresária) me colocou no especial de televisão do Rockefeller Center Christmas, quando as luzes da árvore são acesas, para cantar "Early Christmas Morning". Além disso, eu estava acompanhada de um coro infantil. Todas as criancinhas estavam de cachecol e suéteres de Natal. Foi incrível. Comecei a música sentada no chão, com uma capa branca, tocando o dulcimer, depois tirei a capa e estava com um vestido ao estilo Mamãe Noel de cetim vermelho com crinolina branca por baixo.

QUANDO CANTO ALGO, QUERO ME CONECTAR A ALGO MAIOR QUE EU.

Quando eu era criança em Ozone Park, meus amigos e eu íamos a Manhattan à noite durante o Natal. No meio da noite, era como se você tivesse a cidade para você. Na Saks, víamos vitrines de lojas do outro lado da rua, enfeitadas com todas as decorações de Natal, então víamos a árvore. E lá estava eu me apresentando na frente dela. Achei isso muito incrível.

A época em que Dec era pequeno foi muito especial. Lembro que, quando ele era bebê, eu o levei na turnê "Do You Believe" da Cher, com sua cuidadora, Dalila. Dec era ele mesmo. Ele queria ser incluído em tudo. Durante essa turnê, havia algumas bandas de abertura antes de mim, incluindo a Wild Orchid, da Fergie, antes de ela se juntar à Black Eyed Peas. Dec costumava apontar o queixo para a mulher a quem ele queria ser levado. Ele ficou todo derretido pela Fergie. Ele também começou a ficar fascinado com a bateria, então Scooter, da minha primeira turnê, deu baquetas para ele e ele demonstrou como conseguia usar seus pulsos. Scooter disse que ele tinha um ótimo ritmo. Quando ele tinha 3 anos, fomos à Sam Ash Music Store para procurar baterias, ele se sentou em um conjunto para bebês e imitou tudo de um vídeo com instruções de bateria que estava passando. Uma vez ele foi comprar um prato e bateu em cada prato na loja. O rapaz que trabalhava lá parecia querer me matar. De qualquer forma, mais tarde, quando ele tinha 3 anos e meio, eu o incluí no palco. Eu o deixava montar sua pequena bateria e tocar com a gente.

Uma vez precisei deixá-lo para ir a uma sessão de autógrafos em Manhattan e ele começou a chorar porque queria estar comigo, então eu disse: "Ok, vamos levá-lo". Eu o vesti e Jackie desenhou um pequeno bigode e cavanhaque nele. Ele tocou bateria em uma caixa de papelão com a banda, cujos integrantes foram muito generosos com ele. E as pessoas simplesmente o amaram! Ele era bom. Mas, em determinado momento, a banda decidiu que eles não queriam mais tocar com ele até que ele realmente aprendesse. Ele ficou chateado e não quis mais ir. Ele também sentiu como se tivessem me tirado dele.

Depois ele se envolveu com o hóquei. Dá para acreditar que me tornei uma mãe entusiasta do hóquei por um tempo?

Little one / little son / All my life I've wished you welcome.
[Pequenino / filhinho / Durante toda a vida lhe desejei boas-vindas]
"December Child"

“VI ESSA GERAÇÃO
DE MULHERES
ANTES DE MIM
TER TODAS AS
ESPERANÇAS
E SONHOS
DESTRUÍDOS.”

CAPÍTULO 14

SHINE ERA PARA SER UM DISCO DE DANCE MUSIC. EU ESTAVA INDO NESSA DIREÇÃO depois de ter concluído alguns trabalhos com dois companheiros da Soul Solution que remixaram "Ballad of Cleo and Joe". Essa música se tornou um grande sucesso no sul da Flórida porque um fã e amigo meu, Carlos Rodriguez, ficou tão chateado com a forma como a gravadora me tratou que conseguiu um emprego em uma estação de rádio e tocou minha música (obrigada, Carlos). E, como eu disse, eu tinha feito "Disco Inferno" para a primeira turnê da Cher porque eu não queria ser apenas a artista das antigas sem nada para vender. Essa música foi indicada para um Grammy de Melhor Gravação Dance em 1999 e se tornou um sucesso nas danceterias.

Compus a música "Shine" e algumas outras com Bill Wittman, um colaborador de longa data. Também compus com Jan e continuei tentando voltar a compor com os rapazes da Soul Solution. Senti uma conexão com eles porque, como eu disse anteriormente, minha tia conhecia o tio de Bobby Guy e porque tivéramos sucesso. Mas os tempos mudaram e eles mudaram e eu mudei.

De qualquer forma, *Shine* começou como um disco de dance, mas quando apresentei as músicas nas quais estava trabalhando em casas noturnas, percebi suas deficiências. Muitas delas eram muito complicadas para dançar. Eu cantava alguma coisa e percebia: "Ah, essa música tem muitas mudanças de acordes". A dance music tem apenas três acordes, ou talvez quatro, no máximo. Isso não muda muito. Ela precisa ser bem simples e não ter muitas palavras. As coisas avançaram um pouco desde então, mas, basicamente, eu achava que a dance music era mais restritiva que o pop, por outro lado, no começo eu achava que ela seria mais criativa.

Na época, eu teria gostado de receber dados de Junior Vasquez, mas ele não estava falando comigo porque insultei um de seus amigos ou algo assim, e ele estava convivendo com pessoas estranhas que meio que assumiram um pouco a sua vida. Eu realmente não sabia o que estava acontecendo, mas nos desentendemos por um tempo (agora estamos nos falando de novo). Quando comecei a tocar dulcimer em meus álbuns, ele dizia para mim: "Ninguém gosta daquela merda caipira que você está tocando". Então, às vezes, quando ele não retornava minha ligação, eu ligava para ele de novo e tocava o dulcimer em sua secretária eletrônica.

Percebi que tinha que fazer mudanças no álbum, me afastando um pouco da dance, e corrigi-lo para o que ele era: um álbum de pop, rock, dance e R&B. Nessa época também fiz alguma coisinha para Tricky. Fiz a voz para a música "Five Days", para o seu álbum de 2001, *BlowBack*. Eu o admiro muito como artista. Eu o conheci em um estúdio em Nova Jersey, mas foi uma experiência estranha, porque, quando cheguei lá, tive que começar a compor a música com ele, quero dizer, literalmente, tudo – a letra e a melodia. Consigo fazer isso, mas não estava preparada e eu estava no lugar onde tudo estava acontecendo e nem conseguia pensar. Eu me senti como um cervo diante dos faróis.

Enquanto eu estava lá, também toquei para ele a balada "Water's Edge" para saber o que ele achava, e ele disse: "Cyn, para mim, é um hit". Ele gostava muito de mim porque seu vaso sanitário continuava vazando e vazando, isso estava me enlouquecendo, então levantei a tampa e consertei aquilo. Quando ele deu uma entrevista sobre o álbum e perguntaram sobre trabalhar comigo, ele disse: "Ela consertou meu vaso sanitário".

Uma música desse álbum que sempre achei muito engraçada era "It's Hard to Be Me", que escrevi com Bill e Rob Hyman. Parece uma música de comédia, mesmo sendo uma música de rock. Rimos muito quando estávamos escrevendo. Por exemplo, no trecho *You see me everywhere in my underwear / You may wonder what I'm here to sell* [Você me vê em todos os lugares de cueca / Você deve imaginar o que vim vender aqui]. É porque, mais ou menos no ano 2000, estavam mostrando modelos em roupas íntimas nos anúncios e fiquei pensando: "Onde estão as roupas? O que eles estão vendendo?". Apesar de estarem em roupas íntimas, não dava para saber se estavam vendendo roupas íntimas, música, roupas ou o quê. A música deveria ser irônica também, como com o trecho que Bill criou: *It's hard to be me / Nobody knows what it's like to be me / the envy of mediocrity* [É difícil ser eu / Ninguém sabe como é ser eu / a inveja da mediocridade]. (Bill é muito inteligente.)

Além de "Comfort You", Jan e eu compusemos "Higher Plane", que achei que seria um grande hit. Eu adorava essas músicas, mas quando eu as tocava para as pessoas da gravadora, elas diziam: "Não parece você, Cyn". Eu pensava: "Isso não é bom?". E daí se não parece eu? "Shine" parecia um hit para mim também, mas as rádios não a tocavam por causa da bateria, por causa do ritmo. Não conseguiam me dizer o que não gostavam no ritmo, mas paguei o rapaz que trabalha com engenharia para Mutt Lange para remixar a música. Ele acabou comprimindo tanto a minha voz que parecia que eu não conseguia cantar. Percebi que só porque o compressor funcionava para outras pessoas não significava que funcionaria para mim. Então me senti como Vinnie van Gogh tentando fazer uma pintura de sucesso de novo.

A forma com que eu costumava vender meus discos era apresentar remixes dançantes das minhas músicas nas casas noturnas. Comecei a vestir toda a tralha que vestia na Gay Pride quando me apresentava nas casas noturnas. Eu usava uma bandeira de arco-íris com enfeites e, quando eu girava na luz, ela brilhava. Comecei a usar acessórios de cabeça também. Lembro que fui ao Canadá fazer alguns shows e, na época, a rede Bravo estava fazendo um trabalho sobre processo criativo. Então eles ficavam me seguindo por aí. Eu também estava comendo uma comida repugnante de dieta novamente para ficar magra.

De qualquer forma, eu tinha agendado dois shows no que me disseram ser danceterias em Edmonton, Alberta. Eu tinha o dia livre e as pessoas da Bravo sumiram para algum lugar, então dei uma volta nos arredores e encontrei uma loja com lindos cocares. Só para lembrar que isso foi em Edmonton, ok? Não foi em Nova Orleans. Então entrei e havia acessórios em várias cores diferentes: um vermelho, um branco, um azul. Eu estava bastante empolgada. Mas a mulher que trabalhava lá ficava olhando para mim e perguntava: "Você patina no gelo?". Eu disse: "Não, não, eu não patino no gelo". Mas ela continuou me perguntando isso. Por fim, eu disse: "Por que você fica me perguntando se patino no gelo?".

"Porque esta é uma loja do Capades Ice."

Comprei alguns acessórios de cabeça com penas largas e os levei com minha bandeira enfeitada com joias para a danceteria, para o meu show. Entrei e havia tela para galinheiro em frente ao palco e chão de terra, e também havia uma banda de abertura para mim. Fiquei pensando: "Hum, por que tem uma banda numa danceteria?". Mas trabalhei rapidamente algumas músicas com eles – versões em slash-metal de "Bop" e "Girls". Depois coloquei meu acessório de cabeça e estava dançando com minhas roupas brilhantes, vestida como uma curandeira louca e cantando músicas como "Higher Plane" com fundo musical (como se faz em casas noturnas) e, de repente, parei e olhei para todo mundo. Todas as pessoas estavam olhando para mim, estupefatas. Então eu disse: "Todos vocês devem pensar que estou louca, mas, olha só, achei que essa era uma danceteria, e em danceterias a gente faz esse tipo de coisa".

Não sei como consegui passar por esse show. Parecia algo saído de um filme. Não me importo com terra me sujando de vez em quando, mas senti como se tivesse chegado ao fundo do poço. Fiquei pensando: "Essas pessoas não estão nem aí para mim. Eu poderia estar morta". As pessoas da plateia ficaram bem desapontadas porque eu não era a Cyndi Lauper que elas conheciam.

Eu precisava fazer mais um show em Alberta e o dono da casa noturna me disse que o outro lugar era igual a esse. Liguei para o meu empresário e disse: "Você está falando sério?".

"Você não pode simplesmente fazer isso?", meu empresário louco perguntou.

"Não, é ruim para minha reputação", eu disse a ele. E pelo menos consegui escapar desse outro show.

Glamoroso não foi. Há uma maquiadora com quem trabalho em Toronto e, às vezes, minha vida é tão ridícula que, quando conto a ela, ela começa a rir e diz: "Ok, onde estão as câmeras? Não pode ser tão ridículo assim".

Você provavelmente não ficará surpreso ao saber que já estava na hora de deixar meu empresário, porque ele provou não estar fazendo muito para me ajudar. Então contratei a melhor empresária de todos os tempos – Lisa Barbaris. Eu sabia há muito tempo, desde 1995, que ela seria perfeita. Como eu disse, esse foi o ano em que participei do Gay Games em Nova York. A propósito, meus amigos Brian Salzman e Howard Kaplan me colocaram nos jogos, e não a gravadora. Eles sequer promoviam a música "Ballad of Cleo and Joe" nas casas noturnas, porque o chefe da divisão de dance music achava que era muito gay. Em vez disso, estavam interessados em baladas e dando um gás para elas.

Então meu amigo Chris Tanner, um pintor, artista drag e ator maravilhoso, me ligou e disse: "Cyn, a parada de orgulho gay é daqui a duas semanas, você tem que ter um carro alegórico, você precisa estar no desfile". Eu disse: "Você está brincando, né? Como vou conseguir um carro alegórico em duas semanas?". Chris disse: "Você liga para os organizadores, diz que é a Cyndi Lauper e que quer estar no desfile. Você leva todo mundo e nós arrasamos". Então liguei para Lisa, minha agente publicitária na época e, de alguma forma, ela conseguiu um carro alegórico para mim. Eu tinha várias drag queens no carro e apresentei todas as versões de "Girls Just Want to Have Fun" que existiam. Então me disseram que eu não poderia cantar "Girls Just Want to Have Fun" na frente da St. Patrick's Cathedral, porque era uma área em que não era permitido cantar e, se eu fizesse isso, me fariam parar. Eu disse: "*Por favor*, deixe-me cantar e deixe-os me impedirem. Tem ideia de como seria a manchete? 'O cardeal O'Connor não queria se divertir'". Então fui em frente e cantei, e o engraçado foi que a igreja não me fez parar: eles sabiam como seria a manchete. Então meu coraçãozinho de colegial católica estava todo agitado.

No entanto, eu soube que quando Lisa arranjou aquele carro alegórico do nada ela seria uma ótima administradora, e ela é. Ela é capaz, leal e eu a amo e acho que ela me ama. Ela trabalha duro – às vezes trabalha duro demais e tenho vontade de dizer: "Ei, por favor, vamos morrer mesmo, você pode parar um minuto?".

Mas eu ainda estava com meu antigo empresário na época. Ele não foi para a Gay Pride. E, em outra ocasião, quando participei do Vienna Gay Life Ball for AIDS usando roupas de baixo brancas da Marie Antoinette com uma peruca que tinha um barco com um homem dentro, lembro que ele olhou para mim e disse: "Por que você não pode simplesmente usar jeans e camiseta?". A gota d'água foi quando ele enviou um assistente em seu nome para a apresentação de *Shine* para a gravadora. Decidi mandá-lo passear e contratar Lisa.

De qualquer forma, *Shine* deveria ser lançado por uma gravadora menor chamada Edel em 1 de setembro de 2001, mas, algumas semanas antes, Lisa me ligou e me disse: "A Edel America está saindo do mercado. Você precisa reaver os direitos da sua música". Então lutamos para recuperá-los e, em seguida, tive oportunidade de lançar o álbum com uma gravadora independente bem pequena, mas eu não tinha certeza sobre isso. Além disso, algumas faixas vazaram para o público. Percebi isso quando me apresentei pela primeira vez e todo mundo já estava cantando junto. Então Lisa procurou outras gravadoras para ver se elas fariam o disco, mas o feedback foi bem desanimador, do tipo: "Quem ela pensa que é? Ela não é produtora, ela deveria apenas cantar. Eu só posso aceitá-la se ela fizer tudo o que eu disser para ela fazer". Queriam que eu trabalhasse com o compositor David Foster. Eu não queria trabalhar com alguém de cuja música eu não gostasse. Ele é um cara muito talentoso, mas faz um tipo de música bem melódica e diz o que você quer, mas não faço música melódica. Eu não queria fazer baladas tão emocionantes. Quanta angústia é possível cantar? Até algumas pessoas de R&B voltaram e disseram: "Ela não consegue produzir, isso é horrível". O trabalho horrível sobre o qual elas estavam falando inspirou muitas das músicas que estão surgindo agora. Consigo ouvir "Shine" na música "Firework", de Katy Perry. E a banda Arcade Fire é uma grande fã minha e muita coisa os inspirou – foi o que me disseram.

Depois disso, eu falei: "Vamos só produzir um EP e ver o que acontece". Lisa me disse para escolher cinco músicas, então escolhi "Shine", um remix dela, "It's Hard to Be Me", "Madonna Whore" e "Water's Edge". "Shine" é a maior música underground. Quando canto essa música, é um grande sucesso, as pessoas enlouquecem.

A propósito, a música "Madonna Whore" não tinha absolutamente nada a ver com a Madonna. Era sobre o complexo da Madonna-vadia. Eu estava só escrevendo sobre minha experiência como mulher: *Every woman's a Madonna / every woman's a whore / you can try to reduce me but I'm so much more* [Toda mulher é uma Madonna / toda mulher é uma vadia / você pode tentar me reduzir, mas sou muito mais]. Mas é claro que, por causa da coisa entre mim e a Madonna, é isso que as pessoas iam pensar. Que idiota eu.

No entanto, a própria Madonna trouxe esse conceito em seus materiais mais incríveis e mais provocativos, como "Like a Prayer", que, só para constar, me fez amá-la. Quando vi aquele clipe, eu disse: "Certo, ela é muito boa". Ela apertou todos os botões só com aquele botão – foi brilhante. Quando a Pepsi desistiu dela depois daquele clipe, ela não só recebeu o dinheiro deles como usou essa controvérsia para tornar o clipe ainda maior, e todo o mundo viu – todo o mundo. Quando a Pepsi a rebaixou desse jeito, na verdade, o que fizeram foi impulsioná-la. Ela sabia exatamente como trabalhar isso. E, como eu disse antes, eu sempre me esforçava bastante, mas não sabia como manipular a imprensa. Eu não tinha senso para negócios.

Em seguida, vendi o EP no meu site e Lisa batalhou muito para vendê-lo pela livraria Borders. Eu não desistiria e tive muita ajuda dos meus amigos, que trabalharam de verdade. Foi um pequeno EP independente e acho que, no fim, vendi 68 mil deles, um por um. Não foi o que eu havia planejado originalmente para o álbum, mas esse era um número de vendas decente e isso tornava tudo mais fácil. Nunca vou me esquecer de quando aprontei tudo para *Shine* e depois descobri que a Sony estava lançando *mais uma* coleção de "as melhores", um DVD de *Twelve Deadly Cyns... and Then Some* de todos os meus clipes até "I'm Gonna Be Strong". Esse tipo de porcaria. Eles estavam canibalizando minhas vendas. Não dá para ter dois lançamentos ao mesmo tempo. Mas o que eu podia fazer?

Durante o período do *Shine*, fui à Transilvânia para fazer um programa de TV em um palco em frente ao castelo de "Bad Vlad" (ele foi Vlad, o empalador, a inspiração para o Drácula, mas acho que "Bad Vlad" é um nome muito melhor). Então fui para a Romênia. Era 2000, talvez 2001. Meu cabelo estava loiro-platinado e preto. É engraçado, sempre lembro do ano e do álbum com base no meu cabelo. De qualquer forma, isso foi apresentado como um grande negócio e que *eu* seria um grande negócio na Romênia. Quem poderia saber? Foi outra grande aventura. Eu não tinha uma equipe à qual estava acostumada, mas minha banda era fantástica. Eu tinha Sammy Merendino na bateria, Bill Wittman no baixo, Knox Chandler na guitarra, Steve Gaboury nos teclados e Allison Cornel no violino, na viola clássica e às vezes no dulcimer também (dois dulcímeres são melhores que um, se quer saber, então toquei dulcimer também). De todo modo, eu estava bastante empolgada porque tocaríamos o CD *Shine* e mais algumas músicas.

Eu tinha ido para a loja Trash and Vaudeville antes de viajar. Eu estava vasculhando a cidade para encontrar um visual ao estilo Edie Sedgwick.

Ninguém estava fazendo isso. Continuei indo às grandes lojas e mostrando fotos, mas ninguém tinha nada remotamente parecido com o que ela usava. Claro, no ano seguinte, e um ano depois, Edie ressurgiu de forma grandiosa. O visual dela não estava disponível quando precisei. Mas, no fim, mudei o que eu vestia e fui ao estilo centro de Nova York.

Então, quando fui à Romênia, usei uma blusa de seda como aquela camisa dos anos 1960 com mangas que se abriam em sino a partir do cotovelo e calças de couro pretas. No fim, eu estava descalça, mas não importava, porque nunca consegui ir aos programas principais.

Quando cheguei, fomos levados pela equipe do organizador em disparada pelas ruas, com as sirenes do veículo ligadas. Eu não conseguia entender o que eram aquelas sirenes, até descobrir que essas pessoas eram ex-integrantes da polícia secreta. De repente a situação ficou muito parecida com James Bond. E eu ficava pensando comigo: "Não é possível eles terem inventado uma história dessas". Aí comecei a pensar no meu filho de 3 anos em casa e comecei a ficar um pouco nervosa, então eu lhes disse que eles precisavam ir mais devagar. Eles não diminuíram a velocidade – então fiquei muito brava e disse que precisava voltar inteira para o meu filho, daí diminuíram a velocidade da melhor forma que podiam.

Eu nunca tinha ido à Romênia – foi isso que a tornou tão empolgante. Ficamos em uma cidadezinha montanhosa com um grande hotel ao estilo chalé. Foi muito singular. E lá, como prometido, estava o Castelo de Bad Vlad. Todos saímos para comer na primeira noite e Bill comeu urso. Não consegui me sentir bem com essa coisa do urso. Pedi carne de veado. Comi a mãe ou o pai do Bambi.

No dia seguinte aconteceu a coletiva de imprensa. Eu estava em meu novo visual, com jeans vermelho, azul e preto da Trash and Vaudeville e olhos à la Edie Sedgwick. Era um novo eu. Eu estava muito empolgada para começar esse novo capítulo da minha carreira – Cyndi como indie.

Todo mundo foi muito legal conosco, só que eu não tinha ideia de que a homossexualidade era ilegal na Romênia naquela época. Então, durante a entrevista, quando perguntaram: "Então você luta pelos direitos dos gays?". Eu disse: "Pode ter certeza que sim", e comecei a falar sobre como acho que todos deveriam ter direitos civis. Isso causou uma grande agitação na sala.

Enquanto eu estava passando o som, falei para o operador de som, que estava boquiaberto comigo, como se eu fosse louca, que ele tinha que aumentar o som da guitarra, e rápido. Eu ficava dizendo: "Vamos lá, vamos lá, você tem que fazer isso *agora*". Eu o fiz chorar. Sem brincadeira. Se você vai chorar, não faça parte do show, porque não é fácil. Gostei muito dele, mas não há choro quando se opera o som. (Sempre haverá falhas em relação a "aprender a me comunicar". Ainda penso muito: "Eu deveria ter dito isso, deveria ter dito aquilo", mas ainda estou no caminho do aprendizado.)

Enquanto isso, minha empresária estava prestes a ser espancada por uma grande mulher da Transilvânia que estava orientando o Elvis romeno que se apresentaria antes de mim. Esse cara estúpido apresentava uma música que soava como uma canção antiga, mas não era legal, como a banda Stray Cats ou alguma coisa interessante. No entanto, as pessoas daquele país provavelmente adoraram. Superamos isso, apesar de o Elvis ter decidido gastar boa parte do tempo. Cantei algumas músicas, incluindo "She Bop".

A propósito, se você ouvir o finalzinho de "She Bop", vai notar que Michael Jackson pegou a linha do baixo e escreveu "Bad" a partir dela. Um pouco antes de ele entrar para gravar "Bad", ele se sentou atrás de mim em um avião com Emmanuel Lewis e estava ouvindo "She Bop". De qualquer forma, não importa. Fico muito lisonjeada só de ele ter pensado nisso. Ninguém estava me promovendo como faziam com ele. Eu também estava com um pouco de ciúmes dele – ele estava na Epic. Mas eles o tratavam muito mal. Ele era muito pressionado e, quando as notícias sobre abuso sexual saíram na imprensa, a gravadora se distanciou dele – todos o fizeram. Não sei como era sua vida particular, mas ele sempre foi gentil comigo. Então, é claro, quando ele morreu, a gravadora entrou na vibe "Viva Michael". Estavam sedentos por todo o lucro que teriam, porque todos os discos dele subiram para o topo das paradas, assim como aconteceu com os discos de Whitney Houston.

Em todo caso, quando terminamos as músicas e saímos do palco, descobrimos que tudo tinha sido tirado da coxia. Tudo se perdeu. É como dizem às vezes: "Aqui está o seu casaco. Você já vai embora, né?". Então o avião romeno que pegamos fez um pouso inesperado em uma base militar no país para reabastecer. Não era um voo de primeira classe, era da classe trabalhadora. Era um voo Fred Flintstone vindo do inferno. Entretanto, foi um momento engraçado e rimos muito. E, sabe o que mais? Vimos o país e comprei alguns vasos de vidro.

De volta aos Estados Unidos, fiz muitas sessões de autógrafo para *Shine*, o que eu adorava. Conheci muitas pessoas e ouvi histórias tristes de veteranos doentes que estavam voltando da Guerra do Golfo. Eu me esforcei bastante para vender CDs e dar o máximo de autógrafos possível. O estranho sobre as sessões de autógrafo é que é difícil assinar com rapidez. Você quer apertar a mão de todos, tirar uma foto, fazer uma conexão e agir como um ser humano, mas os gerentes da loja querem que você entre e saia dali em uma hora ou duas. Só que isso é impossível. Se houver quinhentas pessoas, você ficará lá por três horas.

Sempre adoro conhecer pessoas, mas sinto muita saudade da minha família quando estou fora. Eu me sinto como Willy Loman às vezes. Tenho um sentimento de desespero e isso fica mais difícil à medida que envelheço. É engraçado, meu tecladista Archie "Hubbie" Turner diz que quer fazer um reality show chamado *The Old and the Useless* [Velhos e inúteis], porque quando você envelhece nesse negócio, começa a se sentir inútil. Mas ele não é nem um pouco assim. Quando vi Hubbie ao vivo pela primeira vez, fiquei dizendo: "Espero que seja fácil e bom trabalhar com esse garoto". Acontece que ele era mais velho que todos nós! Ele tinha 65 anos. Ele passa pela vida de um jeito mágico – é um bastardo de sorte. Penso que todo mundo que você encontra e vê tem alguma magia e estou sempre interessada em entender o que é essa magia. Sei que Allen Toussaint, que tocou no meu álbum de blues, tem magia; sei que meu guitarrista tem magia; sei que todos os músicos com quem toco têm uma certa magia; e sei que minha família tem uma magia de primeira. Então, vivo uma vida encantadora e mágica – acontece que em alguns dias me esqueço de pensar nisso, porque não consigo ver, ou estou ocupada olhando para outra coisa.

Mesmo que eu reclame do quão ocupada minha empresária me mantém o tempo todo, pelo menos ainda estou cantando e sou capaz de fazer isso depois de todos esses anos. *Bring Ya to the Brink* foi indicado para um Grammy. *At Last* foi indicado para um Grammy em 2003 – não pela voz, o que deveria ter sido, mas pelo arranjo. Não leio a música por partes instrumentais. Faço o arranjo de ouvido. Eu ouço, eu sei o que quero. Às vezes peço para alguém tocar uma música completamente diferente, mas mudando os acordes para os acordes da música que estamos tocando. E eles olham para mim como se eu tivesse duas cabeças. Entendi isso agora, ao explicar para as pessoas que tenho uma forma estranha de trabalhar, então elas precisam me aguentar. Sempre acreditei que a música é como cozinhar – você pega um pouco de tempero desse armário e do outro armário, mistura tudo e vê o que conseguiu.

De qualquer forma, depois de *Shine*, Lisa ficou pensando em como as gravadoras disseram que eu não era uma produtora e que a única forma de assinarem contrato comigo seria se eu fizesse o que eles queriam. Como Clive Davis disse: "Se eu a acho maravilhosa? Sim, eu acho. Ela fará o que eu quero que ela faça? Não". Então Lisa disse: "Cyn, ninguém entende que você arranja música. Por que você não faz o arranjo de algumas músicas clássicas e as interpreta? Isso pode ser algo sobre arranjo e interpretação – deixe-os ouvir a cantora que você é". Eu disse ok. E, acredite ou não, voltei para a Sony, porque eles tiveram essa ideia com a Lisa. Havia um rapaz de quem gostei de verdade lá chamado David Massey, e assinei o contrato por causa dele. Pensei que era melhor ficar com o diabo que você conhece. No entanto, quando me encontrei com ele pela primeira vez, ele queria ouvir uma fita do que eu faria. Eu disse a ele: "Você quer uma demo? Eu faço isso há vinte anos e você quer uma demo?". Mas esse é o protocolo deles. Eles precisariam gastar muito dinheiro e blá-blá-blá.

Quando percebi que eles queriam demos, pensei: "É melhor eu encontrar uma música para fazer um truque de circo, porque é a única maneira de eles toparem isso". Então pensei nas músicas que me influenciaram quando eu era mais jovem e influenciaram a forma como eu ouvia música. Apesar disso, "At Last" não era uma música que eu tinha escolhido originalmente. Parecia uma daquelas músicas que todos e suas mães cantavam.

Comecei a pensar sobre isso e me lembrei de quando era criança e costumava esperar pelo trem da linha A no cruzamento da Avenida Liberty com a Rua 104 para ir à escola. Eu me lembro de um cartaz na estação de trem: uma linda mulher negra com cabelos loiros, Etta James. Eu costumava ficar parada e olhava para o cartaz e para as outras mulheres na plataforma, todas vestidas para ir a Manhattan. Se você morava no Queens, Manhattan era a meca – a meca do estilo, a meca da arte, tudo era em Manhattan. Era o seu sonho. Então todos que iam trabalhar em Manhattan se vestiam de forma diferente (isso foi mais ou menos na época em que eu estava estudando moda, porque eu estava frequentando a High School of Fashion Industries). Eles também eram diferentes. Não pareciam estar no Queens, onde todas as mães iam ao supermercado A&P – era como se essas mulheres estivessem indo para a *cidade*. Observando-as, senti essa coisa de outro mundo como sempre senti. Como eu disse antes, sempre tive um pé nesse planeta e outro pé... não sei, em outro lugar, o que me permitia ver e sentir coisas assim. E eu também estava pintando na época, então tudo parecia uma pintura. Os sons são como uma pintura para mim também – os varais no meu bairro pareciam música, com os lençóis balançando ao vento. Assim como os pombos voando, que soavam como música, ou as mães chamando os filhos a distância, paradas e gritando na esquina. Você achava que tinha ouvido seu nome e ia correndo para casa.

Então, quando interpretei "At Last", tentei colocar tudo isso na música e me lembrei de como era possível sentir a oscilação das estruturas da estação de trem quando ele estava se aproximando. Sendo assim, pedi ao meu acompanhador e à pessoa com quem arranjei a música, Steve Gaboury, para recriar essa sensação com ritmos, porque o piano é um instrumento de ritmo. Parecia que ele quase respirava com o piano – dentro e fora do ritmo das estruturas que se movimentavam contra o vento quando o trem entrava na estação. Nesse momento saí da plataforma para cantar o primeiro verso da música.

Apenas continuei cantando e ele continuou tocando. No fim da música, fiz o truque de circo segurando uma nota grande por um longo tempo, para que o pessoal da gravadora dissesse: "Oh, sim, ela consegue cantar, vamos assinar o contrato com ela".

Também cantei "Walk on By" e "Unchained Melody", que eram muito populares quando eu era criança. Muitos artistas fizeram versões cover dessas músicas, então percebi que a única forma de as pessoas ouvirem a minha interpretação seria se eu redescobrisse essas músicas e encontrasse uma nova alma, um novo caminho, uma nova história dentro da história. Essa é a forma como você deve sempre interpretar uma música: Qual é a história? Onde você está? O que está ao seu redor? Está frio? Está quente? É noite? É dia? O que acabou de acontecer? Esse é o enredo de onde você parte. Quando eu era uma jovem que olhava para o cartaz de Etta James, era época da Janis Joplin, e vi Janis Joplin e os hippies e a justaposição dessas duas culturas em um redemoinho, rock e blues cru e uma cultura em mudança.

Os ouvintes vão sentir a história, estejam eles conscientes disso ou não. Porque muito disso não era evidente nem explicitado – era um ritmo interno ao qual eu precisava me conectar. Nesse espaço, uma história tem mais riqueza e qualidade sobrenatural. E, em vez de cantar alto onde todo mundo cantava alto, eu cantava para dentro. E onde cantavam para dentro, eu cantava alto. Então eu encobria minha cabeça em torno da história de qualquer espírito que viesse até mim. Quando canto baladas, sempre sinto que é preciso se virar de dentro para fora, e a maior parte do meu trabalho em *At Last* foi uma combinação de cantar com poder e revisitar o poder de um sussurro.

Todo som é um personagem. A história de "Walk on By", que eu disse anteriormente que cantaria ao vivo, era sobre uma menina do meu bairro que ficou grávida quando tinha 12 anos e acabou criando a criança sozinha. O namorado dela foi por outros caminhos, mas sua vida mudou radicalmente e ela não estava preparada financeiramente nem tinha instrução suficiente para ter recursos para cuidar de si mesma e de uma criança. Sua vida parou onde estava e ela começou uma vida totalmente diferente, com menos oportunidade financeira e menos oportunidade educacional.

Eu estava muito feliz, porque Russ Titelman, que trabalhou com todo mundo que você possa imaginar, de Eric Clapton a George Harrison, era o produtor. Eu sabia que Russ entenderia essas coisas, porque muito, muito tempo antes disso, ele me enviou uma velha canção de Richard Rogers e Lorenz Hart, "Little Girl Blue", cantada por Nina Simone. No começo ela usa um pouco da canção de Natal "Good King Wenceslas". Isso também é interior – é muito tranquilo e quase gritante. Porque o Natal é o momento mais triste para muitas pessoas, e também o mais solitário. Esse tipo de pensamento coloriu minha versão de "La Vie en Rose".

Aquele álbum inteiro era uma história sobre as mulheres da minha vida. Havia uma dona de casa no bairro que era muito grande. Eu a via quando eu trabalhava no jardim da minha avó, que tinha cercas de metal limitando seu pedaço de terra. Dava para enxergar através delas, observar e ver os quintais de outras pessoas. Era a coisa mais incrível ver todas aquelas pessoas durante suas lutas e alegrias diárias. Essa mulher corpulenta fazia seu molho de espaguete aos domingos, e eu sentia o cheiro do jardim da minha avó. Enquanto cozinhava, ela se sentava em uma pequena cadeira com seu acordeão e tocava "Volare", a ponto de eu pensar: "Oh, meu Deus, vou me matar". A pele embaixo de seus braços grossos balançava para a frente e para trás quando ela apertava os botões do acordeão e, mais tarde, quando eu já era adulta, percebi que "*volare*" significa "voar" e tudo fez sentido. Essa mulher levava uma vida de trabalho árduo e encontrava alegria tocando uma música sobre seu coração levantando voo enquanto a pele de seus braços acompanhava. E todas aquelas metáforas de *O Velho e o Mar* voltaram para mim.

Esses tipos de imagens surgiram muito para mim quando eu estava fazendo o álbum *At Last* (mesmo não podendo cantar "Volare", porque isso realmente teria me matado). Percebi que queria muito contar essas histórias através da orquestração e dos arranjos das músicas escolhidas para o álbum. Quando Russ tocou "Stay" para mim, eu me lembrei de estar na casa da minha prima mais velha, Linda, no quarto dela, ouvindo seus discos de 45 rotações. Ela tocou "Stay" e também várias músicas da banda Four Seasons e outras cantadas por garotas com vozes bem femininas, como Lesley Gore. Enquanto isso, a mãe de Linda, minha tia Gloria e os outros adultos ouviam música latina, música chá-chá-chá, sendo que na capa dos álbuns havia mulheres vestindo meias arrastão e batom colorido. Se eu estivesse no meio da casa, talvez na cozinha assando marshmallows no fogão, ouvia uma música no estilo de "Stay" tocando em um ritmo latino. Era basicamente um mashup antes do tempo.

Todo esse período em que eu estava crescendo no Queens e visitando minha tia em Long Island foi repleto de música italiana e mulheres usando muumuus durante o dia e *cocktail dresses* e "cha-cha heels" à noite. Nos quintais, elas davam festas ao ar livre de classe média, que eram pródigas para nós, porque tinham um aparelho de som que estourava pela janela do quarto enchendo o jardim de música. Se fosse uma ocasião especial, como uma festa de aniversário na casa da minha tia Gloria, penduravam lanternas chinesas. Vivíamos bem, de um jeito que as pessoas que *realmente* vivem bem não vivem – há um tempero, uma riqueza, uma alegria nas pessoas da classe trabalhadora. E, apesar de sermos um pouco produtos da miséria, ainda tínhamos um entusiasmo.

Portanto, esse álbum inteiro foi sobre meu crescimento e as histórias em torno da minha infância. Acrescentei "On the Sunny Side of the Street", porque cresci ouvindo Louis Armstrong e precisava de outra música *uptempo*. Havia muitas músicas lentas e profundas e, se não animássemos o álbum, teríamos que distribuir lâminas de barbear com o disco para as pessoas cortarem os pulsos. De todo modo, havia uma música sobre ser positivo em vez de negativo, sobre pegar tudo que era triste e dizer: "Certo, tudo isso é triste, mas posso lidar com isso e vou escolher ver as coisas pelo lado positivo de alguma forma". É assim que minha vida sempre foi.

Outra música *uptempo* que incluí foi "Makin' Whoopee", com Tony Bennett, mas tive um pequeno problema com Tony. Eu estava procurando um jeito de fazer a música de forma diferente, porque era muito tradicional.

Escutei como Ella Fitzgerald fez isso com Louis Armstrong e gostei do modo como Louis falava um pouco entre os períodos em que cantava, então imaginei fazer isso. No entanto, ele ficou bravo comigo, porque não entendia as falas no meio da música e queria que eu fosse como k.d. lang, sua parceira frequente em duetos. Ele também queria que eu conhecesse muito bem a música antes de chegar lá. Eu não queria, porque queria aprender a música com a banda dele antes de ele chegar lá, para que eu pudesse apresentar no ritmo deles, em vez de apenas cantar por cima.

Então, mesmo que eu não tenha escrito nenhuma dessas músicas, o disco foi muito autobiográfico, porque eu estava recolhendo pedaços da minha vida de quando me sentia destruída ou via alguém sendo destruído. Ou de alguém que estava em sua festinha ao ar livre e estava alegre. Conforme crescíamos, ainda tínhamos essa cor, as pessoas e etnias diferentes, e a moda diferente que usavam, as coisas diferentes que diziam. Era como Shakespeare para mim. Enquanto isso, como eu disse antes, minha mãe sempre nos levava ao Delacorte Theater para ver Shakespeare. Sempre achei que poderia encontrar Shakespeare na minha vizinhança quando observava todo mundo descendo o quarteirão, saindo das fábricas até chegar às árvores do nosso quarteirão. Ele tinha fileiras de árvores depois da nossa casa, porque meu avô derrubou a árvore perto da nossa casa. Então as árvores não começavam até a casa da vizinha, a sra. Schnur.

A sra. Schnur era amiga da minha avó e essas mulheres eram parte da minha jornada e do meu despertar. Vi essa geração de mulheres antes de mim ter todas as esperanças e sonhos destruídos, rasgados como as fotos da minha tia Gracie. Vi todas essas mulheres, a senhora do outro lado do quintal, minha mãe, sua irmã, minha avó, que não teve nenhuma chance, que não foi para a faculdade, a garota que tinha 12 anos e estava grávida e por quem todos passavam. Todas essas histórias me motivaram a promover uma mudança de todas as formas que eu conseguisse. E tenho certeza de que mudei as coisas um pouquinho, mas já era algo e, por um segundo, era mais legal ser diferente do que ser uma pessoa conservadora e normal.

At Last nunca foi pensado para ser um álbum de rádio, mas, de repente, a gravadora queria tocá-lo na rádio. Fiquei falando que minha voz estava alta na mixagem – não dava nem para tocá-lo numa casa noturna, porque, se você aumentasse o volume, minha voz o mataria, mas eles não escutaram. Para mim, era o tipo de álbum que você poderia deixar tocando em um jantar.

TODAS ESSAS HISTÓRIAS ME MOTIVARAM A PROMOVER UMA MUDANÇA DE TODAS AS FORMAS QUE EU CONSEGUISSE.

A arte é interpretativa e é importante se inspirar em sua própria vida. A capa do álbum é uma pintura das histórias reunidas, e você verá que na capa do *At Last* estou vestindo um *cocktail dress* preto, com a cidade ao fundo, e estou em um bueiro, saindo de uma balsa. No clipe de "Hole in My Heart (All the Way to China)", também saí de um bueiro e usava um pijama chinês. Usei uma peruca preta em que fiz tranças, óculos e chapéu (foi muito engraçado, mas, sei lá, olhando em retrospecto, acho que é um pouco racista). Minha mãe estava no clipe em um riquixá e minha tia Gracie também, o que é meio encantador.

De qualquer forma, é engraçado pensar no bueiro, porque vim de baixo. Eu sentia que não valia nada antes de sentir que valia alguma coisa. Ao longo dos anos, sempre estudei muitas coisas de autodesenvolvimento, o que às vezes me ajudava e às vezes não. Sou intensa, porque o trabalho que faço é intenso e porque quando canto sou intensa. Sou apenas uma bastarda intensa, o que posso dizer? Eu tento, ouço CDs budistas, CDs de Abraham, a ponto de ter um assistente dizendo: "Meu Deus, de novo não, por favor, não". Esses CDs são enlouquecedores depois de um tempo, porque você só pensa algo do tipo: "Cale a boca e siga em frente. Se você quer ser bem-sucedida, apenas faça o que precisa fazer. Se houver um muro no caminho, tudo bem. Deixe-me dar um passo para trás, deixe-me contornar isso e chegar ao ponto B". É assim que tento fazer as coisas agora.

Anos atrás, meu marido entrava e olhava para mim enquanto eu fazia a dança dos espíritos com minha amiga Marion. Queimávamos nossos vilarejos e os reconstruíamos em nossa cabeça. A governanta hondurenha e a babá, que eram irmãs e acho que também eram testemunhas de Jeová, ficavam bem apavoradas – eu via as duas cabeças através da porta, me observando. Antes de conhecer David, durante a época de *Vibes*, eu também praticava ioga e fazia visualização criativa com Ginny Duffy, que me fez entender como cheguei onde queria estar: sempre me vi lá. Se você não consegue ver a si mesmo fazendo o que quer, como isso vai acontecer?

Não me importo de ser tão intensa. Quando as coisas começam a ficar além da conta, eu me disperso, entro em uma realidade diferente, onde vejo as coisas de forma diferente – tenho vivido minha vida assim. Sempre senti que tinha um anjo da guarda, com quem conversei durante toda a vida. Porém, agora penso: "Sabe, talvez você tenha um anjo da guarda, talvez você não tenha. Mas esteja aqui agora, seja compassiva, tente abrir sua mente louca e seus olhos para o que está acontecendo agora".

O que talvez acrescente um peso à minha intensidade é o fato de estar quase sempre sozinha. Fico muito em hotéis e fico em casa sozinha quando Dec está na escola. Mas tenho meu cachorro e deixo a televisão ligada às vezes, apenas para ter uma voz ao fundo. Continuo procurando um trabalho em que eu não precise deixar meu filho, mas não sei se é possível. Alguém me disse uma vez: "Por que você não f[illegible]enas eventos privados, então pode estar em casa e ganhar o dinheir[illegible] você quer?". No entanto, a ideia de não fazer mais música para o público realmente me assustou. Quando escrevo, preciso ficar sozinha, mas quero estar com a minha família. Então, muitas vezes, escrevo tarde da noite. Não me importo de me levantar no meio da noite para fazer isso. Funciona para mim, então posso vê-los. E, claro, tenho minha imaginação, então nunca estou totalmente sozinha.

Durante o ano em que trabalhei em *At Last*, meu pai me disse que foi ao médico e tinha câncer de pele. Eu disse: "Pai, câncer de pele é fácil de curar, eles tiraram isso?". Ele disse que tiraram tudo, mas que a doença tinha se espalhado para os linfonodos e, na verdade, não ouvi essa parte no início.

Tive sorte em minhas primeiras experiências com o sistema de saúde – quando minha mãe teve câncer no ovário, ela teve um ótimo tratamento. Queria que meu pai fosse para o Memorial Sloan-Kettering Cancer Center, um dos melhores institutos oncológicos do país, mas ele não podia ir, porque seu seguro médico da AARP não pagaria. Mas pagariam pelo tratamento no Columbia, que não tinha um tratamento tão bom quanto o Sloan-Kettering. No entanto, eu não tinha dinheiro suficiente para colocá-lo no Sloan. Havia uma enfermeira muito gentil no Columbia que me ajudou a encontrar um asilo para o meu pai morrer. E foi o que fiz. Eu o coloquei em um asilo realmente bom, o melhor que pude encontrar.

Porém, quando meu pai estava morrendo, eu me culpei por nunca ter vendido tudo – eu poderia ter tido integridade, mas não tinha dinheiro para fazer nada por ele. Em vez de investir em cuidados preventivos, o sistema médico investe em "você fica doente, nós pegamos seu dinheiro, querida". Não querem médicos que tirem seu sangue e prescrevam vitaminas, porque isso o manteria vivo.

Tentei muitas coisas diferentes quando meu pai estava doente e sendo cuidado no asilo. Levei uma mulher de qigong, levei um curandeiro, mas eles não estavam tendo muita sorte com ele. Tentei fazer Reiki também, enquanto a mulher de qigong trabalhava nele – sua cabeça estava quente e seus pés, frios, e eu conduzi o calor para seus pés. Tenho todos os tipos de rochas e pedras, e levei outra terapeuta Reiki chamada Michelle, que trabalha com médicos. Também levei todos os tipos de música e, quando tocava uma voz estridente, meu pai olhava para mim como se dissesse: "O quê? Você está de brincadeira, né?". Isso me fez rir.

Eu ficava dizendo aos médicos e enfermeiros: "Apenas dê mais medicamentos a ele, porque não quero que ele sinta dor". Minha madrasta não estava bem com isso, provavelmente porque ela não queria deixá-lo ir. Ela disse: "Por que você quer mantê-lo tão dopado? Você não quer que ele morra, não é?".

Quando meu pai faleceu, minha madrasta disse que o enviaria para a cremação e depois pegaria a urna de volta. No entanto, parecia que, quando ele fosse cremado, estaria tudo acabado e ele ficaria lá, no maldito balcão em uma urna? Então decidi ir para a cremação e fiquei surpresa quando meu marido, que temia pela saúde de seu pai, veio comigo. Antes, eu dizia ao meu pai: "Quando você melhorar, vou levá-lo para a Grande Muralha da China". Então levei um lenço de seda da China para a cremação. Quando pedi para vê-lo, disseram: "Isso tem um custo adicional". Ótimo, eu disse, e eles me mostraram uma caixa de papelão. Coloquei um lenço ao redor dele e flores cor-de-rosa sobre ele – sobre o coração dele, para curar qualquer tristeza.

Liguei para Elen enquanto estava lá e ela disse: "O que é essa música ao fundo? O que você está tocando?". Eu disse "Requiem for a Death", ou algo assim. Ela disse: "Por que você não toca música havaiana? Ele tocava guitarra havaiana". Então pedi para colocarem música havaiana quando me despedi dele. Quando meu pai estava entrando no fogo, uma música havaiana clássica chamada "I Like You", de Sol Hoopii, começou a tocar e David disse: "Isso parece um filme de Woody Allen". Toquei o álbum *Master of the Hawaiian Guitar, Volume 2* inteiro. Meu pai gostava desse tipo de música. Meu pai sempre levava o mundo para casa, para nós, e eu amava isso nele.

“EU QUERIA EXPERIMENTAR UM MUNDO MAIOR DO QUE AQUELE EM QUE PESSOAS DE MENTE PEQUENA RIAM DE MIM.”

CAPÍTULO 15

NOS ANOS 1970, EU TEMIA O TEMPO TODO PELAS PESSOAS GAYS QUE EU CONHECIA, como minha irmã Elen. As pessoas eram muito loucas. No começo, nos anos 1970, você achava que a vida ia melhorar – especialmente com Harvey Milk sendo o supervisor da cidade em São Francisco. Foi uma época em que você pensava: "Oh, meu Deus, estamos vivendo um novo tempo em que as pessoas finalmente deixarão as pessoas serem quem são". E então o cara foi morto e foi horrível.

Até os policiais eram cruéis com a comunidade gay: invadiam bares gays e prendiam pessoas, e tudo isso estava errado. Eu estava muito preocupada com a minha irmã, porque as pessoas agem de forma muito estúpida com alguém que é diferente, e os agressores de gays chegavam de outros estados (continua assim até hoje). Eu pensava: "Meu Deus, minha irmã é uma mulher pequena, o que vai acontecer com ela em Nova York?". Trabalhei com um músico, um garoto muito talentoso, que foi espancado porque era gay. O agressor se deu bem, porque, quando o garoto foi ao hospital, ele disse: "Estou bem, estou bem". Sim, ele estava bem, porque, de todo jeito, o que ele poderia fazer? Ele não quis ir à polícia. Algumas pessoas acham que não serão levadas a sério, então, muitas vezes, essas coisas sequer são denunciadas.

Elen foi para a CUNY Queens College, mas desistiu quando era caloura para descobrir por que o mundo era do jeito que era. Então, como eu disse antes, ela tinha muitos empregos diferentes. Ela era encanadora de um navio; trabalhava na ferrovia consertando vagões de carga; trabalhava em uma fábrica de roupas; era carpinteira, massagista e então acupunturista. Depois teve uma época em que ela se juntou ao movimento socialista e ia ajudar os pobres a lutar na Nicarágua. Ela ainda era muito jovem, e eu pensava: "Você não pode estar falando sério. Por que você está indo para lá? Apenas fique longe disso". Mas ela não escutou. Então ela foi morar em Phoenix, onde viu todas as injustiças contra os refugiados salvadorenhos e os pobres, além de muita corrupção do governo local. Michael Bloomberg[3] ganhava um dólar por ano de salário. Ele insistia nisso e não aceitava suborno de ninguém. No entanto, esses outros caras eram corruptos. Sendo assim, ela se candidatou a prefeita de Phoenix pelo Socialist Workers Party [Partido dos Trabalhadores Socialistas]. Uma das razões era ajudar os refugiados salvadorenhos a terem um local para se abrigar. Na época, ela estava trabalhando na Marathon Steel Company, em Phoenix, cortando aço quente com um maçarico. E, na época, eu era bem famosa, então a revista *People* publicou um artigo sobre ela em 1985. Dave Wolff ficou uma fera, dizendo: "Ela não consegue nem administrar um talão de cheques – como vai administrar a cidade?". Eu disse a ele: "Você não entende o que ela está falando em fazer lá. Ela está falando sobre corrupção. Ela está falando sobre apoiar as pessoas". Ela não ganhou, mas chamou atenção para o que era importante para ela. Anos depois, os mesmos caras que ela disse que eram corruptos foram indiciados por corrupção.

Não acho que o socialismo funcione de verdade. E o comunismo é uma droga, porque todos os países que têm comunismo têm comunistas... e algumas pessoas se dando muito bem. A política tem a ver com poder. E o poder corrompe. Há sempre alguém no topo da cadeia alimentar que vive muito bem.

Elen também estava preocupada comigo e, por isso, ela me apresentou a Carl e Gregory, para que eles pudessem cuidar de mim quando

[3] Prefeito da cidade de Nova York entre 2002 e 2013.

ela não estivesse lá. Ela realmente achava que a sociedade ia desmoronar, porque havia muitas coisas ruins nos anos 1970. As pessoas estavam comprando as mentiras de Nixon e Agnew. Eu ficava deprimida porque meus amigos e eu pensávamos: "Nossa, os americanos acreditam em tudo que dizem a eles. O que aconteceu com a geração que mudaria e salvaria o mundo?". Elen sempre foi muito otimista, positiva e compassiva. No fim, ela voltou aos estudos para se tornar acupunturista e herborista, o que ela é agora. É o trabalho perfeito para ela porque ela realmente se importa com as pessoas.

Ela se assumiu quando tinha uns 20 anos. Demorou muito tempo para ela se assumir para si mesma e, a princípio, era bissexual. Um pouco depois, ela se assumiu completamente. Elen sempre queria ser o Peter Pan quando estávamos brincando, ela sempre queria ser o homem. Quando fazíamos música, ela tocava bateria, o que nenhuma das garotas queria fazer. Ela era muito boa. Minha mãe costumava fazê-la experimentar e vestir roupas femininas, mas Elen nunca as usava. Nunca! Todos nós usávamos jeans, mas precisávamos ir até uma loja de roupas masculinas e nos adequar a elas porque não vendiam jeans para garotas na época. Tenho certeza de que ela se sentia muito confortável desse jeito. Minha mãe até deu um aparelho de permanente para cabelo a Elen. Pobre Elen. Enquanto isso, eu costumava olhar para aquele aparelho de permanente e implorar para minha mãe me ensinar a usar. Eu estava sempre cortando o cabelo das minhas bonecas Barbie e Pollyanna. Eu as alinhava e colocava um pano em volta do pescoço delas, como se estivessem no salão de beleza. Barbie era uma verdadeira destruidora de corações, mas, de repente, a Barbie ficou muito careca. Isso foi um choque.

Elen sempre foi uma grande inspiração para mim. E meu envolvimento com a tentativa de encontrar uma solução para a Aids começou quando Gregory me disse que tinha Aids em 1985 (depois de gravar o clipe de "She Bop"). Depois disso, ele ficou cada vez mais doente. Ele estava no hospital e não conseguia engolir, então os médicos tiveram que perfurar sua barriga com um tipo de bolsa para poder alimentá-lo. Era tão confuso. Como não havia muita informação sobre a Aids na época, eu não sabia se ele ficaria mais doente se eu o visitasse, mas não conseguia ficar longe. Depois das minhas visitas a ele, todos os meus amigos e todos em geral ficavam bastante apavorados e com medo de mim, como se eu estivesse portando alguma coisa. Eu me lembro de uma vez em que me cortei e estava sangrando quando estava perto de Gregory e pensei: "Meu Deus, estou sangrando, e os germes? Ele vai pegar alguma coisa de mim? Eu vou pegar algo dele?". Foi ruim.

Era sofrido. Eu só queria ter a nossa vida do jeito que ela era. Tudo isso foi horrível. Vi em primeira mão o que a Aids faz com as pessoas, então eu queria que as pessoas soubessem que precisam usar preservativos, elas têm que fazer sexo seguro. Vale a pena arriscar sua vida inteira? Para mim, me envolver era a coisa certa a fazer. Havia outros grandes cantores adorados pela comunidade gay que não saíam para ajudar, e decidi que eu não seria assim. Porém, lembro que Liza Minnelli, Yoko Ono, Kate Pierson, Jean Paul Gaultier e muitos outros se manifestaram.

Participei de eventos como o Gay Games e a Pride Parade, e meu ativismo estava refletido em minha música, como tudo em minha vida. Toquei no primeiro evento pela luta contra a Aids em 1985, em Los Angeles. E quando Rock Hudson morreu, mais tarde naquele ano, Elizabeth Taylor se pronunciou, e pensei: "Certo, isso é bom, porque todos nós precisamos nos pronunciar". E a MAC, empresa de cosméticos, também ajudou no começo. Estávamos perdendo toda uma geração de grandes estilistas, cabeleireiros e maquiadores.

Em 2002, quando o ator Harvey Fierstein estava recebendo um prêmio de direitos humanos, ele perguntou se eu poderia cantar "True Colors" em seu jantar de premiação, e é claro que eu disse sim. Levei minha violinista na época, que estava em turnê para o CD *Shine* comigo – seu nome era Denny e ela era nova. Pedi para ela tocar "True Colors" sem acompanhamento. Pensei que num banco antigo com eco, o som de um violino e uma voz over poderiam resultar em algo lindo. Então cantei para Harvey, ele aceitou seu prêmio e, sendo defensor da comunidade LGBT, falou com eloquência e bom senso. Naquela noite, me ocorreu que eu precisava fazer alguma coisa também. Eu estava trabalhando e cantando em casas noturnas promovendo o *Shine* e vendo todos na plateia sem camisa, dopados com tranquilizantes para gato, ecstasy e "speedball", consumindo tudo de perigoso. As drogas faziam com que as pessoas perdessem suas inibições.

Conforme Harvey falava sobre as novas infecções entre jovens gays e o aumento das mortes por complicações relacionadas à Aids, ele disse que pessoas felizes não se autodestroem. Havia uma expressão nova no fim dos anos 1990 e início dos anos 2000: "barebacking", que significava não usar camisinha ao fazer sexo. As pessoas pensavam que não morreriam mais, porque havia indivíduos vivendo com Aids. Mas, como eu disse, as pessoas estavam morrendo da "velha Aids", porque os coquetéis de medicamentos eram muito pesados.

Então pensei: "Por que não fazemos uma camiseta de orgulho e usamos os recursos para ajudar a combater a Aids?". Na camiseta, coloquei uma foto minha na turnê da Cher em que eu segurava a bandeira do arco-íris com as palavras "orgulho" e "respeito". Porque, se você respeitar a si mesmo e ao seu parceiro, você não o colocará em risco nem colocará você mesmo em risco. Todo o dinheiro arrecadado foi para a American Foundation for AIDS Research (amfAR). Durante a turnê da Cher, eu me enrolava na bandeira do arco-íris nos shows e contava a história de como, quando eu estava crescendo, minha mãe sempre dizia que, não importava o que fizéssemos, sempre seríamos seus filhos. Tivemos essa sorte. Na turnê da Cher, tudo foi programado para os efeitos visuais que ela tinha, então eu só tinha um certo período para conversar entre as músicas. Isso me deixava maluca (você me conhece).

Também foi nessa época que ouvi falar da campanha Stay Close através de Carmen Cacciatore, da FlyLife, uma empresa que faz serviços de imprensa e promoção no mundo da dança e em casas noturnas gay. Carmen me colocou em contato com a organização da PFLAG (pais, famílias e amigos de lésbicas e gays), que elaborou a campanha. Eu estava no caminhão de bombeiro, que servia de carro alegórico da PFLAG na Gay Pride Parade, no verão de 2001 – usava um acessório de cabeça e minha irmã também estava nesse carro, vestida de bombeiro. Elen queria usar uma camiseta que dizia "Butch", então procuramos em todos os lugares, mas não conseguimos achar. Por fim, eu disse: "Elen, você está vestida de bombeiro – as pessoas vão saber". Minha mãe também estava no carro alegórico com um pequeno chapéu de sol, acenando. Foi a primeira vez que participamos de uma parada de orgulho gay juntas como uma família.

Em 2002 também participei da Los Angeles Gay Pride Parade e fiquei em uma taça de champanhe. Fomos patrocinados por um fantástico bar gay chamado Abbey. Cantei todas as minhas músicas dance várias vezes.

Por isso, fiz a camiseta. Nós a criamos e vendemos nas paradas de orgulho gay, e o dinheiro foi para organizações sem fins lucrativos em favor dos gays. Pensei que, se promovêssemos o orgulho gay e o respeito gay, poderíamos deixar claro que não somos algo sem valor. A questão sobre ser gay, minha irmã me disse, é que fazem você se sentir sujo, como se estivesse transando de forma pervertida e não da forma comum. Então, há auto-ódio e vergonha. Mas uma sociedade inclusiva é muito mais forte que uma sociedade excludente. Se você continua se podando, nunca se fortalece. Você não pode simplesmente eliminar as pessoas porque elas são gays. Você nunca sabe quem terá a brilhante ideia de curar o câncer ou dar um jeito na economia. Até que ponto seremos tão ridículos?

Na época, eu estava em turnê para divulgar o CD *Body Acoustic* e, no palco, eu disse: "Ouçam, vocês podem pedir para os legisladores fazerem o que vocês quiserem, mas, basicamente, não acho que eles estão nisso por nós. Nós estamos nisso por nós. Somos nós que mudamos as coisas".

Dessa forma, decidi que talvez houvesse uma maneira de inspirar as pessoas sem exatamente dizer a elas o que fazer e, em vez disso, apenas juntar todo mundo. Fiquei inspirada ao fazer a campanha Stay Close, da PFLAG, com Elen e pelo encontro com Judy Shepard, a mãe de Matthew Shepard. Então começamos a pensar em fazer uma turnê "True Colors".

Matthew era um estudante da Universidade de Wyoming. Ele foi assassinado em 1998. Em um bar, ele pegou carona com rapazes homofóbicos, foi espancado e assassinado. Na noite em que Matthew foi morto, não perdemos apenas ele: três vidas foram absolutamente arruinadas – a de Matthew e a dos dois rapazes que o mataram. E por quê? Porque se você cria seu filho com medo e ódio, é isso que vence no fim, e é uma situação em que todos saem perdendo. Tenho um filho e, às vezes, ele fica intimidado, como muitas crianças. Escrevi uma música para ele chamada "Above the Clouds", cuja mensagem era algo que Pat Birch me disse uma vez. Ela é uma coreógrafa maravilhosa que conheci quando fui a um programa chamado *Friday Night Live* (por uma razão ou outra, nunca me colocaram no *Saturday Night Live*). Ela disse que, quando trabalhava com Martha Graham, Martha lhe disse algo como: "Quando você anda com a cabeça acima da multidão, consegue enxergar longe, mas também é um alvo. Você se destaca". Sempre me lembro disso quando quero fazer algo diferente e sou duramente criticada por isso.

Jeff Beck escreveu a composição musical para "Above the Clouds", e depois escrevi a música em cima dessa composição. Jeff trabalhava em um pequeno estúdio que ficava no porão do Sunset Marquis com o tecladista/compositor/produtor Jed Lieber. Assim que ouvi a música, a letra veio tão rápido que quase não consegui escrevê-la. Meu amigo Kevin também estava lá comigo e, quando eu parava, ele dizia: "Continue, fique quieta e escreva a música como ela é". O refrão é o que eu digo a qualquer um que esteja passando por algo como ser importunado por ser diferente. *There's a place where the sun breaks through / and the wind bites cold and hard / Stings my ears and tears my eye / when the day starts to shout out loud / Stand tall / and glide / when you're all alone in the crowd / don't fall / don't hide / when you walk above the clouds / when you walk above the clouds.* [Há um lugar por onde o sol entra / e o vento é muito frio e árduo / Fere meus ouvidos e faz meus olhos lacrimejarem / quando o dia começa a bradar / Levante-se / e voe / quando estiver sozinho no meio da multidão / não caia / não se esconda / quando você caminhar acima das nuvens / quando você caminhar acima das nuvens].

Acontece que quando eu era alvo de piadas no ensino médio era doloroso. Eu me sentia uma completa estranha. Embora todo mundo seja diferente, para mim o lado de fora começou a parecer outro mundo – mais reflexivo. Depois de um tempo não dei mais a mínima para o que as pessoas pensavam de mim, só ligava para o que *eu* pensava de mim. Nesse espaço eu poderia me educar. Eu andava por aí um pouco louca às vezes. É surpreendente como as pessoas têm medo quando você parece meio louca. Talvez eu estivesse com raiva de alguns dos meus colegas do colégio, mas eu queria experimentar um mundo maior do que aquele em que pessoas de mente pequena riam de mim porque eu era muito diferente. Se eu era estranha quando criança? Pode apostar que sim. Porém, eu queria crescer e me tornar o que eu queria ser, não o que alguém sem imaginação dizia que era adequado para mim, especialmente porque tudo que eu tinha era imaginação. É assim que eu vivia. E passava por isso imaginando viver como uma artista. Walter Mitty não era melhor que eu. O que dizer?

Tudo que quero dizer aos jovens que estão sofrendo é que às vezes dá para conseguir um alívio quando se fica mais velho. Talvez seja apenas a sua percepção que muda, mas de alguma forma isso fica mais fácil, porque a vida sempre muda. Quando você está por baixo, talvez esteja fortalecendo sua perspectiva sobre o mundo. E quando você está fluindo, talvez você possa usar tudo para criar, escrever, cantar, atuar e, no fim, se elevar e enxergar mais longe. Penso que cabe a cada um decidir mostrar que consegue lidar com uma situação difícil. Para mim, ter feito parte da batalha pode ter tornado minha visão um pouco superficial. Então não lamento por minha experiência.

Quando eu apresentava essa música em um show ao vivo, eu ia para a plateia e ficava em pé nos braços dos assentos. Subi no lado errado de uma daquelas cadeiras dobráveis uma ou duas vezes e caí. Depois disso eu ficava nos braços das poltronas, que eram muito mais estáveis. Passado um tempo, aprendi a andar de um lado para o outro e usar minhas pernas para me equilibrar. Eu movimentava meu corpo e braços enquanto cantava como se estivesse surfando acima da multidão. Achei que isso dava um bom efeito à apresentação, com o holofote sobre mim no escuro.

Nunca esquecerei quando, em 2005, a Human Rights Campaign, a maior organização de direitos civis de lésbicas, gays, bissexuais e transexuais do país, me concedeu sua maior honraria, o National Equality Award, por minha ação em defesa da igualdade de direitos para a comunidade. Quando aceitei o prêmio, decidi cantar "True Colors", porque não sou oradora. Depois, fui para os bastidores e havia uma mulher parada olhando. Ela olhou para mim com seus grandes olhos e rosto arredondado – era Judy Shepard. Ficamos nos olhando, Judy começou a chorar e nos abraçamos por um bom tempo. Quando terminamos de nos abraçar, eu disse: "Parece que você precisa de uma bebida. Você tem vodca aqui?".

Como eu disse, tinha sido muito profundo ouvi-la falar sobre o filho que havia sido roubado dela. Começamos a conversar e, por fim, pegamos as pulseiras roxas "Erase Hate" ["Apague o ódio"] da Matthew Shepard Foundation e as colocamos em cartões especiais que compartilhavam informações sobre Matthew e a fundação, com uma mensagem especial minha. Matthew havia dito que queria entrar na política e, no fim, através de sua mãe, ele fez isso.

Sempre fui uma defensora forte e engajada da igualdade LGBT, e é claro que sempre soube que a comunidade não era igualitária, mas não sabia o quanto era ruim até saber de alguns fatos extremos. Em 2006, Lisa e eu começamos a trabalhar de perto com o HRC e ouvimos histórias de como a vida de casais gays era impactada porque essas pessoas não podiam se casar. Na verdade, minha irmã criou os dois filhos de sua companheira com ela antes que qualquer um fizesse isso abertamente. Elas não tinham direitos.

Ficamos sabendo que as pessoas ainda podem ser demitidas em trinta e oito estados americanos por serem LGBT, como crimes de ódio continuam acontecendo em um ritmo alarmante e como esses crimes não são cobertos pelas leis de crimes de ódio.

Então, quando chegou a hora de fazer minha própria turnê, decidi que seria legal reunir todo mundo. Se a turnê ia ser a turnê "True Colors", então faríamos um verdadeiro arco-íris. Incluiríamos todos – heterossexuais, gays, transgêneros, negros, brancos, hispânicos, asiáticos, jovens e idosos. Eu me lembrei de quando a música era assim misturada quando eu era criança. Ficava pensando: "Quando eu tiver minha própria turnê, vou fazer uma mistura também". Minha amiga Iffath, uma médica brilhante que fez o parto do meu filho, é muçulmana. Por causa de sua religião, todo ano ela doa uma parte de seu salário para caridade. Então pensei: "Isso não é má ideia. Vamos nos divertir, fazer algo bom e conseguir algum dinheiro para a caridade também".

A turnê "True Colors" arrecadou dinheiro para as seguintes organizações: Human Rights Campaign, Matthew Shepard Foundation, PFLAG e CenterLink. Nunca lucramos com a turnê, mas conseguimos muito dinheiro e conscientização para essas organizações sem fins lucrativos. Penso que mudamos algumas percepções sobre a comunidade ao falarmos sobre o que estava acontecendo. Veja, a única coisa que os membros da comunidade LGBT queriam e ainda querem é ser cidadãos plenos, com os mesmos direitos que cidadãos heterossexuais. Eles pagam os mesmos impostos, mas não têm os mesmos direitos.

Na turnê "True Colors" de 2007, mostramos um filme curto da HRC entre as apresentações dos artistas. Em todos os shows, também tínhamos cartões-postais em apoio ao Matthew Shepard Hate Crimes Prevention Act [Ato de Prevenção a Crimes de Ódio Matthew Shepard] para as pessoas enviarem para seus senadores e congressistas. Se as pessoas se sentissem decididas o suficiente sobre isso, poderiam usar o cartão-postal para solicitar que a proteção contra crimes de ódio fosse estendida à comunidade LGBT (na época, não era). E nós os enviaríamos. Naquele ano, na turnê, percorremos dezesseis cidades e coletamos mais de cinquenta mil cartões-postais.

Não tínhamos muito dinheiro para a turnê. Eu, minha empresária e meu agente éramos sócios. Tivemos que levantar dinheiro para produção e outras coisas, mas não tínhamos nada. Não sou rica (as pessoas pensam que eu estou cheia da grana, mas não estou. Não lancei bonecas Cyndi nem uma linha de roupas quando talvez devesse ter feito isso). Minha empresária não é rica porque, se eu não sou rica, ela também não é, certo? Pobre coitada. Então tivemos que pensar em coisas que fossem visualmente boas e baratas – parece que sempre estou fazendo isso, por instinto.

Sendo assim, meu agente Jonny Podell disse: "Por que não fazemos o palco parecer o Delano, um hotel de Miami com cortinas brancas diáfanas que flutuam quando o vento sopra?". É muito sensual, bonito e pega bem a luz. Pensei que era uma boa ideia, mas eu me perguntava como poderíamos manter as tiras de tecido longe dos músicos. E se voassem para o rosto deles?

Rosie O'Donnell também participou disso, porque ela teve um desentendimento com *The View* e tinha tempo. Eu a conheci em 2002 em um show da Cher e ela estava na plateia tirando fotos. Lembro-me de ter pensado: "Meu Deus, ela está embaixo do meu queixo, espero que essas fotos fiquem boas". Porque às vezes estou curvada, gritando, colocando toda a emoção para fora, e isso não é uma imagem bonita. Acho que depois disso fui à casa dela por alguma razão, por volta de 2004, e me lembro de ter ficado nervosa.

Mas senti uma conexão real com ela. Porque ela é um pouco desajustada, como eu. Há uma tristeza em seu coração, por mais engraçada que ela seja. Além disso, apesar de ter crescido em Long Island, temos sotaques semelhantes. Falamos o mesmo vernáculo. Não somos de bairros chiques, viemos da classe média baixa, e eu me conecto e me relaciono com ela com base nisso. Não posso me conectar com ela em relação à perda da mãe, mas minha tristeza vem de me sentir tão alienada quando era criança que eu nem sabia por que estava viva. Eu costumava pensar: "Por que Deus me fez tão estranha, tão em outro mundo o tempo todo?".

Acho extraordinário me sentir tão próxima de Ro, mas há muitas coisas que eu não compartilharia com ela. Tenho receio porque, no fundo, acho que as pessoas muito bem-sucedidas pensam que as outras pessoas só querem tirar proveito delas, e eu não quero nunca fazer parte disso. Quero ter relacionamentos baseados em um chão comum, então, onde quer que eu não seja uma igual, meio que me contenho um pouco – especialmente com pessoas famosas, porque você não sabe o que passa pela cabeça delas. Apesar disso, Ro é a pessoa famosa mais pé no chão que já conheci. Também achei Ellen DeGeneres assim – muito engraçada, mas bem pé no chão. Porém, nunca aprofundei a amizade com ela como fiz com Ro. Havia algo especial na Ro, e ela adorava a minha música – por exemplo, quando estou compondo coisas, mando para ela antes de divulgar, porque ela me pediu para fazer isso.

Então ela foi à minha turnê e fiz algumas apresentações em seu cruzeiro para famílias gays. Eu me importo com a Ro nesse nível, porque não consigo nadar direito. E não gosto de molhar o rosto e Deus sabe que não quero meu cabelo molhado – não quero que ele mude para uma cor que eu mesma não tenha colocado lá. O cruzeiro foi para a Nova Escócia e congelei, é claro. Em algum momento, descemos do barco para ir a outro barco observar as baleias. No entanto, não havia baleias e a água estava agitada, e pensei: "Por que estou num barco, quando acabei de descer de um barco?".

Na segunda vez que fiz isso, fomos para o Alasca, e Lisa achou que deveríamos levar nossas famílias conosco para mostrar a elas que existem diferentes tipos de famílias. Então levei meu filho. Chegamos a Seattle e tudo estava indo bem. Meu filho conheceu o capitão e ele estava sendo um garoto bastante adorável e engraçado. Depois ele precisou atravessar a prancha de embarque. O navio parecia um prédio alto e, como ele tem medo de altura, disse que não faria isso. Bem, por acaso, Rosie estava do outro lado e, para distraí-lo, falou com ele: "Declyn, como você está?". E levou-o para o outro lado. De qualquer forma, meu filho é um jogador de hóquei e muitas crianças nas equipes são homofóbicas – adolescentes e pré-adolescentes gostam de citar *South Park* e dizer: "Oh, isso é tão gay".

Eis outra coisa que Ro fez. Na primeira noite houve uma festa no barco e havia licor ao redor. Então, Dec olhou para mim rindo e pegou uma garrafa fechada de bebida alcoólica para me fazer acreditar que ele estava bebendo. Eu disse: "Dec, isso não é engraçado, devolva isso". Ro foi atrás dele e disse: "Na verdade, Dec, isso é meio engraçado, mas pude ver como sua mãe ficaria muito chateada com isso". Ela leva jeito com crianças. Elas a adoram. Outra coisa legal sobre a Rosie é que ela começou a fazer minha irmã, Elen, entrar no palco e tocar guitarra comigo naquela viagem e algumas vezes na turnê "True Colors". Era incrível, porque era como costumávamos tocar juntas quando eu tinha 11 anos. Rosie era muito acessível para minha irmã, era muito legal com ela, mesmo que ela não fosse famosa – algumas pessoas famosas são legais apenas com pessoas famosas.

A turnê "True Colors" foi oportuna porque, naquela época, você precisa entender, as coisas eram bem difíceis com George W. Bush. Ele e sua administração estavam dizendo coisas odiosas, a ponto de meus amigos gays falarem sobre deixar o país, e pensei: "Peraí – esse é o nosso país, do que você está falando?". Na primeira vez em que a questão do casamento gay surgiu, os republicanos a rejeitaram rapidamente e pensei: "Os homens gays fazem todos os penteados dessas velhas republicanas excêntricas e vestem essas mulheres, mas quando chega a hora de dar um pouco de apoio a eles, elas não abrem a boca". O Matthew Shepard and James Byrd Jr. Hate Crimes Prevention Act [Ato de Prevenção a Crimes de Ódio Matthew Shepard e James Byrd Jr.] passou pela Casa Branca e pelo Senado, mas Bush não assinou. Em sua mente, Deus não criou os gays. Mas isso não muda o fato de que crimes de ódio acontecem todos os dias. O rapaz que fez minha maquiagem e meu cabelo no reality show *The Celebrity Apprentice* uma vez pegou um trem do set para sua casa no bairro Spanish Harlem e ficou cercado por caras gritando para ele não olhar para eles. Todos os outros passageiros apenas ignoraram isso e não disseram uma palavra.

Achei que era importante para pais de crianças gays que simplesmente não conseguiam lidar com essa questão ou entendê-la conversarem com outros pais de crianças gays. Com quem mais eles conversariam? Eles não podiam ir à igreja porque diriam que eles vão para o inferno e o filho deles também, ou tentariam "curar" as crianças. Ou você nasce gay ou você não é gay. Não é algo que você escolhe ser. Se você pudesse escolher, por que seria algo que faz as pessoas agirem de um jeito tão horrível com você? O ódio vem da ignorância e do medo, e os gays tornaram-se bodes expiatórios para o governo Bush – isso desviava a atenção das pessoas do que realmente estava acontecendo, como a guerra no Iraque.

Sendo assim, fiquei muito feliz quando embarquei na turnê "True Colors". Depois outros artistas começaram se juntar a ela também. O grupo britânico Erasure estava lá, pronto para ir com a gente, e achei aquilo incrível. Na turnê de 2007 também tivemos Deborah Harry, Dresden Dolls, de Boston, e a banda canadense Cliks, que foram incríveis. Havia muita especulação sobre a razão pela qual pessoas heterossexuais estavam fazendo uma turnê para a comunidade gay, mas eu queria que ela fosse inclusiva, como eu disse.

Margaret Cho foi a MC, e Judy Shepard e muitas outras pessoas tiveram problema com o show dela. As mães saíam durante sua apresentação e diziam: "Cyn, acho que o conteúdo dessas músicas não é o certo para os meus filhos". Margaret fala sobre transar, chupar e boquetes. É engraçado, mas é um conteúdo adulto, e o problema é que minha música abrange várias gerações. Então elas levaram seus filhos por minha causa. No entanto, eu não iria censurá-la porque isso não seria certo – é a apresentação dela. Ela fez um ótimo trabalho ao mudar de uma apresentação musical para outra. Ela fez esse show avançar.

O que eu queria era fazer desse evento um festival, um destino de um dia, onde todos pudéssemos nos divertir juntos, fazer uma festa do chá e dançar com DJs. E que pudéssemos sentir que somos todos uma família e depois participar de um show à noite.

Foi muito divertido para mim, porque pude escolher todos os artistas legais de que gostava, e a noite toda eu podia ouvir a música maravilhosa deles. Quando você tem sua própria turnê, você pode definir o tom e eu queria deixar todo mundo confortável. Fiquei na cafeteria com os artistas. Se eles precisassem de fixador de cabelo, eu tinha. A porta estava sempre aberta, entende? Então, no fim da noite, eu ficava com a Cliks ou Dresdens e todos nós saíamos e tomávamos uma cerveja ou algo assim, e falávamos sobre música, sobre arte. Era o tipo de coisa que sempre desejei poder fazer. Eu adorava a camaradagem.

A Gossip se apresentou em alguns shows também e o pessoal da banda era ótimo. Antes de a vocalista Beth Ditto subir ao palco, eu corria para ajudá-la, dizendo: "Ok, do que você precisa? Venha para o meu espaço, tenho isso, tenho aquilo". Uma vez eu disse a ela: "Olha, vá lá e não faça prisioneiros". Naquela noite, ela tirou o vestido e cantou só com a roupa íntima. Pensei: "Ok, ela tirou o vestido como tiro meus sapatos. Ela não é incrível?".

Às vezes artistas mais jovens gostam quando damos conselhos a eles e, às vezes, não. Quando Lady Gaga e eu fizemos a campanha Viva Glam da MAC juntas para o MAC AIDS Fund, tentei ajudá-la. Se eu a visse apoiada na própria coxa, o que fazia sua coxa parecer maior, eu dizia a ela para se aproximar e se apoiar em mim. Passamos um dia inteiro juntas trabalhando muito enquanto tiravam fotos nossas, e ela também me ajudou.

Vi um pouco de mim nela. Eu disse: "Uau, eu até danço como você", ela olhou para mim e disse: "Cyn, eu estudava você". Muitas pessoas dizem que artistas mais velhos inspiram os jovens, e pensei, especialmente depois de trabalhar com ela nessa campanha, que isso também acontece na direção oposta.

Gaga me despertou para o fato de que eu estava me tornando cada vez mais comum, porque todo mundo ficava me dizendo: "Você não pode fazer isso, suas roupas são estranhas", e até hoje ainda sou duramente criticada pelo que visto. Então agora só uso preto. Quando trabalhei com Gaga, consegui relaxar e me divertir. Pude ser eu mesma sem me sentir uma aberração, porque de muitas formas éramos parecidas, feitas a partir do mesmo tecido emplumado e cola quente. Podíamos ser do jeito que éramos, porque somos artistas e é assim que as coisas são.

Quando ela disse que me estudou, imaginei uma imagem maluca dela quando bebê, parada na frente da TV, colocando e tirando seus óculos escuros ao assistir "Girls Just Want to Have Fun". Vejo que Gaga é muito boa em se inspirar em influências externas e reinventá-las em si mesma. Madonna faz a mesma coisa. Que diabo, todos nós fazemos isso. Talvez minhas inspirações venham de filmes antigos às vezes, mas foi isso que adorei em Gaga na primeira vez em que a vi. Ela era parecida com *La Dolce Vita*!

Voltando à turnê "True Colors". Estar em turnê dava muito trabalho, mas passamos um tempo maravilhoso, especialmente na costa oeste americana. Nunca dei tantos apertos de mão na vida. Parecia que eu estava concorrendo a prefeita. No entanto, eu sabia que estava fazendo algo bom. Eu costumava ir aos bastidores e fazer mais "meet and greet", porque vendia as fotos por caridade.

Na parada em San Diego, eu me lembro de testar uma música da Erasure chamada "Blue Savannah". Perguntei ao meu guitarrista na época, Knox Chandler (um grande e inovador guitarrista de rock), se ele tocaria uma parte dessa música com um tipo de som baixo ao estilo Duane Eddy. Cantei com esse acompanhamento e parecia que eu estava em meu próprio filme em preto e branco. De repente, eu era Roy Orbison e Edith Piaf. Foi ao vivo e depois acabou, mas vivi aquele momento pelo tempo que pude. Depois voltei para mais fotos e apertos de mão.

Quando havia contratempos no palco, eu analisava a situação rapidamente e depois agia. Houve um momento embaraçoso uma vez com Knox durante "Money Changes Everything". Eu quase o derrubei, com a guitarra e tudo. Tentei engatinhar entre as pernas dele no final do solo dele, mas elas não estavam abertas o suficiente para que eu passasse. Acho que eu estava no meu próprio filme dos Rolling Stones (o Mick já fez isso?). De qualquer forma, o pobre coitado quase caiu e, estando embaixo das pernas dele na hora, empurrei seu traseiro para cima com a minha cabeça, como uma bola de futebol. Essa é uma pequena história de bastidores do show – na verdade, "bastidores", se é que você me entende. Às vezes me mato de vergonha!

São Francisco é uma cidade muito mágica, então adorei quando a turnê parou por lá. E, sejamos francos, há muita história lá: o movimento hippie, o supervisor da cidade Harvey Milk, o filme *Vertigo* foi filmado lá, a música de Tony Bennett sobre "aquela cidade na baía"... Como eu poderia não adorar esse lugar?

Então, quando Lisa, minha empresária, sugeriu que caminhássemos até a água, eu disse: "Claro". E lá fomos nós. No começo, foi muito revigorante. Então encontramos um lugar chamado Blue Mermaid Chowder House & Bar, e pensei que talvez fosse o mesmo lugar do qual Joni Mitchell falou em "Carey" (a música, não o filme *Carrie*). Hã, provavelmente não.

De qualquer forma, Lisa e eu almoçamos todos os tipos de sopa de frutos do mar lá e minha dieta foi para o espaço. Nós duas gostamos de comer. A ideia inicial era pegarmos o bondinho no alto da colina depois da refeição. Mas, em seguida, tivemos uma degustação de sopas, seguida por mais sopas e depois uma salada (que nos fez sentir como se estivéssemos realmente seguindo algum tipo de dieta). E, claro, pedimos vinho branco em vez de tinto, pensando que era mais leve.

Bem, depois do jantar, decidimos voltar. E o legal de caminhar é descobrir coisas novas e lugares novos que você não teria notado dentro de um táxi ou carro. Assim, da mesma forma que alguém pode divagar em uma conversa, pode divagar em uma caminhada. Só fomos andando e dizíamos uma para a outra coisas como: "Já está dando para sentir nas pernas e na bunda?". No entanto, depois de cerca de uma hora ou mais dessa situação, estávamos definitivamente perdidas.

Passado um tempo, parecia que estávamos em um episódio de *Ab Fab*. Depois de ouvir indicações de todos, subimos e descemos as colinas várias vezes. Parecia que eu estava rastejando, mas não pude mostrar a Lisa o quanto eu era "banana". Então fiz piadas e disse que não me importava com uma longa caminhada – apenas com a insolação. Fiquei ligando para o setor de informações para falar com o hotel Fairmont para que fossem nos buscar e alguém do hotel disse: "Qual Fairmont a senhora deseja?". Falaram que havia dois. Eu não sabia qual deles. Quando finalmente voltamos, é claro que tinha happy hour no bar do hotel. Sentimos que deveríamos tomar um Bellini. Afinal, era sexta-feira, dissemos uma à outra – que diabos. Oh. Espere. Não, não era. Bem, era a *nossa* sexta-feira. De qualquer forma, passado um tempo, decidimos finalmente dormir um pouco depois da longa viagem de ônibus que tivemos na noite anterior. Porém, não consegui dormir, o que me levou a ficar on-line. E isso me levou a ver um artigo escrito sobre Britney Spears e eu e a turnê "True Colors" na coluna "Page Six" do *New York Post*. O artigo dizia que a coreógrafa dela disse à revista *People* que Britney estaria conosco no palco no Greek Theatre em Los Angeles e que ela decidiu não fazer isso.

A verdadeira história foi essa: Britney foi convidada para se apresentar em Las Vegas conosco. Porém, ninguém representando Britney respondeu. Então escrevi um post no blog que dizia:

Eis a oferta, Brit: Se isso chegar a você, saiba que é bem-vinda para ir ao Greek Theatre. Essa é uma boa causa e fico grata se quiser participar, linda. E, se você for, pode entrar em contato conosco? Embora eu não a conheça, você parece ser uma boa garota. Você é bem-vinda.

X

Cyn

AHHHHH... desculpe por não ter respondido antes.

Bem, ela não foi. Porém, ela ainda parece uma boa garota.

Britney não se apresentou naquela noite, mas minha irmã Elen sim. Ela foi e tocou guitarra conosco na música "Money Changes Everything". Como falei antes, quando eu era pequena, tive a minha primeira banda com Elen. E lá estávamos nós no palco do Greek Theatre, sem os esfregões no lugar das guitarras, sem as velhas perucas da mamãe nem suas botas de salto alto. Isso aconteceu porque Rosie sugeriu que Elen tocasse guitarra comigo em seu cruzeiro.

Em 2008, organizamos e fizemos a turnê "True Colors" novamente. O lineup foi incrível, desde Joan Jett and the Blackhearts até B-52s e Sarah McLachlan e Joan Armatrading, e Rosie retornou. Conheci Wanda Sykes, que é tão incrível quanto você possa imaginar. O MC dessa vez foi Carson Kressley, que é muito gente boa. Tivemos alguns grupos jovens diferentes entrando e saindo. Os Cliks só participaram de alguns shows e o Hunter Valentine fez um ou dois shows. Tive oportunidade de conhecer Tegan e Sara. Conseguimos um bom progresso e dar muito dinheiro às pessoas. Depois de um show em que fizemos um evento de arrecadação de fundos para a PFLAG, Wanda e eu saímos e ela me disse: “Você é um soldado”. Ela me disse que sempre ajudaria a causa, que estava inspirada. Foi humilde da parte dela dizer isso. Ela é engraçada, inteligente e comprometida com a causa. Que seja abençoada. Eu a adoro. No ano passado, quando entreguei a ela um prêmio no New York City LGBT Community Center, ela me disse que foi sua experiência na turnê que deu início à sua decisão de sair do armário.

Sempre acreditei em “Power to the People” (essa é a música que eu cantava no fim do meu set na turnê “True Colors”). Fico feliz que pessoas heterossexuais como a Madonna finalmente tenham falado com esta comunidade que as cultuou por tanto tempo. Gaga também estava lá. Meu sentimento é: faça o que é certo. Ninguém está pedindo nada além – só o que é justo. Por que isso é tão errado? Adoro quando políticos republicanos dizem que não devemos legalizar o casamento gay e, de alguma forma, relacionam isso à pedofilia. Estatisticamente, são os heterossexuais, em geral, que são pedófilos!

Na turnê também distribuí cartões que instruíam as pessoas sobre como votar, porque um tempo atrás eu não me conhecia. Votei em Clinton, mas não votei nas eleições de Bush, e veja o que aconteceu. Não digo às pessoas em quem votar, apenas como votar. Porque, se você quer inclusão no mundo, é melhor começar a se incluir. Você precisa participar, caso contrário, não pode reclamar. Fiquei muito decepcionada com as coisas sexistas ditas sobre Hillary Clinton quando ela estava em campanha. Uma vez, em um aeroporto, vi um quebra-nozes simulando as pernas de Hillary Clinton. E, claro, o racismo que o presidente Obama enfrentou foi terrível. Os republicanos fingem que estão do lado das pessoas, mas certamente não pensam como pessoas pobres, porque eles não são pobres. Sarah Palin ganhou um milhão por seu reality show. E senadores recebem convênio médico. Eles deveriam receber a mesma coisa que nós, e então votariam a favor de seus próprios traseiros egoístas. Não sei como eles fazem isso, mas não posso fechar os olhos para as pessoas ao meu redor.

Enquanto ainda estávamos em turnê, Lisa, meu agente Jonny e eu começamos a conversar com o ativista gay Gregory Lewis, que levamos a bordo conosco para cuidar da parte de caridade da turnê, depois de termos trabalhado com ele na HRC e na Matthew Shepard Foundation. Vimos as pessoas em cada show energizadas pela música, pela comédia e, mais importante, pela mensagem de igualdade. Percebemos que, se podíamos ter esse tipo de impacto fazendo uma turnê, talvez pudéssemos fazer ainda mais durante o ano todo em relação a questões que precisavam de atenção. Foi então que nasceu a True Colors Fund. Soube de cara que eu queria continuar envolvendo pessoas heterossexuais no apoio à comunidade.

Então começamos a campanha Give a Damn, em 2010, com o objetivo de educar e engajar a comunidade heterossexual no avanço da igualdade entre gays, lésbicas, bissexuais e transgêneros. A campanha Give a Damn foi nessa direção porque Jonny recebeu muitas críticas por sermos heterossexuais e fazermos uma turnê gay. Eu disse: "Mas somos pessoas heterossexuais defendendo a causa de pessoas gays, por que não? Este é um movimento pelos direitos civis. Precisamos que *todos* estejam envolvidos". Deveríamos nos revelar como gays para os heterossexuais, e como heterossexuais para os gays. É especialmente bom que as pessoas heterossexuais se informem sobre todos os tipos de questões que afetam os gays (que, por sua vez, afetam a todos nós) e se envolvam com elas: casamento gay, suicídio, discriminação no trabalho e na escola. Então, para ajudar a causa, achei que deveríamos tornar atraente o ato de defender direitos iguais para todos, incluindo LGBTs. Assim, produzimos mais de trinta anúncios de serviço público que incluíam pessoas como Susan Sarandon, Whoopi Goldberg, Elton John, Jason Mraz, Sharon e Kelly Osbourne e muitas outras pessoas. Não consigo nem agradecê-los o suficiente (nem consigo me lembrar de todos eles).

A campanha fez um grande barulho quando a atriz Anna Paquin se identificou como bissexual pela primeira vez em um dos nossos PSAs. A notícia foi vista por toda e qualquer pessoa. O site foi tão acessado que caiu nos primeiros quinze minutos em que a campanha foi lançada. E fiquei tão feliz quando Ricky Martin também participou de um. Foi a primeira coisa "gay" que ele fez depois de sair do armário, e foi uma grande ocasião. Eu meio que desejo que um homem hispânico heterossexual dê um passo à frente para dizer: "Está tudo bem ser quem você é", porque uma grande parte dos jovens gays na rua é hispânica.

Eu me lembro de algo que realmente me tocou quando promovi a primeira turnê "True Colors". Fiz uma sessão de fotos para a revista *Interview* e quis incluir a juventude LGBT. O que eu tinha em mente era o trabalho de uma fotógrafa chamada Diane Arbus, que, nos anos 1950 e 1960, tirou fotos de pessoas marginalizadas. Pensei: "Se eu pudesse tirar uma foto e mostrar jovens transgênero, quantos são, o rosto deles – os mais velhos, os mais jovens, as crianças –, então talvez as pessoas pudessem ver uma comunidade, e também seria arte".

Então, procurei diferentes locais e pessoas para incorporar à foto. Fui até o Christopher Street Pier, na cidade de Nova York, e conheci muitos jovens que compartilharam suas histórias de terem sido colocados na rua por serem gays ou transexuais. Conheci Colleen Jackson, da West End Residences, no Upper West Side, com quem Lisa está envolvida. Fiz uma apresentação em um dos eventos de caridade da entidade e, quando Colleen foi ao Radio City Music Hall, parada da turnê "True Colors" de 2007, perguntei se havia algo que poderia ser feito para ajudar. Colleen voltou com a ideia de moradia para jovens lésbicas, gays, bissexuais e transgênero que não tinham onde morar. Ela queria chamar a entidade de True Colors e usar o meu nome e eu disse: "Vá em frente, e tudo o que pudermos fazer, eu vou fazer". Eu já tinha começado a lutar pela causa dos jovens LGBT sem lar e não há nenhuma organização americana que aborda a questão, então decidimos que a True Colors Fund desenvolveria essa organização.

Um grupo de pessoas extraordinárias em minha vida está por trás da construção da True Colors Residence no Harlem. É a primeira moradia permanente do estado de Nova York para este grupo. Muitos jovens LGBT desabrigados enfrentam violência em abrigos tradicionais, então a True Colors Residence oferece aos jovens entre 18 e 24 anos uma moradia de baixa renda, ajudando-os a se reerguer. A True Colors Fund é uma parceira nesse projeto e fornece financiamento e suporte à medida que cresce, e sou a presidente honorária.

Na True Colors Residence, são ensinadas habilidades para a vida que esses jovens podem não ter tido enquanto cresciam – por exemplo, você não pode comprar o lenço que você quer, porque precisa pagar o aluguel. Então eles ensinam como fazer o orçamento (embora alguns artistas optem pelo lenço com enfeites e passem fome, que era o que eu fazia). E os jovens não são expulsos – eles podem ficar o tempo que precisarem para se reerguer.

Há apenas trinta camas lá, então estou apenas fazendo o mínimo por todos que precisam de ajuda, mas se essa for minha contribuição, tudo bem. No entanto, eu não queria ser apenas uma celebridade estúpida que fala demais. Percebi que, se fosse para falar demais, que fosse algo construtivo.

Para mim, tudo retoma o meu amigo Gregory, retoma o píer e o trabalho com artistas drag no clipe "Hey Now (Girls Just Want to Have Fun)" e meu grande amigo e artista maravilhoso, Chris Tanner. Quando me comprometi a fazer a True Colors Residence, vieram até mim e disseram que queriam colocar uma placa em homenagem a Gregory na pedra fundamental da casa. Colleen tinha ouvido a história de Gregory. Eu às vezes contava isso em apresentações. Então agora ele tinha uma música e também uma placa em sua homenagem num lugar que deveria existir quando ele foi colocado na rua quando tinha 12 anos. A placa diz: "Gregory Natale, Boy Blue", e uma parte do refrão da música "True Colors". Se você olhar para a sua vida, tudo está conectado e continuamos dando voltas e voltas às vezes.

Fiquei muito feliz quando o Matthew Shepard and James Byrd Jr. Hate Crimes Act [Ato de Prevenção a Crimes de Ódio Matthew Shepard e James Byrd Jr.] foi assinado pelo presidente Barack Obama e virou lei em 2009. Lisa e eu fomos para a cerimônia de comemoração na Casa Branca. Lady Gaga havia se apresentado no jantar da Human Rights Campaign na noite anterior, e o presidente brincou: "É um privilégio estar aqui esta noite para fazer a abertura para Lady Gaga... Eu fiz isso". Então, quando eu o conheci, eu disse: "Ouvi dizer que você fez a abertura para Lady Gaga". Ele começou a rir e disse: "Ela pegou todos os seus passos! Você é a original".

Eu nunca vou me esquecer da apresentação que fiz em sua posse presidencial. Precisei levantar às cinco e meia da manhã para o evento. Conheci Rufus Wainwright, Thelma Houston, Lisa Barbaris e Gregory Lewis, que acabaria sendo o diretor executivo da True Colors Fund, no lobby do nosso hotel. Eu deveria estar usando tênis de corrida em vez de sapato de salto, mas eu estava tão preocupada com a aparência da barra da minha calça que esqueci como meus pés ficariam. Eles me lembraram disso depois de 1,5 km ou mais.

Porém, conforme eu via todas as pessoas indo em direção ao National Mall, esqueci meus pés. Eu nunca tinha visto Washington tão viva. Todos estavam se apressando, felizes por estarem com frio juntos. Parecia que eu estava no meio das pessoas, no meio da história sendo construída. Foi outro momento de "poder para o povo", e eu quase chorei, mas estava tentando arduamente acompanhar meus amigos. Se eu os perdesse, choraria por um motivo diferente.

De qualquer forma, meu ingresso de entrada era roxo e, enquanto olhava para ele, por um momento, pensei se a cor significava alguma coisa. Eu me lembrei de como o Reverendo Jerry Falwell ficou chateado com aquele Teletubby roxo, achando que o personagem era gay porque tinha uma bolsa e um triângulo na cabeça. Talvez roxo fosse um código? Quando chegamos ao portão roxo, o pessoal da segurança disse para nos apertarmos na frente da fila. Tentamos. No entanto, uma mulher na fila disse: "O fim da fila está lá embaixo! Chegamos aqui às duas da manhã!". Então, com bravura, Lisa disse: "O segurança nos disse para virmos aqui e esperarmos. Estou com a Cyndi Lauper". Aí outro cara gritou: "Pensei que todos deveríamos ser iguais aqui". Eu queria ressaltar que eu estava com Thelma Houston e Rufus Wainwright e dizer: "É claro que somos iguais, mas não agora. E, aproveitando, você não quer conhecer Thelma Houston?". Porém, eu sabia que essas coisas só eram engraçadas na TV, e não na vida real, então fiquei quieta e optei por não fazer minha imitação de Larry David.

Aí o portão da fila dos ingressos amarelos foi aberto. O portão da fila dos ingressos laranja foi aberto. Mas o portão da fila dos ingressos roxos, não. Ele nunca abria. Então decidi ir embora. Porém, havia tantas pessoas que quase não conseguíamos nos mexer. Finalmente conseguimos nadar no meio da multidão e voltar para o hotel.

Fomos tomar café da manhã e depois nos dirigimos para o ponto de encontro na HRC para assistir à posse. Muita gente estava chorando e eu também estava. Aretha cantou "America the Beautiful" com seu glorioso chapéu, e percebi que ela parecia estar com tanto frio quanto eu. Mas eu sabia que ela tinha que estar lá, porque ela estava lá com o Dr. King no Lincoln Memorial há muito tempo. Quando eu era criança, vi isso na TV. Porém, Rick Warren fazendo a prece realmente me deixou chocada. Quando ele começou a falar, minha cabeça foi para um antigo especial de TV a que eu costumava assistir com meu filho e meu marido na época de Natal, chamado *Rudolph, a Rena do Nariz Vermelho*. Eu pensava: "Quem será que escreveu isso? E por que o Papai Noel está tão confuso?". Rudolph e o pequeno elfo tinham sido expulsos da oficina do Papai Noel porque eram diferentes. Parece que o diferente sempre deixa todo mundo irritado. Então comecei a ouvir as palavras da minha amiga Rosie sendo repetidas na minha cabeça. Uma vez ela falou para mim em nosso camarim, quando estávamos em turnê: "Cyn, estamos na Ilha dos Brinquedos Desajustados". É lá que

Rudolph e o elfo vão parar antes de salvar o dia para o Papai Noel. Olhei ao meu redor na sala, para as pessoas assistindo, tão esperançosas, de braços dados. Não pude deixar de pensar que amor é amor e que talvez, algum dia, todos entendam isso.

Depois o Reverendo Joe Lowery falou e me lembrei de como, quando eu era criança, eu também o via com o Dr. King na TV. Senti em meu coração que esta deve ser a verdadeira prece. Esse reverendo parecia ser um bom exemplo. Ele pediu ao seu Deus para "nos ajudar a escolher a inclusão, não a exclusão... a tolerância, não a intolerância". Eu estava grata porque, no fim das contas, uma voz de razão tinha sido colocada na mistura. Ele falou de forma direta e percebi que talvez eu devesse ver o contraste – que, para falar a sua verdade, você precisa vir de um lugar muito simples, sem fazer pose. Apenas ser simples e honesto.

Eu não podia acreditar que estava realmente vivendo isso. Pensei: "Talvez 'The Age of Aquarius', no fim das contas, não seja só uma música que alguém inventou. Acho que nunca devemos desistir de nós mesmos nem parar de levantar nossas vozes juntos quando acharmos que algo está errado". Não precisamos concordar. Vivemos nos Estados Unidos e aqui estava a prova: em 20 de janeiro de 2009, conseguimos ver as palavras do Dr. King se tornarem verdadeiras. Ele disse: "O arco da história é longo, mas se inclina para a justiça". Esse dia foi uma evidência de que um dia o arco se curvará com liberdade, em direção à justiça para todos nós.

Mas voltemos à True Colors Fund. Inspirados pelos jovens que conheci no Christopher Street Pier e por Colleen Jackson e pela True Colors Residence, sabíamos que nosso foco na True Colors Fund precisava se voltar para fazer de tudo para acabar com situação da juventude gay e transgênero que não tinha onde morar. Então, viajamos pelo país em 2011 e visitamos abrigos, centros de acolhimento e nos encontramos com jovens, líderes comunitários e muitas outras pessoas para descobrir qual era a real situação para esses jovens serem expulsos ou fugirem de casa devido a sua orientação sexual ou identidade de gênero. Vamos trabalhar para educar o público sobre o problema e engajá-los para chegarmos à solução, assim como fizemos com a campanha Give a Damn.

O que aprendemos nos surpreendeu e percebemos rapidamente que havia uma grande necessidade de uma voz nacional para tratar dessa questão, alguém cuja única missão seria se dirigir a jovens gays, lésbicas, bissexuais e transexuais sem moradia, alguém para ajudar a educar o público sobre o problema e engajá-los na busca de uma solução, alguém para ajudar a apoiar pessoas e organizações incríveis – abrigos, centros de atendimento etc. – que ajudam esses jovens no dia a dia, alguém que ajude essas pessoas a terem voz em Washington, DC, e também nos níveis estadual e local, e alguém para ajudar a garantir que os lugares onde esses jovens buscam ajuda sejam ambientes acolhedores – sejam eles suas próprias casas ou serviços sociais disponíveis para eles.

Há muito trabalho a ser feito e estamos comprometidos em fazer tudo o que pudermos através do nosso novo programa, Forty to None. Estima-se que até 40% de todos os jovens sem lar se identifiquem como gays, lésbicas, bissexuais ou transgênero, mas apenas de 3% a 5% da população geral de jovens se declara dessa forma. A disparidade é gritante e a principal razão é a rejeição familiar. Como mãe, não consigo me imaginar colocando meu filho na rua por motivo nenhum, muito menos devido à sua orientação sexual ou identidade de gênero. Seria como arrancar um pedaço da minha alma. Então, estou começando uma nova jornada, para fazer tudo que puder para que essa porcentagem baixe de 40% para zero. Vai ser uma tarefa difícil, mas estou confiante de que seremos bem-sucedidos, especialmente se todos nos unirmos para fazê-lo.

COMO **MÃE**,

ME IMAGINAR

MEU FILHO

MOTIVO NENHUM, MUITO

ORIEN

SEX

NÃO CONSIGO

COLOCANDO

NA RUA POR

MENOS DEVIDO À SUA

TAÇÃO

UAL.

“SEJA MUITO
GRACE KELLY E
ENTRE NO CARRO
MUITO KIM NOVAK.”

CAPÍTULO 16

EU QUERIA FAZER O ÁLBUM DE DANCE MUSIC *BRING YA TO THE BRINK* HAVIA MUITO tempo. Comecei a compô-lo em 2006, mas não consegui terminá-lo a tempo para a turnê "True Colors". Quero dizer, eu poderia ter feito isso muito rápido, mas o que eu precisaria colocar – um pouco de cocô?

Então, depois da primeira turnê, fiquei ocupada. Escrevi "Set Your Heart", sobre a comunidade gay, porque queria escrever algo para que todos se sentissem melhor, para dizer a eles que poderiam contar comigo. Uma pequena parte dessa música tinha uma amostra de "Where Are All My Friends", de Harold Melvin and the Blue Notes, porque ela me lembrava dos gays servindo de bode expiatório. Se eu fosse gay, estaria lá: "Ei, onde estão todos os meus amigos?". Essa foi uma resposta para isso: "Ei, estou bem aqui". Mas quando toquei a música para a gravadora, não quiseram lançá-la como o primeiro single porque acharam que era comercial demais. O que dizer sobre isso?

Então "Same Ol' Story" acabou sendo o primeiro single nas casas noturnas. Mantive o "fucking" do título da música ["Same Ol' Fuckin' Story"] para as danceterias, mas quando a lancei para todos os outros propósitos, precisei tirar o termo para que ela não fosse totalmente banida. Rappers fazem a mesma coisa e, como meu filho me disse: "Ma, tem um palavrão, será um grande sucesso". Meu filho me apresenta muita música quando estamos no carro a caminho de jogos de hóquei, então ouço Lil Wayne, Ludacris e 50 Cent. Percebi que, quando supero a agressividade da linguagem, a voz de 50 Cent é como manteiga.

De qualquer forma, "Same Ol' Fuckin' Story" saiu de uma conversa que tive com Carmen Cacciatore, meu amigo da FlyLife. Ele estava em pé ao meu lado no estúdio quando eu estava cantando para uma gravação, estávamos chateados com algo que Bush fez, e ele disse: "Yes, same old fuckin' story" ["Sim, a mesma história de merda"]. Então comecei a cantar isso. Concluí: "Quer saber? Você tem que cantar o que as pessoas estão dizendo". Ele não era a primeira pessoa que eu ouvia usando essa frase. Os ricos ficam mais ricos, os pobres ficam mais pobres, um para mim, dois para você. É assim que sempre acontece, não importa o quanto você trabalhe. E quando você é pobre, ou mesmo quando você é de classe média, tudo que você faz é trabalhar, e não existe qualidade de vida. Sei disso, mesmo que, como eu disse, todo mundo ache que eu esteja cheia da grana.

Então Carmen me disse: "Talvez você devesse ir para a Inglaterra. Eu poderia apresentá-la para artistas de dança e produtores, como Basement Jaxx e Digital Dog". E meu responsável pelo departamento de Artistas e Repertório, Daniel, achava que eu também deveria conferir a cena musical sueca, porque os suecos se destacam na história do pop por terem um incrível senso de melodia. Então, no início de 2007, fui à Inglaterra e à Suécia para colaborar com um grupo de pessoas de dança. No começo, foi muito divertido com a Digital Dog. Ficaram surpresos por eu estar trabalhando com eles, mas estavam prontos para isso. A Basement Jaxx também estava preparada para isso, para uma música, e depois tentamos trabalhar juntos novamente e não funcionou muito bem. Acho que eles não me achavam legal o bastante.

Infelizmente, muitas dessas pessoas nunca leram os créditos, então não sabiam que sou produtora e arranjadora, não apenas cantora, e elas querem fazer tudo isso. No entanto, assim que alguém começa a me dizer o que fazer, como eu deveria ouvir imediatamente, eu não vou ouvir – imediatamente. Não é ruim se alguém diz: "Oh, meu Deus, tente isso porque quando você fez isso, pensei nisso". Isso é colaborar. Mas não: "Agora faça isso e faça isso". Não preciso de alguém para me acompanhar passo a passo. Embora, em defesa deles, esses caras fossem muito excêntricos. Às vezes eles simplesmente desapareciam e nem o empresário deles conseguia encontrá-los, o que é ótimo quando você pensa a respeito.

Acho que a música "Rain on Me" estava boa, mas agora, quando ouço as palavras, me pergunto se não estava sentimental demais. Parte da inspiração para essa música veio de uma conversa que tive com meu marido sobre nosso filho, sobre como seu filho pode gritar com você – ele pode despejar os problemas dele em você e isso não tem importância.

Em seguida, o verso "I saw you gather all your hopes with all your dreams" ["Vi você juntar todas as suas esperanças com todos os seus sonhos"] veio do fato de conhecer muitos tecladistas, produtores e compositores promissores com os quais colaborei e que, de novo, não entendiam o que faço e queriam que eu – a cantora – ficasse em segundo plano, fizesse uma lobotomia e apenas fosse atrás. Eu não sou uma parceira que fica em silêncio. Não vou me diminuir.

Axwell escreveu a faixa "Rain on Me". Todos que escrevem faixas musicais se consideram produtores, mas eu não considero. Eles têm uma certa habilidade, mas não considero o que eles fazem uma produção de verdade. Às vezes, eles fazem essas coisas Frankenstein, trechos cortados e colados e, quando você introduz um cantor de verdade, isso se torna trivial; não resta nada na faixa a que se agarrar. Você também pode não ter a voz lá. O problema com alguns desses produtores que escrevem, programam e fazem a mixagem é que eles ficam muito presos aos seus equipamentos e não pensam mais no som de um disco real. E às vezes eles estão tão envolvidos com suas próprias coisas, seus truques, que é difícil para eles trabalharem com pessoas diferentes. Para mim, existe um tipo de arte para a produção, então, intencionalmente, faço com que assinem um contrato como coprodutores e cocompositores. No entanto, fiquei feliz em colaborar. Eu estava cansada do meu processo; queria ver como outras pessoas faziam isso.

Trabalhar bem com outros artistas para criar uma visão particular que tenho, sem atrapalhá-los de alguma forma, é um desafio. Estou aprendendo cada vez mais a fazer isso sem ofender ou chatear os outros, mas devo confessar que não sei como fazer isso tão bem quanto gostaria. Arranjei briga com algumas pessoas na minha época. Nunca fui uma flor delicada. Espero estar melhorando. Ou, como diria Yoda: "Melhor eu estou ficando". Preciso ser graciosa, inteligente, paciente e segura.

No começo, foi difícil para o produtor sueco Peer Astrom (que trabalha com *Glee* desde o início). Ele escreveu "Into the Nightlife" e "Echo" comigo e Johan Bobeck. Peer queria algo muito específico. Mas como eu é que sairia e venderia esse material, era ainda mais importante que eu pudesse estar por trás dele. Porém, sempre o achei uma pessoa bem razoável.

Alguns dos problemas relacionados à colaboração também tiveram a ver com a barreira da língua. Embora todos falássemos inglês, eu sempre dizia que o inglês da Inglaterra não é o que falamos do outro lado da lagoa, baby. Quando paro e penso na minha falta de domínio da língua inglesa em meu próprio país – bom, é muito cômico. Eu falo o inglês do Queens, não exatamente o inglês da rainha. Apesar disso, minha experiência em compor com outros artistas e produtores nesse CD ainda era inspiradora. Sempre espero continuar aprendendo e colaborando com outros artistas que me inspiram.

Lisa foi comigo para a Suécia, e fiquei muito grata porque passamos um período ótimo. Primeiro ficamos em um hotel Sheraton em Estocolmo. Era novo e agradável e tinha uma academia ótima. Vou lá todos os dias, dizia a mim mesma, mas só fiz isso nos dois primeiros dias. Eu observava as pessoas se exercitando com pesos grandes ao meu lado enquanto eu levantava meus míseros 3,6 kg. No entanto, quando conheci Alex Kronlund, o primeiro compositor que conheci lá, ele disse que eu deveria me mudar para algum lugar mais inspirador para compor. Então atravessei a ponte para a Cidade Antiga.

Foi lá que Lisa e eu procuramos um restaurante autêntico para conseguir comida sueca de verdade, como almôndegas suecas ou algo assim. Descemos a grande rua turística, passamos por um lugar e concluímos que parecia bonitinho e pitoresco. Vimos um sujeito do lado de fora e lhe perguntamos se o lugar servia comida sueca autêntica e ele disse que sim. O nome dele era Danny e ele era barman lá. Ele se tornou nosso barman favorito, e o lugar se tornou nosso lugar favorito, não só porque a comida era boa ou porque sabíamos como chegar lá, mas por causa do Danny.

Falamos sobre Nova York e Suécia e coisas para vermos enquanto estivéssemos lá. Danny disse que deveríamos ir até uma praça e nos contou a história dela enquanto Lisa e eu tomávamos goles de aquavit e comíamos almôndegas de alce. Me disseram que aquavit é uma bebida muito sueca e, aparentemente, os suecos gostam um pouco de alce, que é mais seca que carne bovina e não tem gosto de esquilo (que você sabe que comi), mas tem um gosto mais de carne de caça do que de frango.

Voltando à praça: aparentemente, na Idade Média, um rei dinamarquês muito arrogante se coroou rei da Suécia também. Então esse autoproclamado rei irritou tanto o povo sueco que causou uma grande revolta. Os suecos cortaram todos os dinamarqueses em pedaços, e havia tanto sangue escorrendo pelos paralelepípedos que rebatizaram o lugar como "Praça de Sangue". Danny contou assim. Mas, quando pesquisei, os dinamarqueses não foram decapitados, os suecos é que foram. Então o rei dinamarquês se coroou. Danny inverteu um pouco a situação, a não ser que tenha sido a barreira da língua. De qualquer forma, o sangue estava por toda essa praça. Lisa adorou essa história porque ela adora mistérios de assassinato. Então fomos para a praça e eu me apaixonei por aquelas ruazinhas de paralelepípedos. Esqueci o sangue e as cabeças que rolaram e tive um dos meus momentos de "entrar na história".

Então começamos a procurar por um hotel boutique na Cidade Antiga – o tipo de lugar que me deixaria felizmente desorientada em um mundo dividido entre o passado e o agora –, um lugar situado em uma rua onde, se você olhasse para baixo, num piscar de olhos longo o suficiente, você poderia ver os vikings e uma carroça ou duas sendo conduzidas por um cavalo ou um boi.

O hotel onde decidimos ficar foi dedicado à memória da Marinha Real Britânica e ao almirante Horatio Nelson e sua amante, Lady Somebody. Lady Emma Hamilton. Ela era uma lady, mas não do tipo: "Ei, lady!". Ela era muito mais chique que isso. O hotel tinha cartas dela para ele dentro de caixas. Era um museu de um caso de amor. Descobrimos que o hotel também era dedicado aos comandantes de navio e marinheiros na época do almirante Nelson. Dois mastros de barco me cumprimentaram quando entrei. Um tinha forma masculina e o outro, feminina. Eles eram velhos, mas recém-pintados com tinta esmaltada e acabamento dourado, o que os fazia parecer novos e brilhantes. Eu sentia vertigem toda vez que os via e piscava para eles.

Mesmo que a gravadora já tivesse alugado o quarto no Sheraton para mim, descobri que ficar na área histórica onde estava esse pequeno hotel boutique realmente me inspirava a escrever, então valia a pena. As pessoas no hotel boutique disseram que havia uma suíte para mim, mas, na verdade, era um apartamento, o que acabava sendo melhor do que um quarto de hotel. Ele ficava no topo de uma escada em espiral. A mobília do apartamento era velha e as cadeiras antigas e o piso de madeira ecoavam meus passos contra as paredes brancas, enfeitadas com retratos de mulheres. Eu me perguntei se elas tinham andado pelos mesmos pisos, talvez esperando ou sonhando com o abraço de seus amantes. E, às vezes, quando eu voltava à noite, colocava Marvin Gaye para tocar no meu iPod em alto-falantes portáteis e dançava descontroladamente ao redor da sala de estar, enquanto tentava me lembrar do que aprendi em algumas aulas de dança dos espíritos que fiz. Um grupo de mulheres se reunia todos os meses na lua cheia para dançar em círculo e uma vez fui convidada para me juntar a elas. Uivei como um lobo e achei legal as pessoas poderem se comportar assim e ainda serem convidadas para voltar. De qualquer forma, dancei sozinha e me perguntei se eu e as damas na parede estávamos em nossa própria dança circular (mas isso aconteceu depois que Lisa, minha empresária aventureira, trabalhadora e gente fina, foi para o quarto dela).

O quarto em que fiquei nesse lugar era no segundo andar e tinha vista para um pátio que funcionava como restaurante no verão. A cada amanhecer (que não é tão cedo na Suécia por conta da questão escuro/claro que acontece lá), eu acordava com o barulho de duas jovens rindo e conversando (em sueco, é claro). E isso sempre me fazia lembrar de onde eu estava. Então me levantava, pedia o serviço de quarto e escrevia poesia na sala de jantar. Eu também tentava fazer minha ioga, mas esse novo mundo fazia minha cabeça girar. Eu simplesmente não conseguia manter o foco nisso, mesmo que ritmo, música e ioga sejam parecidos às vezes.

Dessa forma, mesmo estando longe da minha família, me diverti muito na Suécia, mergulhando na cultura e no mundo da dança. Quando voltei, fiz uma pausa para entender o que tinha acabado de fazer – olhar para o bom, o mau e o feio ["the good, the bad, and the ugly", título original do filme *Três Homens em Conflito*]. (Meu filho costumava tirar "folgas" para cantar a música-tema desse filme no jardim de infância. Ainda não consigo aceitar o quanto era errado puni-lo por isso. É um ótimo arranjo para coral para as crianças aprenderem e muito divertido para se cantar junto. Mas estou me desviando do assunto.) Durante esse intervalo, percebi que a turnê me inspirou. Poder ver outros artistas se apresentarem e serem apaixonados por seu trabalho me despertou.

Então, depois de algum tempo sem os dois "D" (Declyn e David) e mamãe Grace (minha sogra, que adoro), voltei ao *Bring Ya to the Brink* e, por fim, a música se encaixou. É um momento estimulante quando, depois de toda minha preocupação em conseguir acertar as músicas ou em ser boa no que faço, de repente o material ganha vida. E sabe de uma coisa? Entendi que talvez eu nunca ache meu trabalho bom o suficiente. No entanto, não posso deixar minha dúvida me impedir de escrever músicas. A inspiração pode acontecer a qualquer hora, em qualquer lugar. De vez em quando, acordo, a inspiração chega para mim e tenho que escrever. Preciso continuar escrevendo e enfrentar todo verso estúpido de poesia ridícula por um bom verso, o que, aparentemente, do nada, acontece. E quando isso acontece, agradeço.

Ir à Europa para compor realmente me fez crescer. Retomei minha voz como compositora e artista de um jeito que nunca havia feito antes. O engraçado é que sempre ouvi que viajar era algo ótimo para um compositor – essa foi a primeira vez que viajei para o exterior apenas para compor... e sem um guarda-costas também. Claro, tive ajuda. Eu tinha um motorista (ok, viajei um pouco como uma celebridade, mas só um pouco). No entanto, na maior parte do tempo, eu era apenas eu, sem muita confusão habitual. Nesse mesmo tempo, eu não estava em turnê e fazendo divulgação ou tentando ser mãe ou esposa. Eu não estava tentando fazer nada além de escrever. Era tão tranquilo e reconfortante poder escrever o que eu sentia e via, porque isso era tudo que eu estava fazendo. Eu me senti desperta pela primeira vez em anos.

Então comecei a finalizar todo o álbum e gravar meus vocais no estúdio em minha garagem com William Wittman, meu colaborador de longa data. Também pesquisei um ótimo profissional de mixagem que eu tinha em mente desde o início, Jeremy Wheatley, da Inglaterra – ele havia mixado um CD da Goldfrapp e o single "Ride a White Horse", da mesma banda. Adorei sua imagem sonora para a dança. Sendo assim, entrei em contato com ele através da gravadora, mas, no fim, ele tinha um acontecimento trágico na família, então acabamos fazendo a mixagem on-line. Em outras palavras, foi um pouco assim: escolhíamos um horário em que poderíamos estar on-line juntos com a mesma mesa de som e alto-falantes, e ele enviava a mixagem para mim no iChat (onde é possível enviar arquivos grandes sem precisar compactá-los), eu pegava esse arquivo e tocava. Depois eu dizia a ele o que eu achava que precisava ser mais alto e mais baixo. Quando ouvi a primeira faixa, "High and Mighty", comecei a chorar, porque era uma gravação muito moderna. Sempre tento estimular as pessoas a fazer uma gravação moderna e, finalmente, lá estava ela.

A música é muito subjetiva. O bom é que agora você pode entrar em sua garagem e fazer uma gravação maravilhosa. O ruim é que ninguém está eliminando as músicas ruins. É como não ter um editor. Tudo bem – Prince trabalhava sozinho, mas não existem muitas pessoas como Prince. Gosto de muitos pesos e contrapesos e que um monte de pessoas diferentes ouça a música e contribua para ela.

Mesmo que eu tenha me orgulhado de *Bring Ya to the Brink* quando foi lançado em maio de 2008, o álbum não foi tão bem quanto eu queria. "Same Ol' Story" ficou em primeiro lugar na categoria "Dance/Club Play Songs" da revista *Billboard*, mas me disseram que a rádio de dance não a tocaria porque eu tinha mais de 30 anos. Como eu disse, as pessoas do ramo da música têm preconceito contra pessoas mais velhas porque trabalham com o mito de que a música é uma forma de arte descartável. Não é. Outra noite eu estava assistindo Nicki Minaj no *Saturday Night Live* e ela terminou sua música em uma pose, exatamente como eu costumava fazer nos meus shows. Metade do cabelo dela era rosa e a outra, branca, e pensei: "Venham com a merda que quiserem, mas eu inspirei coisas assim, e até se inspiram no que visto agora".

Bring Ya to the Brink foi indicado para um Grammy de Melhor Álbum de Música Eletrônica/Dance Music. No entanto, perdi para a Daft Punk. Compreensivelmente – a música deles foi sampleada em uma música de Kanye West e era muito famosa. Porém, quando eu estava me sentindo mal, encontrei Nicki Minaj no tapete vermelho do Grammy. Ela chegou para mim e disse: "As pessoas não sabem como estou obcecada por você". Não é o máximo?

A gravadora e eu nos dissociamos antes de eu ir ao Grammy. Eu tinha um lançamento, mas todos os meus aliados haviam deixado a empresa, então decidi deixá-la também. Olha, no fim foi uma coisa boa porque, então, eu poderia fazer o que quisesse com meus álbuns. Eu poderia ter minhas *masters*[4] e estar no comando. Eu poderia pesquisar como vender esse material, como promovê-lo e não cometeria erros estúpidos. De qualquer forma, vou fazer outro álbum de dance music. A música que escrevi para o musical *Kinky Boots*, uma adaptação do filme que Harvey Fierstein e eu fizemos para a Broadway, é principalmente dance music.

Depois que saí da Sony, fiz uma pequena turnê de duas semanas com a Ro chamada "Girls' Night Out", em que pedimos aos fãs que doassem comida para bancos de alimentos locais. Antes, eu me encontrei com pessoas da Mark Burnett Productions e disse: "Por que não filmamos a turnê? Depois, podemos fazer alguma coisa sobre refeitórios comunitários também, então seria entretenimento, mas também sobre ajudar as pessoas". Eles não tinham interesse nisso porque conseguir os direitos da gravadora para a música em um filme pode ser complicado. A Mark Burnett Productions fez *Survivor* e, quando vi as fotos do show na parede de seu escritório, eu disse que estava preocupada em não ter voz na reunião. Porém, realmente gostei deles.

Então assinei com a Mark Burnett para fazer algo no futuro. E eles me apresentaram para as pessoas do reality show de Donald Trump, *The Celebrity Apprentice*, que eu não tinha visto. Mas Lisa assistia, chegou em mim e disse: "Por que você não faz *Celebrity Apprentice*?". Eu disse: "Hum, sim. Sou uma musicista, por que diabos quero fazer isso?". Então me disseram que eu poderia arrecadar dinheiro para a True Colors Fund e que, se alguém sabe como trabalhar em equipe, sou eu, porque tudo que fiz foi em equipe. E Lisa dizia: "Vamos lá, Cyn – você conseguiria fazer isso". Então aceitei.

Gravamos em Nova York. No começo, disseram que se tratava de algo das 9h às 17h, mas não era das 9h às 17h. Era das 7h às 23h ou meia-noite – era algo do tipo dezoito horas por dia. Eu acordava às 4h da manhã para arrumar meu cabelo e maquiagem e estar pronta às 7h, então não conseguia dormir. E não havia tempo para descanso – na verdade, quando você comia, tinha que comer em pé. Nunca dava para parar porque, se fizesse isso, perderia. Consequentemente, desenvolvi um refluxo muito, muito ruim. Meu esôfago

[4] CDs finalizados em alta qualidade. A partir da *master* são feitas cópias a serem comercializadas.

queimava o tempo todo e eu não conseguia engolir a comida. E eu tinha que dar longas entrevistas sobre o programa. Eu não sei falar – sei cantar. Então perdi minha voz também. Além disso, o set de filmagem era empoeirado e sou alérgica a poeira.

As pessoas que não cantam não sabem o que é necessário para cantar. Ficavam todos tirando sarro de mim enquanto eu fazia meus exercícios vocais. Eu pensava: "Idiotas, estúpidos, se vocês soubessem alguns exercícios, suas vozes seriam muito melhores". O problema é que alguns dos outros competidores eram aspirantes que não faziam nada com suas vidas. Eu nunca conseguiria deixar outras pessoas no controle e não fazer nada. Isso me deixaria louca.

A situação rapidamente começou a ficar um pouco como o ensino médio. Sempre fui estranha e eu só precisava me acostumar com isso de novo. Quando Maria, a lutadora de WWE [World Wrestling Entertainment], de repente começou a virar as costas para mim, pensei: "Por que você não vai se foder?", que era o que as pessoas no programa queriam que eu pensasse, para que começássemos a brigar, porque isso atrai atenção. Ninguém quer assistir a um programa onde todo mundo se dá bem, certo? Até eu fiquei envolvida quando assisti – e sabia o que ia acontecer. Comecei a assistir para ver como eu estava na TV, e pensei: "Nossa, pensei que meu cabelo estava bom, pensei que meu gosto era bom". Tudo o que faço é uma ilusão de como eu gostaria de parecer, e não minha aparência real. É por isso que me dou bem com drag queens, porque sou uma delas.

Eu me diverti muito com Sharon Osbourne, que adoro, mas o restante das garotas eram duas caras. Então meu estômago começou a revirar por isso bem rápido. Aquela modelo da Victoria's Secret, Selita Ebanks, foi muito gentil comigo. Quando eu estava tentando ajudar a jovem cantora country Emily West a melhorar em um dos desafios, todos os outros da minha equipe ficavam dando palpites e eles não sabiam de que raios estavam falando. Eu pensava: "Vocês se importam com essa jovem ou não se importam?". Eles não se importavam – estavam apenas interessados no que saía de suas próprias bocas. Quando Maria, a lutadora, estava conversando com Emily sobre como dar entrevistas, ela disse: "Quando falo com a imprensa, querem saber se eu me depilo lá ou não". Olhei para ela e só queria dizer: "Ouça, Senhorita Importante, se você acha que vou sentar aqui e dizer a essa jovem como dar uma entrevista, falando se a xana dela está depilada ou

SEMPRE **FUI**

ESTRANHA E EU

SÓ PRECISAVA

ME **ACOSTUMAR**

COM ISSO

DE NOVO.

não, você está completamente fora da casinha. Isso tem a ver com música e integridade – não sobre essa coisa".

Fiquei um pouco desconfiada de Donald Trump porque ele traumatizou os filhos de Rosie O'Donnell ao dizer coisas ruins sobre a mãe deles. Quando você faz isso, as crianças não entendem. O que mudou minha opinião sobre ele foi que ele era legal não só comigo, mas também com outras pessoas, e seus filhos eram bons e trabalhadores. E o fato de ele ter incluído os filhos no programa foi significativo.

Eu adorava apresentar "Just Your Fool" no final e dançar na mesa. Lá estava eu em rede nacional chamando a atenção para a falta de direitos civis na comunidade gay. A NBC continuou tentando mudar o que eu disse. No entanto, quando eu estava na TV para a final, eu disse o que queria e eles não conseguiram cortar porque o programa era ao vivo. Pensei comigo mesma: "Vá em frente, tente editar isso agora".

Apenas para registro, não me senti rejeitada de forma injusta. Eu meio que cometi harakiri porque olhar para a atriz Holly Robinson Peete era muito paralisante para mim. Ela estava lutando para conseguir fundos para o autismo, uma condição que seu filho tinha. E quando se trata de mãe e filho, isso me leva a pensar automaticamente na minha mãe com seus filhos e naquele momento em que ela cantou para meu irmão quando ela estava numa situação desesperançosa naquele dia no banheiro.

Quando participamos do desafio de decorar o apartamento no episódio que terminou com a minha saída, para mim teria sido muito fácil ganhar de Holly, dizendo: "Sim, Holly, você escolheu a cor vermelha para a sala de celebridades do apartamento, todos gostaram disso, mas você também escolheu aquele verde-água, ou o que eu chamaria de 'verde marrom-avermelhado', para o quarto principal".

A situação com Bret Michaels ficou muito cômica. Quando decorou aquele apartamento, ele ficou levando tanta coisa que me senti num filme dos Irmãos Marx, como *Uma Noite na Ópera*. Toda vez que eu me virava, havia outro grande objeto entrando na sala. Eu pensava: "Não, Bret, não, não, não". Mas foi interessante observar todo mundo. Não há como ser elegante nesse programa.

Quando fui eliminada, usava um lenço, óculos escuros e batom vermelho porque queria parecer uma estrela de cinema de Hollywood dos velhos tempos. Quando saí do prédio, pensei: "Ande de cabeça erguida, coloque os ombros para trás, seja muito Grace Kelly e entre no carro muito Kim Novak".

Porém, no fim, expus meu ponto de vista. Eu precisava falar sobre direitos civis para LGBTs em rede nacional – isso foi muito significativo. E levantamos US$ 45 mil para a True Colors Fund, que é o mais importante.

Esse programa me ensinou que as pessoas não mudam muito a não ser que a vida lhes ofereça o dom da compreensão, e isso pode vir de uma dádiva de infelicidade desde o início. E, ao longo da vida, você pode construir uma vida melhor e fazer escolhas melhores porque já teve essa lição.

E aprendi outra coisa também – ser garçonete ainda não era minha praia.

"FAÇO AS COISAS
DE FORMA NÃO
CONVENCIONAL
ÀS VEZES."

CAPÍTULO 17

EU QUIS FAZER UM ÁLBUM DE BLUES POR SEIS ANOS, MAS, QUANDO FINALMENTE fiz, foi num bom timing, porque parecia que, para todos os lugares que eu olhava, todo mundo estava cantando blues. As pessoas estavam perdendo seus empregos, suas casas e, no mundo inteiro, tempos difíceis haviam chegado.

Desta vez, o álbum seria gravado em minha própria gravadora, então eu poderia fazer o que eu sabia que estava certo. Conheci o produtor Scott Bomar através de Josh Deutsch, o responsável pela gravadora que criamos em sociedade para o álbum. Josh sabia muito sobre blues. Scott estava fazendo algum barulho com um renascimento do blues e eu poderia entrar em contato com ele on-line. Então fiz isso. Ele parecia um cara legal. Produziu a trilha sonora do filme *Homens do Soul*, de Bernie Mac, e havia trabalhado com Willie Mitchell. Willie tinha sido o verdadeiro padrinho do soul de Memphis. Ele fez as gravações de Al Green e Ann Peebles nos anos 1970. Na verdade, ele fez toda a música sair de Memphis naquela época. Agora trabalho com o seu enteado Archie "Hubbie" Turner na minha banda.

Quando Scott me falou sobre alguns músicos da sessão de Memphis que poderiam trabalhar comigo no CD, dei pulos. Todos eles eram membros da seção rítmica original da Hi Records. Então fui ao estúdio de Scott em Memphis e fiquei por lá alguns dias para ver como tudo isso funcionaria. Scott é a pessoa mais gentil que você pode conhecer, mas ele também é indireto, ao contrário de mim. Na verdade, é assim que a maioria dos sulistas é – eles não fazem críticas de forma direta, eles têm uma aura educada. Então lá fui eu, um elefante numa loja de cristais.

Antes mesmo de conhecer Scott, eu estava compilando músicas. Primeiro com Rick Chertoff, depois sozinha, depois com todos me mandando músicas que adoravam, e depois com Michael Alago, que foi com Lisa, Bill e comigo para Memphis.

Naquela época eu ainda estava lutando contra problemas vocais. Dois dias antes do Natal, descobri que tinha um pólipo. Se a gente para de cantar e falar, os pólipos às vezes diminuem. O meu, não. Eu estava arrasada porque, como na primeira vez que perdi a voz, pensei: "Como posso viver, ou até respirar, sem a minha voz?". Acho que o que acabou com a minha voz foi quando eu estava em um carro alegórico no desfile de Ação de Graças em Nova York e decidi gritar "Feliz Dia de Ação de Graças" para todos, da Rua 71 à Rua 34, antes de cantar na TV (eu sei – sou muito idiota às vezes).

Antes de gravar o álbum de blues, eu ainda tinha que finalizar as músicas para o *Kinky Boots*, então apenas compus com a voz que eu tinha. Meu querido amigo Howard foi comigo ao médico no dia em que descobri o pólipo. Howard tem batalhado por sua saúde, sempre com coragem, então eu não me permitiria sentir autopiedade.

Para tratar o pólipo, comecei a trabalhar com uma fonoaudióloga chamada Barbara Lowenfels, porque eu precisava aprender a falar sem comprimir as cordas vocais e sem esquecer de respirar. Esse foi o primeiro passo. Então, quando fiz a campanha MAC AIDS com a Lady Gaga, Barbara estava ali comigo, lembrando-me de manter meus ombros para trás e fazer pausas para respirar, para que eu não me machucasse mais. Era um pouco incomum tê-la atrás da câmera durante uma entrevista, me treinando. E, claro, isso era um pouco estranho para Lisa, minha gerente. Ela ficava dizendo: "Você está brincando, certo?". Mas que Deus abençoe a Barbara, ela me ajudou e sou grata.

Depois de dois meses, tive autorização do dr. Peak Woo, o infame "Dr. Wu", da música da Steely Dan, para recomeçar a cantar um pouco. Então voltei para Katie Agresta, minha professora de canto, que me ajuda a ficar de pé sempre que caio. Começamos com o que me pareceu o ponto inicial. Esse tipo de coisa é causado por muito cansaço e por fazer algo tantas vezes que você desenvolve maus hábitos e, às vezes, nem percebe o que está acontecendo com você até que seja tarde demais. Meu pólipo já se foi, mas ainda preciso lidar com o refluxo, que estou começando a corrigir. Certo, isso foi apenas uma digressão – agora, voltando a Memphis.

Eu sabia que queria fazer a música "Mother Earth", de Memphis Slim. Pensei que Allen Toussaint seria ótimo trabalhando nisso. Conheci Allen quando cantei com ele no evento beneficente em favor das vítimas do furacão Katrina no Madison Square Garden, em 2006. Muitas pessoas estavam lá, desde Elvis Costello até Bruce Springsteen e a maravilhosa Irma "Soul Queen of New Orleans" Thomas. Tive oportunidade de cantar com ela e com as Dixie Cups e foi muito emocionante. Os produtores queriam que eu cantasse uma música antiga chamada "I Know (You Don't Love Me No More)" no evento beneficente, e eu disse: "Estou tocando com Allen Toussaint – eu não deveria apresentar uma de suas ótimas músicas?". Pensei que talvez eu pudesse fazer um mashup de duas músicas para celebrá-lo, então encontrei uma música dele chamada "Last Train", que ia muito bem com "I Know (You Don't Love Me No More)". No entanto, eu não queria fazer um medley. Queria descobrir uma forma de tocar as duas músicas, uma sobre a outra. Se isso funcionasse, poderia ser algo especial. Entendi que é preciso tentar o desafio em vez de seguir o caminho seguro o tempo todo. Quero dizer, era Allen Toussaint! Ele ficou dizendo: "Acho isso muito aventureiro". Eu o respeito muito. Sempre pensei: "Se você vai fazer televisão, tente ao máximo fazer algo real". Porque a maioria das coisas na TV é ensaiada até o último momento possível, para que nada magicamente imprevisível possa acontecer. Por exemplo, quando fiz o programa de Jools Holland na véspera de Ano-Novo, em 2011, todos os grandes arranjos estavam planejados, então eu disse: "Posso tocar apenas cordas e o dulcimer, e talvez aquele rapaz ali poderia tocar flauta irlandesa?". Você sempre quer tentar algo diferente, algo que nem mesmo *você* sabe que vai acontecer, então você ouve a magia ou não. E com Allen, naquela noite, acho que deu certo. Depois disso, queríamos trabalhar juntos se fosse possível, mas quando ele fez um CD, eu não estava disponível para isso.

Durante a última tentativa de descobrir qual material de música eu levaria para Memphis, trabalhei com Michael Alago, meu computador e um pouco de comida chinesa para viagem na minha cozinha. Michael, que eu conhecia há anos da área, era uma ótima pessoa do departamento de Artistas e Repertório. Todas as músicas foram escolhidas por causa de seu espírito, sua história e seu tema atemporal da história se repetindo. Era uma ótima música americana criada por pessoas oprimidas que escreviam músicas inspiradoras.

Sabe, mesmo sendo chamado de "blues", que também significa "tristeza" em inglês, a gente se sente melhor de alguma forma quando ouve esse tipo de música. Eu queria pegar o antigo glamour dessa música, mas também transformá-la em algo que pudesse ser abraçado agora. Sempre espero fazer música atemporal. E o blues – bom, ele é atemporal. Lembro-me de que a Sony tinha medo, no passado, de que isso soaria como um disco tradicional, o que nunca foi minha intenção. Eu estava muito grata por fazer essa música sem tanta tristeza em uma empresa que estava lutando para sobreviver.

Eu tinha duas músicas que queria experimentar primeiro em Memphis, uma música de Lil Green chamada "Romance in the Dark" (o cantor e pianista Michael Feinstein recomendou que eu a ouvisse depois de ter assistido a uma apresentação de cabaré de True Colors que fiz em sua casa noturna) e a música "Down So Low", de Tracy Nelson, que eu tinha cantado por um tempo em 2004. Eu sabia que tinha encontrado a banda certa para o projeto: Lester Snell no teclado, Howard Grimes na bateria, Leroy Hodges no baixo e Skip Pitts na guitarra.

Então experimentamos "Down So Low" e "Romance in the Dark" com a banda. Quando os músicos ouviram a gravação de "Romance in the Dark" da década de 1930, é claro que ficaram imaginando qual seria o arranjo. Eu disse a eles: "Por favor, aprendam só os acordes, vou fazer o arranjo conforme for trabalhando". É assustador dizer isso para pessoas que gostam de estruturar tudo antes que a "cantora" esteja lá. Mas eu queria que isso acontecesse ao vivo – ao vivo de verdade. Então fiquei dizendo a Scott que todo o restante se juntaria quando tocássemos. Eu só precisava cantar com eles por um minuto primeiro. Ouvi Skip, o guitarrista que tocou aquele riff maravilhoso no disco *Shaft*, chamar o que eu estava fazendo de "arranjos de cabeça" e pensei: "Sim, é isso".

Levei Allen Toussaint logo no primeiro dia que ele estava no estúdio e desenvolvi os arranjos com os artistas especiais quando eles chegaram. Foi o oposto do que Howard, o baterista, disse que Uncle Willie (Mitchell) fazia. Todos em Memphis foram influenciados por esse homem brilhante. No entanto, mesmo não o conhecendo nem estudando com ele, como Scott, eu conhecia o trabalho dele. Cresci cantando suas músicas e adorava. E eu tinha alguns ouvidos confiáveis comigo que me davam pesos e contrapesos, como Bill Wittman, que gravou meu primeiro álbum e trabalhava comigo desde então. Lisa, meu terceiro olho, também estava lá.

Quando a banda entrou, deixei Allen começar a dirigir devido ao seu venerável background e porque pensei que talvez ele falasse mais a língua da banda do que eu. Scott também estava tranquilo com isso. Mas Howard, que acabara de se acostumar com as minhas sugestões, ficou preocupado e começou a perguntar por que isso mudou. Pensei que a banda inteira se sentiria mais confortável com isso, mas acho que estava errada.

Depois que fizemos as duas primeiras músicas para testar a banda, Howard, o baterista, foi até Lisa e disse: "Ouço falarem que Cyndi é muito popular. Ouvi dizer que ela fez um cover de uma melodia de Miles Davis, e ela teve alguns grandes hits, mas não estou familiarizado com a música dela". Então Lisa disse: "Aposto que está, sim – você já ouviu a música 'Girls Just Want to Have Fun'?". Ele disse que não, e Lisa disse: "E 'True Colors'?". Ele respondeu: "Não, não conheço essas músicas, mas ouvi que Cyndi é muito popular". Achei que poderia ser bom que ele não conhecesse meu trabalho – não teria noções preconcebidas.

No entanto, todos foram muito gentis e generosos comigo. Quando trabalhamos nessas duas músicas juntos naquele encontro inicial, eu sabia que funcionaria. Nós nos demos bem no trabalho.

Acho que quando todos sentimos o centro da música, relaxamos. O centro da música é a gravidade dela para mim. É onde fico com a bateria no centro de uma música. Parece que a bateria é minha parceira de dança, e de lá consigo ouvir de um jeito muito íntimo para encontrar um movimento interior dentro da música. Ouço para poder escutar e sentir o que todos os instrumentos estão criando entre e ao redor do que a bateria e eu estamos fazendo em conjunto.

Vejo dessa forma: cada frase musical cria um peso em algum lado do centro do ritmo em que você a coloca, sendo o centro do ritmo a bateria.

O baixo precisa dar apoio à bateria, mas as melhores partes do baixo, para mim, também lideram a melodia. Distribuir as partes musicais cria um equilíbrio dentro da música. E essa é a parte divertida para mim. Isso faz a música se movimentar de um jeito ou de outro, como um impulso sutil, e arrastar a bateria e o cantor. Nada disso é novo, claro, embora toda vez que eu descubra como fazer uma música respirar assim eu sinta como se tivesse reinventado a roda.

Tive ideia disso quando estudei com uma professora chamada Betty Scott. Era para ela ter sido minha introdução, para depois eu estudar com Lennie Tristano, o grande pianista de jazz. Mas nunca cheguei tão longe. Não consegui deixar minha banda de rock. Eu amava rock and roll demais. Porém, o que Betty me ensinou moldou a forma como eu cantava e construía uma canção para o resto da vida.

Ela me ensinou como ouvir quando eu cantava. Para trabalhar no meu timing, eu cantava com um metrônomo. Então ela soprava em um diapasão de sopro e me pedia para cantar a nota que ela tocava. Depois ela passava intervalos comigo soprando uma nota em um diapasão de sopro e me pedindo para cantar a quinta ou a terça da nota, para me ajudar a desenvolver uma compreensão de harmonia e um ouvido para o que outros instrumentos estavam sendo tocados ao meu redor. Para me ajudar a entender mais sobre isso, ela me fez estudar as gravações de Billie Holliday com o grande saxofonista Lester Young, especificamente como Billie respondia ao que Lester interpretava, e como Lester respondia ao que Billie cantava. Depois de cantar com eles nota por nota e respiração por respiração por quase dois anos, senti que começava a entender como cantar no centro de uma música como Billie e responder como Lester responderia.

Toda a minha abordagem de estilo e arranjo é baseada na simplicidade dessa abordagem. Eu me lembrei disso quando fiz o arranjo de "Time After Time" e "True Colors". É por isso que eu os fiz gravar a faixa ao vivo com a bateria eletrônica, para que pudéssemos sentir o centro e o que poderia girar em torno dele.

De vez em quando, por exemplo, quando gravei *At Last*, eu conseguia fazer isso de forma ruidosa, mas nunca conseguia na dance ou pop. Sempre precisei me infiltrar em questões como essas nesses projetos. Mas o ótimo blues tem tudo isso naturalmente. Então, quando surgiu a oportunidade de cantar com alguns dos maiores nomes de blues/soul da área, fiquei muito feliz. Se você ouvir com atenção a música "Mother Earth" no CD *Memphis Blues*, você ouvirá Lester Snell e Allen Toussaint se alternando. Você ouvirá "alegria pura", como disse Lester uma vez, e uma boa chamada e resposta.

E mais uma coisa que quero lhe dizer sobre ouvir a chamada e resposta: quando estiver acordado de madrugada e tiver um minuto, ouça os pássaros. Às vezes, se conseguir responder a um dos assobios corretamente, eles deixarão você entrar na rodada deles. Se você estiver aberto o suficiente, seu coração pode se abrir de repente por eles serem muito doces, então você vai ouvir e sentir o ritmo deles também – até você estragar tudo. Quando faço isso, eles voam para longe e se livram de mim.

Sempre adorei misturar diferentes estilos e gêneros musicais. Acho que é como costumávamos nos vestir nos anos 1980: misturávamos a moda de todas as décadas de uma só vez, como disse minha primeira estilista, Laura Wills. Demorei a maior parte da minha carreira para pensar em dizer para as pessoas com quem trabalho no estúdio: "Faço as coisas meio de forma não convencional às vezes, então, por favor, tenham paciência comigo. Pode soar estranho no começo, mas apenas venham comigo por um minuto e vocês ouvirão o que estou ouvindo".

É isso que tentei dizer a esses músicos muito mais experientes que eu ao fazer Memphis Blues. Porque, para mim, Memphis Blues é um tipo de blues comovente, diferente do estilo de Nova Orleans, que tem mais ritmo. Allen Toussaint toca ao estilo de Nova Orleans, mas no momento em que ele tocou a abertura hipnótica de "Shattered Dreams", os dois estilos se encaixaram. Não precisei experimentar nem explicar mais nada para a banda; eles ouviram – isto é, até eu trazer o guitarrista Jonny Lang. Então, de repente, eu tinha dois guitarristas: Jonny e Skip Pitts, cujas abordagens da música eram completamente diferentes. Isso me deixou na posição de ter que persuadi-los e também a banda a fundir seus estilos para criar uma sensação pantanosa ao ritmo que eu estava imaginando, um ritmo que evocou memórias da gravação de "Cross Road Blues", de Robert Johnson.

Eu ficava lhes dizendo o que estava acontecendo na história da canção como se estivéssemos fazendo um filme. Eu disse a eles que cada parte era um personagem. Compartilhei todas as visões que eu tinha enquanto cantava para que eles pudessem senti-las também. E começamos a fazer uma versão de "Cross Road Blues" que me pareceu um filme preto e branco antigo. Acho que quando minha mãe apresentou *Peter and the Wolf* para mim há muito tempo, isso deve ter deixado uma grande impressão.

Em Memphis, eu havia entrado em um mundo bem diferente de músicos com uma linguagem e cultura diferentes. Esses foram alguns dos maiores músicos com quem já trabalhei. E estou muito feliz por não termos escrito músicas para eles tocarem, como tabelas, porque em vez de ler apenas ouvimos uns aos outros e caímos em um embalo natural usando essa abordagem de chamada e resposta. Tudo foi ao vivo, o que era totalmente oposto ao meu último CD. E o tempo todo, acima do pequeno sofá na sala de controle, havia um retrato pintado em veludo de Jimi Hendrix (ele sempre aparece, não importa onde eu esteja).

Então avançamos e, de repente, o mestre da harmônica Charlie Musselwhite, o lendário B.B. King e o maravilhoso Jonny Lang estavam no álbum. Ouvi o baixista Leroy Hodges conversando com Howard Grimes, o baterista, sobre "Ann isso" e "Ann aquilo", e eu disse: "Que Ann? Ann Peebles? Meu Deus, você a conhece? Você pode ligar para ela?". Era simples assim. Achei que fosse ficar em choque. Cantei com ela por anos, como fiz com Aretha e Billie e Ella e Big Maybelle.

Então, quando gravei "Rollin and Tumblin" com Ann, tentei dizer a ela o quanto sua música significava para mim, mas fiquei emocionada e comecei a chorar. Acho que isso assusta as pessoas quando você está tentando se dirigir a elas, então tive que sair da sala. Eu me dei a velha lição de mergulho: "Por que você está chorando? Você não está feliz? Tudo bem, então... Respire". No estúdio de Scott, gravamos em aparelho de oito canais. O que dizer do aparelho analógico? Ele fazia um som bom, muito quente e denso. Bill Wittman sabia como trabalhar nele também, porque ele disse que foi o primeiro aparelho em que havia trabalhado.

Demorou um pouco para B.B. se envolver. Ele trabalhou o tempo todo e, realmente, quando você menciona meu nome para as pessoas, metade não sabe quem eu sou e metade não acha que consigo cantar. Quando falei para Scott que gostaria de fazer uma música com Allen tocando teclado e B.B. King guitarra, ele disse: "Então você tem que escolher uma música do Louis Jordan, porque B.B. King sempre fala de Louis Jordan". Louis Jordan era um músico de jazz e blues, compositor e líder de banda bastante influente. Então entrei na internet (amo meu computador) e procurei informações sobre sua música. A primeira música que apareceu foi "Early in the Morning", e foi muito divertido – até a capa era ótima, como as antigas capas de discos chá-chá-chá da minha tia Gloria. Ele fala no começo e no final, e há boa música e uma história também. Pensei que Allen brilharia nessa música, porque tem uma vibração de Nova Orleans. Eu estava certa. Allen era maravilhoso e, como disse Lester: "Foi alegria pura". O melhor que você pode esperar é ter uma sessão que seja pura alegria.

Quando mandamos essa música para B.B., as pessoas que trabalhavam com ele deram retorno e disseram que ele poderia fazer isso. Porém, na única data em que poderíamos trabalhar juntos, eu estaria em um show e depois iria com minha família para Turks e Caicos com Lisa e a família dela para o descanso de primavera das crianças. Então B.B. gravou suas partes em seu estúdio em Las Vegas com Scott Bomar e, de novo, não consegui encontrá-lo. Mas, olha, mesmo assim eu estava muito emocionada por ter feito uma faixa com o homem que conheci quando era estudante na Johnson State College e, na época, estava tão impressionada que não conseguia falar. E B.B. não apenas tocou e cantou muito bem, mas também fez algumas brincadeiras sobre essa música comigo. Uau!

Em meu esforço para tornar o blues mais acessível para pessoas que normalmente não ouviam blues, pensei que precisava fazer algo esteticamente agradável com a capa do álbum. Então pensei em levá-lo de volta aos velhos tempos, quando pessoas como Alberta Hunter e Ma Rainey se vestiam com elegância. B.B. King[5] também se vestia com elegância usando um terno. Então pensei: "Como podemos tornar a capa sexy?". Aí perguntei a Ellen Von Unwerth se ela me fotografaria para a capa do álbum, porque ela tirou umas fotos lindas quando fiz a campanha Viva Glam com a Lady Gaga. Pensei que combinar boudoir e blues teria um aspecto ótimo. Eu sabia que Ellen conseguiria uma imagem glamorosa e moderna, inspirada em imagens antigas que encontrei como referência.

Fiquei animada para tirar a foto da parte de trás do álbum também. Eu tinha uma cobra falsa e havia fumaça. Eu queria uma versão masculina/feminina de Robert Johnson, mas com um terno de couro apertado. Pensei que isso acrescentaria algo interessante ao visual (além de algum tecido com um leve brilho para resultar em uma fotografia melhor). O terno não

[5] B.B. King morreu em 2015.

era uma ideia nova, mas a parte do couro sim. Minha estilista Nikki juntou tudo. Então Nikki teve a ideia de fazer a gola assimétrica também. Jutta Weiss fez perucas ruivas extravagantes para mim, e consegui fazer com que James Kardones fizesse minha maquiagem e, de repente, me tornei uma peça de arte.

Quando chegou a hora de mixar, eu ainda estava em Turks e Caicos. Eu sabia que isso aconteceria, então pedi uma suíte com uma sala de estar separada – algum lugar onde pudesse montar alto-falantes. Bill e Scott estavam em Long Island fazendo a mixagem no PIE Studios. Eu tinha um pequeno estúdio abarrotado – me conte sobre sua bagagem –, com alto-falantes, uma pequena mesa de som com interface, em que eu podia ligar meus alto-falantes, e um computador. A ideia era ficar on-line quando eles estivessem prontos e receber o arquivo pelo iChat. Então eu ouvia e fazia comentários; eles faziam os ajustes; eu ouvia e aprovava; e eles passavam para a próxima mixagem. Parece razoável, certo? Enquanto isso, eu pensava que, se pudesse entrar em contato com Keith Richards para que ele tocasse em uma das faixas, talvez "Rollin and Tumblin", seria ótimo. Eu conhecia a pessoa que cortava o cabelo de seu empresário, então pensei: "Que coisa! Vou dar uma chance a isso".

Então, quando chegamos em Turks e Caicos, o quarto não era a suíte que eu esperava. Em vez de uma sala de estar, havia uma sala extra para crianças. Era uma sala com um som muito ruim, com madeira por toda parte, longa e estreita, ou seja, não era uma boa opção para os alto-falantes. O quarto principal era minha única opção. Era maior e mais largo, com menos superfícies rígidas.

Havia apenas duas horas do dia em que Bill e Scott podiam trabalhar – por volta das 11h e 18h ou 19h. Então coloquei os alto-falantes sobre umas cadeiras em cada lado da cama. Fiquei no meio, ao pé da cama, para ouvir o que eles estavam mixando. Entretanto, um dia depois de chegarmos, meu filho pegou um vírus que estava por lá ou uma intoxicação alimentar ou algo assim. Ele ficou acordado a noite toda muito doente e, pela manhã, meu marido o levou para o hospital, onde tiveram que dar ao pobre garoto soro intravenoso porque ele estava muito desidratado.

Bem, em dois dias, meu marido pegou a mesma coisa. Corta para: Bill e Scott ligando de Long Island com as mixagens. Eles precisavam de uma resposta. Então, por não conseguir adiar os compromissos com Bill e Scott, eu tinha que ficar ao pé da cama com David e Declyn deitados, doentes, e ouvir essas mixagens. Sobre ouvir um mix: você precisa ouvir alto – não tão alto que você não possa ouvir, mas alto o suficiente para que você possa ouvir. Então lá estavam meus dois rapazes deitados no meio daqueles grandes alto-falantes JBL, só olhando para mim. E não foi apenas um dia assim. Eu me senti muito mal. Eu tentava não olhar para eles. Tentava ouvir atentamente e dar minhas instruções de forma clara, enquanto eu só queria chorar por eles. Pensei: "Sim, isso é o blues, tudo bem".

Sabe, um fato sobre a comida em uma ilha é que tudo é levado para lá, por isso nem sempre é fresca. Agradeço a Deus pelo pudim do Diet Center que levei. Levei isso e um probiótico, e não fiquei doente. Declyn melhorou em três dias e David ficou melhor três dias depois. Em seguida, voltamos para casa. Que tal para uns dias de descanso?

Pelo menos estávamos juntos. Depois, no avião de volta para casa, antes de partirmos, recebi uma ligação de Keith Richards. Foi meio surreal. Estavam dando os avisos, mas eu não queria encerrar a ligação com Keith Richards. Então eu disse rapidamente: "Oi, estou fazendo um álbum de blues, você quer tocar nele?". Sua resposta, em um descontraído sotaque inglês, foi: "Se você está cantando blues, baby, estou dentro", e eu disse: "Acho que você seria ótimo em 'Rollin and Tumblin'". E ele respondeu: "Claro, acho que conheço essa – haha". Mas, no fim, quando eu disse a ele o prazo, ele disse que não achava que voltaria aos Estados Unidos a tempo. Porque... adivinha onde ele estava? De férias em Turks e Caicos (imagino que ele não estava hospedado no mesmo lugar em que estávamos).

Decidi dedicar o álbum para Ma Rainey, a mãe do blues. Ela era feminista, usava correntes de ouro e tinha dentes de ouro. Ela era *gangsta* antes de o *gangsta* existir. E ela era gay! Embora eu não tenha trabalhado com uma música de Ma Rainey (fica para a próxima vez), seu espírito estava no estilo das roupas que eu usava – no terno, nas correntes.

No fim do projeto, Howard, o baterista, me disse: "Todas as pessoas que ouviram 'Girls' estão esperando para ouvir o que você tem a dizer agora. E quando ouvirem isso, vai direto para o topo. Já pensou nisso?". Respondi: "Sim, com todas as faixas". *Memphis Blues* foi lançado no meu aniversário em 2010, e foi o CD de blues mais vendido naquele ano. Ficou em primeiro lugar por treze semanas na parada de blues. Depois ele foi indicado, ao lado de grandes nomes e lendas do blues, incluindo Charlie Musselwhite, para o Grammy de Melhor Álbum de Blues Tradicional – minha décima quarta indicação.

Levei meu filho para a cerimônia, algo que eu queria fazer havia muito tempo. Bem, o Grammy foi para Pinetop Perkins, que foi indicado por um álbum de blues que ele fez com Willie "Big Eyes" Smith. Ele tinha 97 anos. Fez um ótimo disco. E morreu só cinco semanas depois.

Eu me diverti muito com Dec no Grammy. Ele estava muito feliz porque se sentou bem atrás de Akon, que se virou e disse "oi" para nós. E Dec adora Lil Wayne, então, quando ele estava por perto, Dec disse: "Apenas chame 'Weezy'", e eu chamei. Lil Wayne olhou para mim, acenei e pedi seu autógrafo. Ele estava todo animado e eu disse a ele: "Weezy, você faz uma ótima música, agora se comporte". Ele colocou a mão sobre o coração e disse: "Prometo". Então passei por L.L. Cool J e ele se aproximou e disse "oi", depois falei "oi" para todo mundo – Kanye West, Bieber, qualquer que seja o nome do garoto. Então Gaga se aproximou e disse que sentia saudade, e dei um abraço nela. Dec conseguiu ver todo mundo de perto.

As pessoas me perguntavam: "Para você, qual é o destaque dessa noite?". Para mim, era estar com Dec e David. Mas também pude cantar com os lendários cantores de soul Mavis Staples e Betty Wright, e com a cantora de blues Maria Muldaur. Não consigo nem explicar como foi olhar para o rosto deles e cantar para eles. Não sei se eles entendiam o que me deram ao longo dos anos através de seu trabalho. E também houve a maravilhosa banda que deu suporte para nós. O grande guitarrista de blues Buddy Guy também estava nessa banda. Ele não pôde participar do ensaio porque estava voltando de um show. Então, durante a apresentação, quando ele respondeu minha voz com seu violão enquanto eu cantava, me engasguei. Eu não conseguia acreditar que ele estava respondendo a minha voz. Sou grata por ser uma cantora que consegue cantar com tantos músicos e cantores maravilhosos.

No entanto, com todas as coisas boas que estavam acontecendo, no fundo da minha mente, eu tinha algumas preocupações sérias, especificamente com minha turnê seguinte pela América do Sul. Minha última turnê sul-americana, dois anos antes, tinha sido para um CD de dance music, e foi muito bem. Fiquei me perguntando como esses países receberiam o blues. As pessoas sul-americanas adoram dançar. Sua cultura musical é de celebração. Pensei: "Ok, o que há na música deles que os ilumina?". Claro, é o ritmo. Então comecei a pensar sobre todos os ritmos diferentes que eu poderia encontrar na música do blues. Pensei em como eu poderia apresentar o blues para um continente de um jeito que as pessoas pudessem se sentir conectadas a ele e se apropriassem dele. Então me lembrei da série *The Blues*, composta por sete partes, de Martin Scorsese, no canal PBS, e da banda de pífano e tambores que havia nela. Eu me lembrei de como achava que isso soava muito como tambores de carnaval. O mais estranho era que estávamos indo nos apresentar no Brasil uma semana antes do Carnaval. Então achei que, se eu pudesse encontrar um baterista de Carnaval que pudesse entender o conceito, eu poderia conectar as duas sensações diferentes dessa música.

Pensei que poderia colocar o ritmo do Carnaval no meio de uma música de shuffle blues como "Just Your Fool", "Down Don't Bother Me" ou "Crossroads". De qualquer forma, a pessoa da gravadora no Brasil encontrou uma mulher chamada Lan Lan, que tocava tambores de Carnaval. Enviei-lhe um mp3 de Otha Turner e sua Rising Star Fife and Drum Corps e disse: "Isso não soa como ritmo de Carnaval para você?", e ela disse que era porque a Bahia, no Brasil, não fica tão longe da África. É por isso que parece que eles estão conectados. As pessoas escravizadas da África foram levadas para o Brasil primeiro e depois enviadas para as Américas. Pensei: "Sim, e com eles veio esse ritmo maravilhoso que, ironicamente, mais tarde libertaria tantos de nós". Pensei que, se essa abordagem da música funcionasse, seria mágico.

Conheci Lan Lan na passagem de som no dia do primeiro show. Eu estava viajando com uma banda maravilhosa: três rapazes de Memphis e dois rapazes da cidade de Nova York (uma boa parte do tempo também viajei com Charlie Musselwhite, mas ele não conseguiu ir para a América do Sul dessa vez). Um dos rapazes de Memphis é o lendário baterista Steve Potts. Ele mantém um ritmo como se estivesse dirigindo um Corvette. Porém, eu o adoro ainda mais porque ele está aberto a experimentar uma ideia que poderia ser ótima ou louca. Quando toquei as músicas de Otha Turner para Steve, ele ouviu o que eu queria fazer e achou que poderia funcionar também. Quando tentamos, e Lan Lan tocou no centro do shuffle com aquele ritmo de Otha Turner/tambores de Carnaval, não só funcionou como era de outro mundo. Quando esses dois ritmos distintos eram tocados juntos,

E COM ELES

RITMO

QUE, IRONICAMENTE,

LIBER

TANTOS

VEIO ESSE MARAVILHOSO MAIS TARDE TARIA DE **NÓS.**

parecia que eles criavam um vórtice no meio do qual eu poderia cantar. Depois daquela primeira noite da turnê "Memphis Blues" na América do Sul, o blues se tornou muito mais profundo para mim e acho que para todos nós da banda.

Uma noite, quando eu estava no palco cantando em São Paulo, ouvindo Lan Lan e Steve Potts, vi um rei indígena em meu olho da mente. É engraçado como essa visão foi em preto e branco. Sua linda pele cor de café e creme com penas brancas ao redor de sua cabeça e suas costas eram deslumbrantes. Enquanto eu dançava e cantava, eu o senti dizer para mim: "Os conquistadores vieram e conquistaram, mas nunca conseguiram conquistar o ritmo. E estar no ritmo é liberdade".

Quando fizemos uma turnê do "Memphis Blues" na Europa, trabalhei para garantir que os shows fossem incríveis. Como Charlie Musselwhite diz: "O jumento deve cair", e acreditei que sim. Eu queria que os promotores na Europa sentissem que estavam assistindo a algo especial. E nós éramos especiais. Não tínhamos ninguém de iluminação ou encenação, mas fizemos uma música poderosa. Usei o chão do palco, os lados dos alto-falantes e os assentos do público para encenar, de modo que cada música parecesse um pouco diferente.

• •

Outro momento surreal em minha vida foi tentar montar o DVD *Memphis Blues Live*. Eu estava me preparando para uma turnê europeia depois de ter ido à Austrália, e tive um intervalo de uma semana para editá-lo. O diretor de fotografia que contratei se chamava Ben. Eu havia trabalhado com ele cerca de vinte anos antes. Ele fez com que eu ficasse linda e também estava ligado a um amigo meu e grande produtor chamado John, então pensei que isso funcionaria bem. John seria meu contato e faria o papel de intermediário.

Ok, não aconteceu assim. Porque John (um sujeito extraordinário que já esteve em um famoso acidente de avião em Taipei e conseguiu se recuperar sem precisar usar cadeira de rodas) decidiu reabastecer seu estoque de medicamentos para dor em Juarez, no México, em vez de fazer isso perto de sua casa em Los Angeles, porque era mais barato. Sua mãe morava no México (acho que o plano era vê-la também). Bem, quando ele estava no México, seu taxista teve um pequeno acidente de carro e, quando a polícia apareceu e viu seu passaporte americano e uma receita americana para medicamentos, eles o levaram. Eles o prenderam para conseguir dinheiro e, quando pessoas importantes foram ajudá-lo, aumentaram a taxa.

Tudo isso estava acontecendo enquanto eu filmava e – indo direto ao ponto – meu intermediário e contato com o diretor de fotografia se foi. Então, quando Ben juntou as imagens, tudo ficou muito estático. Embora ele tivesse um travelling elevado, a mesma fotografia se repetia. Sem um intermediário, a maioria das pessoas volta a fazer o que está acostumada a fazer. Para o crédito dele, houve algumas fotos bonitas, mas quando eu lhe disse: "Por favor, não me fotografe do lado direito", havia uma razão: minha aparência não era tão boa.

Ele queria ser o editor, e tudo o que eu disse para ele não fazer, ele fez de qualquer forma, e tive que consertar – com mais despesas e eu já tinha extrapolado o orçamento, porque, quando você é sua própria gravadora, é o seu dinheiro! Então pensei nas filmagens que tínhamos de nossa gravação em Memphis e nas filmagens que vasculhei para o meu site e não usei. E na sessão de fotos que fiz na rua. Eu tinha até algumas coisas no meu celular. Então comecei a montar uma história com tudo que eu tinha. Agradeço a Deus pela Arcade Films e ao produtor executivo com quem trabalhei ao longo dos anos, Chris. Nós realmente juntamos essa pequena e graciosa peça de Memphis. No entanto, não terminei tudo antes de embarcar, então trabalhei com Ben on-line quando pude acessar a internet na Europa, e Bill mixou o show a partir das anotações que dei a ele quando estávamos lá em casa. Também trabalhei com Sheri Lee, uma brilhante diretora de arte, o pacote era lindo. Toda minha inquietação sobre o uso da paleta de Edward Hopper na iluminação do palco valeu a pena. Em duas semanas na turnê europeia, terminei e entreguei o projeto.

• •

Há sempre algo acontecendo em minha vida (novamente, Deus abençoe minha empresária, Lisa). Como eu disse, escrevi a música para o *Kinky Boots*, o musical com Harvey Fierstein. O musical é baseado em um filme de 2005 (por sua vez, baseado em uma história verídica) sobre um rapaz que herda uma fábrica de sapatos, passa por dificuldades e aposta na ideia de fazer sapatos para drag queens para salvar os negócios. A história tem alma. E foi liberada para que eu fizesse a composição, porque posso compor no estilo certo para o personagem. Para me inspirar, ouvi músicas de Rodgers e Hammerstein, que eu cantava quando tinha cinco anos. E compor as músicas com alguns colaboradores, como Sammy James Jr., Stephen Oremus, Rich Morel e Steve Gaboury, foi muito divertido. Às vezes sinto que voltei a ter cinco anos. Acho que Harvey sabia o tempo todo que eu adoraria isso.

Também estou fazendo uma série da vida real com a Mark Burnett Productions. Ele produziu *The Celebrity Apprentice* e achou que minha vida louca daria um bom programa. Ela nunca é chata, com certeza. Acabamos de começar a gravar a série e foi muito divertido. Ela está focada no meu trabalho e como isso afeta a mim e minha família. Ninguém acreditaria no que acontece na minha vida. Nem *eu* acredito. Eis um exemplo: eu estava no aeroporto de Buenos Aires, não muito tempo atrás, e todos os voos estavam atrasados. Cada vez mais pessoas continuavam entrando nesse pequeno aeroporto, e todos estavam por ali, imaginando o que estava acontecendo. Olhei ao redor e vi pessoas dando de ombros e rindo, encarando a situação numa boa. Uma das coisas de que mais gosto nos argentinos é seu senso de humor.

Parecia que todos nós tínhamos saído de uma agência de atores – inclusive eu. À frente e à minha direita havia um time de futebol sul-americano. À minha direita e bastante apoiada na lateral da loja duty-free havia uma futura noiva com sua despedida de solteira, e a garota tinha uma máscara que a impedia de ver para onde estava indo. Elas queriam começar a festa, então, em pouco tempo, ficaram bêbadas. Então alguém da festa de despedida pegou o microfone de um funcionário da companhia aérea e começou a cantar. Os jogadores de futebol se juntaram a ela. Aí um funcionário da companhia aérea disse: "Aliás, Cyndi Lauper está aqui, e acho que ela deveria cantar uma música". Eu estava usando óculos escuros e estava num canto, e achava que estava sendo discreta.

Todos começaram a ficar agitados e a aplaudir. Então pensei: "Ok, vou lá porque, se eu não for, não sei o que vai acontecer a seguir". Eu não queria ser carregada pelos jogadores de futebol. Cantei "True Colors" e um pouco de "Girls Just Want to Have Fun". Dei meu telefone para que um dos jovens filmasse, sem perceber que todo mundo estava filmando também (e que isso estaria no YouTube antes que eu pudesse piscar os olhos). Depois a multidão começou a se movimentar para pedir autógrafos e tirar foto comigo, o que não era uma situação tão segura. Eu estava de pé ao lado de uma mulher com um carrinho de bebê e disse: "Uau, tire-a daqui". Depois eu disse: "E me tire daqui também". Então eles me mandaram para a escada rolante para ficar lá e esperar pelo meu voo. E lá estava eu, acenando, enquanto todos passavam para pegar o voo – a última oportunidade para uma foto antes de irem embora. Sei que minha vida é louca às vezes, mas, naquela época, parecia que eu estava realmente vivendo em um filme. Não dá para inventar isso.

“EU NÃO ESTAVA SOZINHA, PORQUE A MULTIDÃO CANTOU COMIGO.”

CAPÍTULO 18

A VIDA CONTINUA ACONTECENDO, COM TODAS AS SUAS VOLTAS E REVIRAVOLTAS. Por exemplo, em março de 2011 eu estava indo para o Japão e depois para a Austrália como parte da turnê mundial para divulgar o CD *Memphis Blues*. Quando estávamos voando para o Japão, de repente, ficamos descendo e depois subindo. Pensei: "É outra aventura de aeroporto, como em Buenos Aires". Mas não foi – foi realmente sério. Era um terremoto. Não tínhamos lugar para pousar, então tivemos que pousar em uma base militar. Havia alguns jovens japoneses com seus celulares contatando amigos deles. Eles disseram que o terremoto havia chegado ao norte, mas ninguém disse nada sobre um tsunami; eu não tinha ideia na época.

Por fim, disseram que tínhamos que ser levados de avião para o aeroporto local de Tóquio. Naquele momento já eram 22h ou 23h e havia pessoas por toda parte. Apreensivos funcionários da companhia aérea estavam se desdobrando para tentar atendê-las. Algumas estavam deitadas no chão, no que pareciam ser sacos de dormir descartáveis. Pensei: "Sacos de dormir descartáveis? Só no Japão". Observei como todos nessa crise se mantinham controlados de forma graciosa. Todos estavam calmos, eram generosos e se comportavam com dignidade.

Tenho uma longa história com o Japão, que se iniciou em 1984. Quando fui lá, mudaram o nome de "Girls Just Want to Have Fun" para "High School

Danceteria". Mais tarde, em 1986, eu disse: "Vocês não querem que as garotas entendam que essa música é sobre empoderamento e direitos?". Eu disse ao meu responsável pela promoção, Teri Tatsumi: "Você acha que vão mudar 'True Colors'?", e ele disse: "Será 'True Colors' e vão entender o que isso significa". Ele se certificou disso.

Al Arashita, um promotor de Kyoto, me levou para o Japão em 1986 para a minha turnê "True Colors" e ela foi muito bem-sucedida. Fizemos apresentações em Tóquio e Osaka, que é o que todo mundo fazia. Também me apresentei na arena Budokan em três ou quatro shows cujos ingressos se esgotaram. Antes de eu me apresentar, me colocaram para cantar em um programa de TV e planejaram para que eu cantasse ao vivo do estúdio em Nova York para o Japão. Como resultado dessa e de outras promoções, os ingressos para o Budokan esgotaram em poucas horas. Fiquei meio chocada. Pensei: "Quem eles acham que vai se apresentar?". Porque naquela época eu ainda contava os assentos (na verdade, ainda me preocupo com assentos vazios).

Quando cantei "True Colors" no Japão, no Budokan, foi um momento mágico porque cantei sem a minha banda. O plano original era cantá-la apenas com uma guitarra, mas o guitarrista que estava conosco, Aldo, estava passando por um mau momento. Ele não era o cara seguro que conheci no estúdio quando estava fazendo sua própria música.

Então, quando chegou a hora de fazer algo sensível e sutil, não senti que Aldo poderia tocar de forma íntima comigo na frente de um Budokan lotado. Dave Wolff disse para eu cantar sozinha, mas eu não estava sozinha, porque a multidão cantou comigo. E, quando parei e os escutei, ouvi a música com o sotaque maravilhoso deles, e foi a primeira vez que eu ouvi uma plateia, grande ou pequena, cantar "True Colors" de volta para mim.

Al abriu o Japão para mim. Depois dos shows, ele queria nos encontrar em um restaurante para mostrar todas as comidas diferentes. Fui a primeira ocidental a fazer uma turnê por todo o Japão e a primeira mulher a ser pintada e fotografada com um artista kabuki por um artista kabuki. Fui a primeira ocidental a ser levada para a cerimônia de arremesso de feijão de Kobe e homenageada como a "princesa da boa fortuna". Os japoneses sempre me acolheram e sempre quiseram ouvir minha música, mesmo quando minha gravadora americana achava que eu não prestava.

Em 1989, quando fui lá novamente, outro promotor me disse que parte do motivo pelo qual os japoneses gostavam de mim era porque a "fala de bebê" era muito popular. Eu perguntei: "O que você quer dizer?", e ele respondeu: "Cyndi, quando você fala japonês, você usa 'fala de bebê'". Eu não tinha a mínima ideia! Achei que sabia um pouco de japonês, porque tinha aprendido no piano bar. Nesse meio-tempo, fiz papel de idiota. Além disso, minha voz era mais alta na época.

Em 2011, quando cheguei ao nosso hotel em Tóquio, havia pessoas dormindo em sacos de dormir e com cobertores por toda parte, porque os trens e ônibus pararam – tudo parou –, então havia pessoas em lobbies em todos os lugares de Tóquio. Eu me senti muito culpada por subir ao meu quarto. Então, quando liguei a TV, entendi a magnitude do que havia acontecido – o tsunami, uma cidade inteira destruída, pessoas gritando.

Em seguida, minha empresária Lisa ligou e disse: "Se você quiser voltar para casa, tudo bem". Comecei a pensar sobre isso e percebi que havia muitas razões pelas quais eu não poderia fazer isso. Os japoneses sempre me acolheram. Como eu poderia deixá-los? E estávamos em segurança.

Depois disso, recebi um telefonema da minha empresária dizendo: "Piers Morgan quer falar com você". Eu tinha acabado de acordar na cama que balançava para frente e para trás e foi muito reconfortante, eu me senti uma criança. Fiquei pensando: "Eles têm banheiros quentes e camas que balançam...". Então abri os olhos e pensei: "Espere um minuto – é outro terremoto!". E Joy Behar, que conheci através do *The View*, queria que eu ligasse para o programa dela. Então liguei, porque todo mundo queria saber por que eu estava lá. Eu disse: "Por que vocês acham que estou aqui?".

Quando as pessoas cantaram "True Colors" para mim foi poderoso e se eu fosse embora, honestamente, o que "True Colors" teria significado? Depois de aquele país ter aberto seu coração para mim? Nada. Então eu ficaria para me apresentar por oitenta ou noventa minutos e daríamos a eles um pouco de distração. Nós levantaríamos o ânimo deles. Pensei comigo mesma que eu poderia usar tudo que tivesse. Então usei o que aprendi de Reiki, e tinha aprendido que o som da minha voz, especialmente a frequência média, era muito reconfortante. Fiquei amiga de alguns fãs, e um deles, Donny, que mora na Geórgia, me contou sobre uma garota que ele conhecia que tinha câncer, e isso foi mais ou menos no final. Então liguei para cantar para ela, e a mãe dela ficava tentando dizer: "É a Cyndi Lauper". Ela estava perdendo a audição, mas decidi que logo de cara eu cantaria "True Colors" para ela naquele som de frequência suave. E ela se acalmou. Nesse momento, percebi que havia algo mais na minha voz do

PERCEBI QUE HAVIA ALGO MAIS NA MINHA VOZ DO QUE APENAS CANTAR HITS.

que apenas cantar hits. Então, se eu ficasse no Japão, talvez o som da minha voz ajudasse os japoneses, como aconteceu com aquela garota.

Sendo assim, fiquei lá. Porque eu não podia decepcioná-los. E não apenas eu fiquei, mas ficaram a minha banda e a equipe inteira, toda a equipe japonesa e Yuki, o encarregado pela turnê cujo bebê tinha acabado de fazer um ano no dia em que o tsunami ocorreu. Fiz o maior número de shows que pude nessa turnê com Toku, um musicista japonês que tocava fliscorne. Depois de um tempo, éramos os únicos em turnê no Japão – ninguém ficou, nem japoneses, nem americanos, nem ninguém. Mas ficamos porque queríamos dar paz às pessoas.

Um ano depois, Lisa disse: "Eles querem que você volte ao Japão para o aniversário do tsunami, e podemos acrescentar muitas outras datas e fazer toda a região sul da Ásia". Entretanto, como estive em turnê por muito tempo, meu filho e meu marido precisavam de mim. Eu precisava da minha família também. Percebi que meu filho estava crescendo e eu estava sentindo falta de tudo. Então eu disse a Lisa: "Não posso ficar fora por mais dois meses, mas vou para o aniversário de onze de março. Isso eu preciso fazer, sem dúvida. Depois quero voltar para casa".

Lisa planejou com a Wowow, um tipo de HBO do Japão, que, se eu aparecesse no show pós-Grammy deles em Los Angeles, eles patrocinariam um show para mim no aniversário do tsunami e o exibiriam gratuitamente nos cinemas das três prefeituras afetadas pelo tsunami. Outros cinemas ao redor do país também o exibiriam e doariam os lucros para a Cruz Vermelha. Eu me senti honrada em ser convidada para fazer parte disso, então fiz tudo que eles queriam.

O Grammy tem bastante importância no Japão. Eles o apresentam ao vivo pela manhã, quase como um programa de notícias. Então, depois de participar do Grammy, fui a um estúdio separado, em frente ao Staples Center, para fazer meu comentário. Achamos engraçado eles terem sido colocados no espaço para jogadores penalizados da ESPN Zone. A noite do Grammy foi um pouco triste porque Whitney Houston morreu. A morte de um cantor sempre abala a comunidade de cantores. Todos nós enviamos e-mails e mensagens uns para os outros. No entanto, mesmo estando abalada naquele dia, fiz meu trabalho. Eu sabia que, se eu o fizesse, isso me permitiria fazer algo de bom para o povo japonês.

No dia seguinte à minha chegada ao Japão para o aniversário do tsunami, meu cabelo e minha maquiagem começaram a ser feitos às 10h e dei entrevistas para a TV no quarto do hotel. Conheci muitas pessoas diferentes, incluindo um rapaz chamado Gutch. Ele me deu um pouco de saquê de

Fukushima e disse que era um "presento" e eu disse: "Vamos arrasar com isso agora e brindar a Fukushima". Fizemos as filmagens para a TV e tomamos um pouco de saquê em seu programa de rádio. Não parecia trabalho porque ele era muito engraçado. Todas as entrevistas começavam com uma conversa sobre o tsunami. Foi um ano bastante difícil para eles.

Então todo mundo começou a falar sobre tudo que eu fiz para o povo japonês, e comecei a me sentir uma fraude. Primeiro, não fiz nada sozinha. Todos nós fizemos – a equipe japonesa também. Ninguém foi para casa. Então pensei que, se eles iam me transformar em uma heroína, eu realmente deveria fazer alguma coisa boa. Comecei a pensar em como poderia ajudar as crianças que estavam em áreas devastadas. Eu tinha falado com a Yoko Ono antes de ir ao Japão. Ela tinha ido a uma escola na prefeitura de Fukushima e abraçado as crianças. Ninguém toca as pessoas lá porque há o medo da radiação. Então liguei para o meu marido, David, porque eu estava realmente chateada com essa coisa toda de "me passar por alguém que não sou". Não sou a Lady Di. E não sou o Bono. Meu marido disse que talvez precisassem de alguém que fosse isso para eles: "Não se afaste disso só pela forma como você se sente em relação a isso. Por que você não vai a uma escola do norte e leva uma árvore?".

Yuki, que estava fazendo minha turnê por Kyoto, e Nestor, meu guarda--costas, me ajudaram a fazer isso acontecer. Reiko Yukawa é mãe de Yuki. Ela é uma famosa jornalista de rock, considerada a sensei do rock and roll do Japão. Ela entrevistou todos os roqueiros desde Elvis e os Beatles. Então ela meio que me guiou através disso. Yuki não queria que eu fosse para uma área radioativa, então fomos para uma área devastada do outro lado das montanhas de Sendai chamada Ishinomaki, cuja tradução é "rock and roll". A mãe de Yuki conhecia um diretor funerário e perguntou se ele conhecia um centro de jardinagem (pensei que eles tivessem uma loja Home Depot, mas não tinham).

O diretor funerário disse a Reiko que ele estava fazendo mil funerais por semana e que tinha um centro de jardinagem para todos os funerais que estava fazendo. Ele generosamente doou dez cerejeiras em flor. Decidi levar as árvores porque elas poderiam crescer com as crianças e as cerejeiras floresceriam em torno do aniversário do tsunami. Então as crianças poderiam ver algumas flores em vez de devastação.

Quando chegamos lá, as crianças estavam reunidas no auditório. Elas eram como quaisquer outras crianças da escola primária – barulhentas –, e os meninos estavam se empurrando. O diretor parecia preocupado, mas estavam todos esperando as equipes de notícias chegarem. Acho que o fato de termos ido lá foi uma grande notícia. A mídia perguntou sobre a devastação e por que eu havia ido. Eu lhes disse que queria que as pessoas soubessem que não me esqueci delas.

Depois que fomos para a escola, passamos de carro pela cidade – ou o que era a cidade. Passamos por uma loja de música, decidimos entrar e um velhinho me mostrou onde estava a marca da água. Eu queria comprar algo dele – é importante manter o comércio funcionando, já que as pessoas não estavam comprando produtos de lá. Então me levaram para uma escola mais distante. A colina inteira, que costumava ser cheia de casas, estava completamente devastada. Não havia nenhuma casa. Quando o tsunami ocorreu, me falaram sobre como as crianças em outra escola foram colocadas no telhado, mas não havia espaço suficiente para os pais, então eles ficaram na parte de baixo e, quando a água chegou, todos se afogaram.

Então fomos a um templo no meio de um cemitério. As lápides grandes e pesadas haviam sido reviradas como se não fossem nada. Dentro do templo, as mesas estavam repletas de sacolas de compras contendo restos humanos, corpos não reclamados. Acendi incenso, toquei um sino três vezes e orei por eles. Também doei o que eu tinha na minha bolsa. A viagem foi devastadora. Quando você vê uma devastação assim – bom, é devastador.

Estava nevando lá e a neve se transformou em chuva. Estava frio e lamacento. Pegamos o trem-bala de volta para Tóquio. Cantei e fiz o show que todos nós preparamos para o dia 11. No exato momento em que o tsunami ocorreu, o Japão inteiro parou por um minuto para orar. Até os trens pararam. Eu queria muito que meu desempenho fosse extraordinário, mas nem tenho certeza se respirei até a quarta música do meu set. Eu me senti um pouco arrebatada, como se quisesse ser a Mulher-Maravilha, mas em vez disso eu era apenas eu. Em meu coração, sei que não há acidentes. Era para eu estar lá. Acho que a Wowow estava feliz com o show. Espero que o povo japonês também tenha ficado feliz. No dia em que liguei para o meu marido, David, do Japão, ele disse: "Há muita coisa acontecendo no mundo. Às vezes, o melhor que podemos fazer é apenas estar lá para ajudarmos uns aos outros".

POSFÁCIO

VOCÊ PODE ACHAR QUE A VIDA ACONTECE EM UM CICLO. ÀS VEZES, A MESMA situação surge de novo e de novo até acertarmos. Comecei a pensar que, quando isso acontece comigo, na primeira vez talvez eu seja muito jovem, na segunda vez, talvez esteja com muita raiva, mas e na terceira vez? Preciso me colocar.

E aqui está um bom exemplo: estou aqui na editora Simon & Schuster escrevendo minha história de vida. E, como eu disse, estive aqui antes no meu primeiro emprego em tempo integral, quando tinha 17 anos, e fui a pior *office girl* que tinham visto. Fui demitida e, desde então, me defino como *office girl* do barulho. Num dos últimos dias em que escrevi este livro com Jancee na Simon & Schuster, encontrei um segurança no elevador. Notei que ele desceu no mesmo andar onde me deram um escritório, então sorri para ele e disse: "O quê? Estão fazendo você escrever sua história de vida também?", e ele disse: "Não, não acho que minha história de vida seria tão interessante quanto a sua". E eu disse: "Sério? Aposto que é só você pensar sobre isso". Eu queria dizer a ele que eu era uma ex-funcionária de lá também. Mas não disse, apenas sorri e lhe desejei um bom dia. Se a vida serve para aprender, então é melhor conhecermos o nosso livro. Espero que haja algo neste livro que o ajude com sua história. Quando uma pessoa compartilha sua história, isso pode ajudar outra pessoa a ter alguma vantagem. Se minha história puder ajudar qualquer outra pessoa, então acho que é importante.

E lembre-se disto: não é o que os outros pensam de você que permitirá que você tenha sucesso. É o que você pensa sobre você que permite que você tenha sucesso. Porque, se você consegue se imaginar fazendo algo, não ouça ninguém que diga que você não consegue. Você precisa tentar. Do contrário, você vai ficar dizendo que deveria, poderia, faria, e você não quer ficar falando isso ao longo da vida. E se você chegar ao topo da montanha, compartilhe sua história.

Xx

Cyn

COMPRE UM
·LIVRO·
doe um livro

Nosso propósito é transformar a vida das pessoas por meio de histórias. Em 2015, nós criamos o programa compre 1 doe 1. Cada vez que você compra um livro na loja virtual da Belas Letras, você está ajudando a mudar o Brasil, doando um outro livro por meio da sua compra. Queremos que até 2020 esses livros cheguem a todos os 5.570 municípios brasileiros.

Conheça o projeto e se junte a essa causa:
www.belasletras.com.br

Belas Letras

Este livro foi composto em Fournier MT e impresso em papel pólen 80 g pela gráfica Copiart em agosto de 2019.